무역계약관리론

Management of International Business Contract

김재성·박세훈 지음

아카데미프레스

머리말

국제비즈니스계약은 계약당사자의 영업소가 서로 다른 국가에 위치하므로 국내 비즈니스계약과는 몇 가지 상이한 점이 있다. 예컨대 언어, 상관습, 통화, 법 등이 다르다고 할 수 있다. 이에 국제비즈니스계약을 체결할 때 당사자들은 상술한 부분을 계약체결 시 유의하여야 한다. 그러나 저자가 10여 년 이상 중소 수출기업체를 상담하면서 세계시장에서 충분히 통할 수 있는 기술과 상품을 보유하면서도 외국의 바이어와 어떻게 무역계약을 체결하여야 하여야 하고, 그 과정에서 발생할 수 있는 위험 등을 관리하는 방법에 대해서는 익숙하게 대처를 하지 못하여 분쟁이 발생하는 것을 자주 경험하였다.또한 대학생들을 대상으로 강의를 하면서 학생들에게 무역의 이론과 실무를 유기적으로 활용할 수 있도록 노력하였다. 그러나 대학생들은 무역현장에서의 경험이 부족하기 때문에 두역계약과 관련한 문제를 해결하기에는 어려움이 있었다. 이에 무역업계에 종사하거나 무역을 배우는 학생들에게 이 책이 무역계약과 관련하여 실무적으로 유의사항을 참조하는 데 도움이 되기를 바란다.

이 책은 이러한 배경에서 이론과 실무를 최대한 접목하여 대학이나 무역업계에서 무역계약 및 계약과 관련된 위험을 이해하고 그 위험에 대처할 수 있는 교재가 될 수 있도록 구성하였다.

끝으로 이 책을 저술하면서 여러 학자들의 저서 및 연구와 실무적으로 자주 이용되고 있는 한국무역협회의 계약서 및 ICC(International Chamber of Commerce)의 ICC Model Contract가 많이 도움이 되었음을 밝힌다.

2012. 8.

저자 씀

Management of International Business Contract

차례

제 1 편 무역계약 관리의 기초

제 1 장
무역 리스크

제 2 장
무역계약의 준비단계

제 3 장
무역계약의 성립

제 4 장
무역계약의 기본조건

제 5 장
무역계약의 정형화

제 6 장
무역계약의 이행

제 7 장
무역 클레임과 상사중재

제 2 편 국제대리점계약

제 8 장
국제물품매매계약

제 9 장
국제대리점계약

제 10 장
프랜차이즈계약

제1편

무역계약 관리의 기초

Management of International Business Contract

1

무역 리스크

I. 리스크의 정의 관리의 중요성

1. 리스크의 정의

요즘 세계 주요국가의 신용상태나 기업의 일반적 경영환경 등과 관련된 내용의 시사 언론 보도에서 빠지지 않고 '리스크'라는 용어가 등장하고 있다. 국제무역환경에서 다루는 리스크는 일반인들은 흔히 사용하지 않는 용어였으나, 1997년의 우리나라에서의 외환위기 이후 대부분의 국민들도 리스크라는 용어가 그리 낯설지 않게 되었다. 일반적 용어로서 리스크는 우리말로 위험이라 하고 영어로는 risk 또는 danger로 표시한다. 그러나 risk와 danger는 두 가지 다른 의미를 내포한다. 먼저 risk는 예상보다 달라질 가능성을 뜻하므로 미래의 결과가 예측보다 좋아지거나 나빠질 두 가지 변동가능성을 모두 포함한다. 반면에 danger는 예상보다 더 나빠질 가능성을 의미한다. 둘째 risk는 부담하는 대가로서 기대수익의 증가라는 보상을 받게 되지만, danger는 부담함으로써 보상을 받게 되는 경우는 없다.

risk의 기댓값은 긍정적 가치와 부정적 가치를 모두 포함하므로 당사자가 주체적으로 그 불확실성을 평가하여 기대이익을 취할 수 있는 것을 의미한다. 따라서 위험(Risk)이란 손해발생 가능성으로 정의하며 연관된 개념으로는 손해, 손인, 위태 등이 있다. 위험은 손해의 크기와 그 발생가능성으로 구분하는 데, 손해는 당사자가 원하지 않거나 비의도적인 자산가치의 하락 또는 소멸을 말한다. 모든 손해의 근본원인은 불가항력적인 자연조건이나 인간이 만든 조건에서 시작된다.

손해의 원인을 손인(Perils)이라고 하는데, 손인은 필연적인 것과 우연한 것이 있다. 필연적인 손인은 시간의 흐름에 따라 서서히 손해가 진행되는 불가피하고 필연적인 것을 말하고, 우연한 손인은 고의, 부주의, 불가항력 등에 따라 발생하는 사고 또는 사건을 말한다.

2. 리스크 관리의 정의

수익은 위험에 대한 보상이다. 위험관리란 목표를 실현하기 위하여 손실이나 불리한 결과 또는 불확실성을 대비하는 것이라고 할 수 있다.

"High Risk, High Profit"이라는 말에서 알 수 있듯이 위험관리란 이익을 극대화하기 위하여 부담할 수 있는 위험의 크기를 가장 효율적 방법을 활용하여 목표방향으로 조정해가는 일련의 관리과정이라고 할 수 있다.

위험을 관리하기 위해서는 먼저 위험의 원인, 크기, 빈도 등을 평가하여야 한다. 손해의 크기를 손해심도라 하고, 손해의 가능성을 손해빈도라고 한다. 위험은 손해심도 또는 손해빈도가 커질수록 증가한다. 손해심도나 손해빈도를 직접적으로 축소 또는 조절하는 방법을 위험통제(Risk Control)라고 한다. 위험통제 이외에도 손해발생 후에 필요한 복구자금을 미리 준비해야할 필요가 있다. 이를 위험재무(Risk Financing)라고 하는데, 위험재무에는 위험보유, 보험 및 비보험이전이 있다.

일반적으로 위험관리는 당사자의 태도에 따라 위험회피(risk aversion), 위험중립(risk neutral) 및 위험추구(risk seeker)의 3가지 형태로 구분된다. 이러한 구분에서 위험회피형은 위험 분산 등의 방법으로 보다 덜 위험한 거래를 선호하고, 위험중립형은 어떤 거래를 선택하더라도 무차별한 경우이고, 위험추구형은 보다 더 위험한 거래를 택하여 보다 높은 이익을 추구하는 것이라고 할 수 있다. 이러한 세 가지 형태 중 대부분의 합리적인 거래당사자는 위험회피형에 속하는 것으로 볼 수 있다.

Ⅱ. 무역위험의 구조와 관리

1. 무역 위험의 구조

무역은 시장을 해외까지 확대하고 거기에서 이익을 창출하기 위한 좋은 방법이다. 그러나 무역은 다음과 같은 두 가지 점에서 국내거래와 다른 위험 가능성이 있다.

먼저 국제 거래는 서로 다른 국가에서 사업을 영위하는 당사자간의 거래인 격지자간의 거래이며 무역거래시에는 계약의체결과 이행에 이르기까지 상당한 시차가 존재한다. 그러므로 무역거래의 당사자는 국내거래에서는 고려하지 않는 위험을 추가로 부담하게 된다. 무역거래의 당사자는 물품의 인도와 대금의 결제에 있어서 거래상대방에 대하여 신용위험을 부담한다. 그리고 운송회사, 은행 등 거래당사자 이외에 제3자의 개입이 불가피함에 따라 추가로 운송위험과 환위험을 부담하게 된다. 이와 함께 거래당사자가 속하는 국가의 무역정책에 따라 무역에 관한 국가관리위험도 부담하게 된다.

무역계약위험, 운송위험, 결제의험의 각 과정에서 무역거래 당사자의 과실, 고의, 불가항력측면에서 발생할 수 있는 무역위험의 가능성은 다음과 같이 설명할 수 있다.

먼저 무역계약에서 계약당사자가 과실로 인한 무역계약의 불완전한 이행의 경우에 상대방에게는 수익상실, 위반자에게는 배상책임이 발생하게 된다. 다음으로 계약당사자의 고의로 계약을 위반하는 경우에는 상대방에게도 수익상실이 발생하는 것은 같지만, 과실의 경우와 달리 의도적인 사기에 의한 계약이 될 것이므로 이를 사전에 예방하기란 사실상 불가능할 것이다. 반면에 불가항력을 원인으로 하는 경우는 자연재해, 천재지변 또는 수출입국 정부의 수출입제한 등의 원인으로 하는 것으로 계약당사자 모두에게 영향을 미치게 된다.

운송위험으로는 운송과실의 경우 이는 불완전한 계약이 되어 화주에게 손실을 입히게 되지만, 고의로 운송계약을 위반하는 경우에는 운송사기가 되어 화주에게 피할 수 없는 손실을 입히게 된다. 반면에 불가항력적 위험으로는 해적, 침몰, 좌초, 지연 등 보험계약으로 위험관리가 가능한 손해가 발생하기도 한다.

결제위험으로는 과실로 인한 대금지급의 지연 등으로 수출상에게 수익상실이 발생할 수 있고, 고의에 의한 경우로는 사기계약, 지급거절, 인수거절 등으로 수출상에게 결정적 손해가 발생할 수 있다. 반면에 선적전 수출불능, 수입상의 지급불능, 환율변동 등의 이유로 발생하는 불가항력의 경우에도 수출상의 수익이 상실될 수 있다.

무역위험의 구조[1)]

1) 계약위험

위 태	손 인	손 해
고 의	사기계약	수익상실 / 감소 클레임 비용손해
과 실	불완전계약, 클레임	수익상실 / 감소 클레임 비용손해
불가항력	수출입국의 제한/금지	수익상실 / 감소 클레임 비용손해

2) 운송위험

위 태	손 인	손 해
고 의	운송사기	화주의 자산 손해
과 실	불완전계약	화주의 자산 손해
불가항력	해적, 침몰, 좌초, 지연	화주의 자산 및 비용손해 화주의 책임손해

1) 정홍주, 이현복, 무역리스크의 절차별 분류와 관리방안, 한국무역상무학회, 2010.

3) 결제위험

위 태	손 인	손 해
고 의	사기계약 지급거절 인수거절	수출상의 수익손실
과 실	불완전계약 지급지체	수출상의 수익손실
불가항력	선적전 수출불능 수입상 지급불능 지급지체, 환율변동	수출상의 수익상실 / 축소

2. 무역 위험의 관리

일반적인 무역위험관리(Risk Management)방법은 크게 다섯 가지 방법이 있다. 첫째, 위험의 회피(Avoidance)는 특정 손실위험을 결코 취급하지 않거나 또는 기존의 손실의 위험을 포기하는 것이다. 둘째, 손해통제(Loss Control)는 위험에 노출된 사람 또는 조직이 스스로 그리고 적극적으로 그 위험에 영향을 주어 위험의 구조 즉 손해의 빈도와 심도를 줄이는 위험관리 방법이다. 셋째, 위험의 보유(Retention)은 위험을 보험회사를 포함한 제3자에게 이전하지 않고 주어진 손실 노출의 결과로 발생하는 손해의 일부 또는 전부를 스스로 보유하는 것이다. 넷째, 보험(Insurance)은 보험료를 지급받은 보험자가 피보험자에게 발생하는 특정한 손해를 약정된 절차와 방식에 따라서 보상하기로 하는 계약을 체결함으로 위험을 관리한다. 다섯째, 비보험이전(Non-insurance Transfer)는 계약 또는 리스 등을 통하여 보험을 제3자에게 이전시키는 위험재무 방법이다. 비보험이전은 운송인과의 계약에 따라 선화증권이 발행되고, 은행과의 계약에 따라 신용장이 개설되어 운송위험과 결제위험을 운송인과 은행에 전가시켜 위험을 관리하는 방법이다.

일반적인 무역거래에서는 계약에 의하여 위험을 이전하거나, 직접통제비용이 작은 경우 스스로 위험을 관리하고 비용이 큰 경우에는 보험 등의 방법으로 처리하는 것이 대부분이다.

무역위험의 방법으로 획일화된 기준을 제시할 수는 없으나 무역계약 당사자는 자신의 환경에 따라 무역위험을 형태별 또는 무역절차별로 파악하고 각 방법의 효과와 비용에 적절한 관리방안을 적용하는 것이 바람직하다.

무역위험의 관리

1) 계약위험

위 태	빈도축소	손 인	위험재무
고 의	신용조사	사기계약	위험 보유
과 실	주의강화, 신용장	불완전계약, 클레임	계약 이전
불가항력	국가신용도조사	수출불능, 계약취소	보험, 계약이전

2) 운송위험

위 태	빈도축소	손 인	위험재무
고 의	신용조사	운송사기	위험 보유
과 실	주의강화	불완전계약	계약 이전
불가항력	없음	해적, 침몰, 좌초, 지연	보험, 계약이전

3) 결제위험

위 태	빈도축소	손 인	위험재무
고 의	신용조사	사기계약 지급지체 / 거절	위험 보유
과 실	주의강화, 신용장	불완전계약	계약 이전
불가항력	국가신용도조사	지급지체 / 거절	보험, 계약이전

2

무역계약의 준비단계

I. 무역계약 준비단계에서의 리스크

1. 불충분한 해외시장 조사

수출입절차의 최초의 단계가 해외시장 조사이다. 물품을 수출 또는 수입하려면 먼저 목표하는 시장부터 찾아야 한다. 시장조사는 '물품을 그 생산자로부터 소비자에게로 유통·판매함에 관련된 해당 문제에 대한 모든 사실을 수집·기록·분석하는 활동'이라고 정의할 수 있다.

특히 수출에 있어서 해외시장조사란 수출상이 자신의 물품을 장기적으로 가장 효율적으로 수출할 수 있고 시장을 탐색하기 위하여 행하는 최초의 절차로서 당해 물품의 판매에 관련된 여러 가지 정보를 수집·종합·비교 분석하여야 한다.

시장조사를 위해서는 먼저 각국 시장에 대한 일반적 조사항목과 특수시장 조사항목을 살펴보아야 한다. 일반시장 조사항목으로는 지리, 정치경제, 사회적 조건을 살펴보고, 특수시장 조사항목으로는 물품의 거래를 위하여 직접적으로 제시하여야할 품질, 수량, 가격, 결제, 운송 인도 조건 등을 구체적으로 검토하여야 한다.

상대방과 거래가 성사되었다고 하더라도 이러한 내용을 충분히 검토하지 않았다면 당장의 거래를 실행할 수는 있으나 장기적으로 수출상에게 큰 손실로 돌아올 수 있기 때문이다.

2. 거래처에 관한 불충분한 신용조사

해외시장조사를 통해서 선정한 상대방과 정식으로 거래관계를 갖기 이전에 상대방의 신뢰도(reliability)를 확인하기 위하여 신용상태(credit standing)를 조사하여야 한다. 그 이유는 무역거래의 경우 국내거래와 비교할 수 없을 만큼 큰 신용위험(credit risk)이 존재하기 때문이다. 이를테면 매수인의 파산 등에 의한 지급불능, 지급은행의 지급거절, 전쟁·천재지변·국가간섭 등의 비상위험(contingency risk) 등과 매수인의 부정이나 불법행위에 의한 부도나 매도인의 계약위반에 대한 지급거절 등도 예상할 수 있다. 물론 이러한 여러 가지 위험에 대하여 신용장제도나 수출보험제도 등 각각의 대비책이 있을 수 있으며, 대리점을 통한 계약체결의 경우 대리점과 지급보증계약을 체결함으로써 신용위험을 대리점에 전가시키는 방법도 있다.

그러나 문제는 이러한 소수적인 예방수단의 어느 것을 사용하더라도 근본적인 해결을 기대하기 어렵다. 근본적인 대책은 재정상태나 평판 및 영업능력면에서 문제없고 상대방을 선택하는 것이나 그러기 위해서는 신용상태를 조사하여 우수한 것이 판명된 상대방과 거래하는 것이다. 결국 신용조사는 신뢰할 수 있는 상대방을 조사하는 것으로 거래관계의 성립후에도 정기적으로 행하는 것이 좋다.

국내거래의 경우라면 설사 중대한 사고가 돌발해도 직접 만나서 교섭할 수 있고, 또 필요하다면 상대방의 물품을 차압할 수 있으나 국제거래의 경우에는 거리, 제도, 법률 등 접근하기가 쉽지 않다. 특히 국제거래에서 견본을 수집하여 생계의 수단으로 삼는 sample merchant나 고의로 클레임을 제기할 것을 미리 계산하고 있는 claim merchant도 있다. 신용조사를 통하여 이러한 악덕상인을 미리 파악할 수 있다면 상당한 거래위험을 줄일 수 있다.

무역거래는 그 성격상 물품상황도 지급조건(COD)으로 거래되기 어렵다. 일반적인 결제방법인 L/C방법의 경우는 대금대수가 어느 정도 안전하다고 할 수 있으나 D/A계약서나 D/P계약의 경우에는 특히 신용조사의 필요성이 더 크다고 할 수 있다.

II. 해외시장조사

1. 해외 시장조사의 항목

(1) 일반적 조사항목

잠재구매력의 측정 및 시장 상호간의 비교·검토하여야 한다. 이는 일반적 조사항목이라고 부르며 그 내용을 다음과 같이 분류할 수 있다.

첫째, 지리적 조건을 조사한다. 각 국의 면적, 지세, 기후, 거리, 도시의 분포상황 등을 조사한다.

둘째, 정치·경제적 조건을 조사한다. 각국의 자전분포상황, 경제·재정·금융 국내산업에 대한 보호정책의 정도 및 국내외의 투자상황 등을 검토하여야 한다.

셋째, 사회적 조건을 조사한다. 총인구, 언어, 교육정도, 종교, 인터넷의 보급정도 등 각 국의 시장을 이루고 있는 주민의 생활상황, 풍습, 관습이 정확히 파악되어야 한다.

이상과 같은 지리적 조건, 정치·경제적 조건, 사회적 조건의 3개 항목에 관련된 시장조사를 충분히 검토하지 못한다면 결국 수출입상에게는 거래의 성공은 대단히 불확실해지므로 시장조사의 중요성은 매우 크다고 할 수 있다.

> 해외시장조사의 구체적인 조사항목으로 ① 인구와 그 특성, ② 소득수준과 구매력, ③ 기후와 여러 가지 지리적 여건, ④ 통화체제, ⑤ 판매계통의 유형(인터넷 판매정도), ⑥ 교통·통신, ⑦ 상관습, ⑧ 당해품목 또는 유사품목의 국내생산과 수입실적, ⑨ 조세체계, ⑩ 금융기구, ⑪ 수출입의 규모, ⑫ 타국과의 경쟁관계, ⑬ 일반적인 사업의 안정성, ⑭ 정부의 경제활동, ⑮ 행정적·법적체계 등을 들 수 있다.

(2) 특수시장조사 항목

1) 품질의 적응성

물품 품질은 목적시장에서 물품의 본질적 효용인 사용효과 및 편의성을 검토하여야 한다. 물품의 사용목적, 사용계층 및 미래의 개량방향 등을 파악하기 위하여 물품의 크기(size), 모양(shape), 중량(weight), 끝마무리(finish), 상표(brand), 색상(color), 포장(packing) 등에 관하여 조사하도록 한다.

2) 가격의 적응성

가격은 품질과 함께 국제경쟁력의 결정적 요소이다. 가격경쟁력을 조사하기 위하여 목적시장까지 이송단계별 소요되는 비용을 조사하여야 한다. 즉 해상운임(ocean freight), 해상보험료(marin insurance premium) 내륙운송비(inland transportation charge), 내국세(local taxes) 및 수입관세(taxes and import duties), 창고료 등을 확인하여야 한다.

3) 납기의 적응성

국내거래와 달리 풍속·관습이 다른 해외시장에 물품을 수출하는 경우에는 주문생산으로 진행되는 경우가 많다. 물품을 미리 생산해 둘 경우 주문을 받지 못하면 처분할 수 없는 불량재고가 될 위험성이 있다.

특히 위탁판매(consignment)와 같이 주문 후 생산하여 선적하는 납기조건과는 인도시기 면에서 큰 차이기 있기 때문에 이에 대한 조사가 선행되어 납기적응성을 점검하여야 한다.

4) 결제방식의 적응성

일반적으로 수출상에게는 L/C 방식이 유리하고, 수입상에는 D/A계약서나 상호계산방식(Open Account)이 유리하다. 따라서 결제방식 가운데 어떤 조건을 요구하느냐 하는 것은 거래의 성패를 좌우하는 중요한 조건이 될 수 있다.

그러나 수출상의 입장에서는 자신의 결제방식을 고집하지 말고 객관적이고 냉정한 입장에서 목적시장의 관습이나 경쟁자의 결제조건 등을 조사·검토하여 그 시장에 적응가능한 결제방식을 선택하여야 한다.

5) 배급방식의 적응성

배급방식은 수입상이 물품을 수입하여 이를 최종 소비자에게 전달하는 배급경로를 말한다. 즉, 수출상은 수입상과 1:1로 거래를 할 것인지, 대리점(Agency)을 둘 것인지, 판매점(Distributor)을 둘 것인지, 아니면 특권보유자(Franchise Holder)를 통한 것인지, 어떤 배급경로가 당해시장에 적응성이 있는지는 조사하여야 한다.

흔히 수입상이 외국 물품을 취급하는 동기는 이윤동기에 따른 것이기 때문에 유사한 경쟁상품의 거래에서 더 큰 이윤이 기대된다면 언제든지 기존 거래를 중단하게 될 우려가 있다.

2. 해외시장조사의 방법

(1) 직접조사

직접조사는 다음과 같은 방법들로 행하여진다.

첫째, 해외지점, 출장소, 주재소 등에 의한 시장조사 방법이다. 무역업자가 해외지점이나 출장소를 갖고 있는 경우에 주재국의 신문·잡지 등에서 정보를 입수하거나 거래상대방과 꾸준히 접촉함으로써 신속하고 기밀한 정보를 얻을 수 있다.

둘째, 해외국제무역박람회와 같이 거래상대국에 직접 출장을 가서 조사하는 방법이다. 이 경우 조사비용이 많이 든다는 단점이 있음에도 불구하고, 주관적이지만 감각적인 시장정보를 얻기 위해서는 가장 좋은 방법이라고 할 수 있다.

셋째, 거래처를 통한 시장조사 방법이다. 무역거래는 상호이익의 의존관계에서 성립되는 것이기 때문에 거래상대방의 정보제공 요청이 있을 경우 우리 편에서도 상대방에게 필요한 정보를 제공하는 것이 바람직하다.

(2) 간접조사

간접조사는 다음과 같은 방법들로 행하여진다.

첫째, 한국에 주재하는 외국의 대사관이나 영사관 또는 외국에 주재하는 우리나라의 공관을 통하여 목적시장의 정보를 입수한다.

둘째, 외국의 상업회의소(Chamber of Commerce) 또는 우리나라의 대한상공회의소나 한국 무역협회 등에 의뢰하여 시장정보를 입수하는 방법이다.

셋째, 한국무역협회 또는 KOTRA를 통한 방법으로 시장조사의 결과에 관하여는 각종 간행물, 보고서 및 자료 등을 이용할 수 있다.

넷째, 해외의 광고대리점을 통하여 시장조사를 할 수 있다.

이 외에도 UN의 통계년보인 'Yearbook of International Statistics', IMF의 발행년보인 'International Financial Statistics' 등과 OECD, IBRD 및 ECAFE 등 국제경제협력기관에서 발표하고 있는 일반경제통계에 의한 방법도 있다.

(3) 인터넷조사

해외시장조사를 함에 있어서 인터넷을 활용하면 매우 유익한 정보를 얻을 수 있다. 가령 수출이나 수입을 하는 지역과 관련된 정보, 수출입 정보, 수출입 통계, 무역거래 관습 등을 정부기관 사이트나 기업의 웹사이트를 이용하여 쉽게 조사할 수 있다.

Ⅲ. 거래처의 선정과 신용조사

1. 거래처의 선정방법

(1) 무역업자명부 이용

거래선의 선정을 위해서는 세계적인 Trade Directory나 Yellow Page 등의 간행물을 통하여 해당품목을 취급하는 업체의 명단을 입수할 수 있다. 현재 세계에서 가장 널리 이용되고 있는 것은 런던에서 편찬한 'Kelly's Directory of merchant, Manufacturers and Shippers of World'를 들 수 있으며 이 외에도 지역별로 이용할 수 있는 무역업자명부가 있다.

(2) 무역관련기관의 소개

이 방법은 각 국의 상업회의소, 또는 수출입관련기관에 거래알선의뢰 서신을 발송하여 관련업자를 소개받는 방법이다. 무역과 관련된 국내의 기관으로는 한국무역협회의 거래알선서비스를 받는 방법, 세계 각국에 현재 무역관을 운영하고 있는 KOTRA에 의뢰하여 거래처를 소개받거나 국제상업회의소(International Chamber of Commerce ICC)에 가입되어 있는 대한상공회의소 등에 의뢰하여 거래처를 소개받을 수 있다

(3) 해외광고를 통한 거래처 발굴

해외거래처를 발굴하기 위하여 해외홍보용 Catalogue나 인쇄물 등을 제작하여 배포하거나 국내기관의 해외홍보매체 등에 자사상품을 홍보할 수 있을 것이다. 해외배포용 자료는 사전 세심한 계획 아래 취급물품의 정확한 규격·용도·재질 등 물품자체의 설명에 주안점을 두어 구매자의 구매의욕을 자극할 수 있어야 한다.

한편 국내에서 발행되는 수출유관기관의 대표적인 해외광고매체는 한국무역협회

에서 발행하는 Korea Export, Korea Trading Post 등이 있고, KOTRA에서 발행하는 Korea Trade, Korea Trade Business 등이 있으며, 한국무역전시장(KOEX) 및 Buyers Guide사가 발행하는 광고매체가 있다.

(4) 직접출장 등을 통한 거래처 발굴

현지 박람회 또는 전시회 등에 참가하여 거래처를 물색하거나 기초 거래처와의 관계를 더욱 공고히 할 수 있다. 한국무역협회에서 총괄하여 파견하는 민간무역사절단과 KOTRA에서 주관하여 참가하는 해외박람회 및 전시회는 각종 경비의 지원뿐 아니라 현지무역관리 사전홍보를 통한 Buyer와의 상담혜택을 받을 수 있다.

2. 거래처 관계의 정립

(1) 대리점의 지정

수출상이 자신의 거래처와 대리점 관계를 갖기 위하여 체결되는 계약이 대리점계약(Agency Agreement)이다. 대리점은 본사를 대리하여 본사의 이름으로 Offer를 발행하고 본사는 이러한 Offer 발행서비스에 대하여 지급하는 대가가 판매수수료(selling commission)이다.

수출상이 현지 수입상과 일일이 접촉하지 않고 자신의 판매대리점(selling agent)을 둘 수 있다. 이 때 현지 거래처는 대리점이 된다. 특히 현지 대리점이 자신의 판매대리업무에 독점적 지위가 주어지면 독점대리점(exclusive agent)이 된다.

통상 대리점과 수입상과는 법률적 관계가 없다. 비록 대리점이 발행한 Offer를 수입상이 acceptance 하였다 하여도 계약은 수출상과 수입상간에 성립된다. 대리점과 본사의 권리의무 관계는 Agency Agreement에 나타난다. 그렇지만 대리점은 자신이 소개한 수입상이 수입대금을 지급하지 않아서 본사가 손해를 입은 경우 수출상에게 이를 보상하겠다고 약정하면 Del Credere Agent가 된다.

(2) 판매점의 지정

일반적인 무역거래에서 수출상은 도매상을 겸하고 있는 현지시장의 수입상에게 특정상품을 특정시장에서 독점으로 판매할 수 있는 권한(exclusive distributorship)을 부여한다. 그 대신 판매점은 독점판매점계약(Dealership Agreement ; Distributorship Agreement)에서 물품의 공급자에게 주문량(minimum purchase)을 약정한다.

판매점은 자신의 계산하에 본인(principal)으로서 물품을 수입하기 때문에 강력한 판매능력을 가져야 하며 현지사정에 밝아야 할 뿐만 아니라 물품을 수입하고 재고를 처분하여 신용공여를 위한 설비와 금융능력을 지녀야 한다.

(3) 기타의 거래형태

수출상의 입장에서 판매점이나 대리점을 두지 않고 해외로부터의 단편적인 거래제의에 수동적으로 응한다면 안정적인 무역거래를 기대할 수 없다. 수출상은 수입지의 수입상과 장기공급계약을 체결함이 없이 간헐적으로 이어지는 거래를 할 경우 지속적인 거래가 보장되지 않기 때문에 수출상이 직접 해외에 진출하는 경우가 있다.

대리점이나 판매점과 같은 중간단계를 거치지 않고 수출상이나 제조업자가 일반수입상이나 수요자와 직접 거래하는 경우가 이에 해당한다. 또한 백화점이나 수퍼마켓 등에서도 수요자가 수출상이나 제조업자와 직접 거래한다.

이러한 경우 처음에는 수출상의 판매대표부(sales representative)를 두었다가 안정적인 판매가 보장되었다고 판단되면 현지 공장을 설립하거나 현지회사와 공동으로 합작투자회사(joint venture company)를 설립할 수 있다.

국내외 주요 전자거래 알선 웹 사이트

국내		국외	
EC21	ec21.com	Alibaba	alibaba.com
대한무역투자진흥공사	buykorea.org		
중소기업진흥공단	smipc.or.kr	ECeurope	eceurope.com
대한상공회의소	korcham.net		
EC Plaza	ecplaza.net	Worldbid	worldbid.com
T-Page	tpage.com		

3. 신용조사

(1) 신용조사의 항목

1) 상도덕(character)

신용조사항목 가운데 가장 중요한 항목이 바로 Character이다.

개인에게 인격이 있는 것과 같이 업체의 개성(personality), 성실성(integrity), 평판(reputation), 영업태도(attitude toward business), 채무변제이행열의(willingness to meet obligation) 및 기업윤리나 기업의 사회적 책임 등을 확인하는 것이 'character' 항목이다. 수출무역의 경우 빈번한 Market Claim도 악의적인 상도덕에서 비롯되기 때문이다.

2) 자본(Capital)

이는 당해 업체의 재정상태(financial status), 영업결과에 따른 이익과 손실 등을 점검하는 항목이다. 이를 조사하기 위하여 일반적으로 상대방의 재무제표를 검토하게 된다. 경우에 따라서는 이러한 자금의 입수가 곤란한 경우도 있으며, 또한 자금 자체의 신빙성이 문제가 있을 수 있다.

3) 능력(Capacity)

이는 당해 업체의 연간매출액, 업체의 형태, 경력, 취급업종, 장래성 등에 관한 항목이다. 비록 건실하고 양호한 재정상태를 갖고 있다고 하더라도 장래성이 없는 업종이나 경영자의 경영능력이 없다면 장기적인 전망이 밝다고 할 수 없다.

이러한 3C's 이외에 시장상황(condition), 담보능력(collateral), 거래통화(currency), 소속국가(country) 가운데 한두 가지를 추가하여 4C's 또는 5C's라 부르고 있다.

(2) 신용조사의 방법

1) 거래은행이나 동업자를 통한 조사

상대방의 거래은행이나 자사와 오랜 거래관계가 있는 동업자를 통하여 신용조회를 하는 것이 가장 보편적인 현상이다. 상대방으로부터 받은 Trade Inquiry에 자사의 신용조회처(reference)를 명기하는 경우가 많다. 그러나 현실적으로 이들 은행에 신용조회를 하여도 만족할 만한 신용정보(credit information)을 얻을 수 없는 경우가 많고 때로는 회답이 전혀 없는 경우도 있다.

2) 상업흥신소에 의한 조사

상업흥신소는 신용조사를 전문으로 하고 있으며 국내는 물론 세계의 주요 도시에 통신원 또는 조사원을 주재 또는 파견하여 현지조사를 하고 또한 세계 각국의 동업자와 연락을 취하고 정보를 교환하면서 전적으로 신용조사를 위하여 활동하고 있다. 그렇지만 상업흥신소에 의한 신용조사는 상당한 시일과 높은 조사비용이 소요되므로 일반적으로 이용할 수 있는 방법은 되지 못한다.

세계적으로 유명한 상업흥신소로는 Dun & Bradstreer사(미국), Bradstreet Brish사(영국), Tokyo Mercantile Agency(일본), Auskunft W. Schimmelpfung(독일) 등이 있다.

3) 신용보증기금 등

우리나라에는 해외신용조사를 전문으로 하는 기관으로 신용보증기금, 한국수출보험공사, KOTRA 등이 있다. 특히 신용보증기금은 현재 세계적인 신용조사망을 갖춘 미국의 Dun & Bradstreet사를 비롯한 38개국 95개사의 해외신용조사 전문기관과 제휴하여 신속·정확한 자료를 제공한다.

3

무역계약의 성립

I. 무역계약의 성립단계에서의 리스크

1. 적합한 거래선의 선정

국제무역의 시작은 대부분 단순 수출입 거래로부터 시작되는 것이 일반적이다. 처음부터 일정한 수준의 자금력과 기술력을 갖춘 상태로 수출을 염두에 두고 상품을 개발하고 국제거래를 할 수도 있겠지만 대부분의 경우에는 국내외 시장을 구분하지 않고 가격과 품질 면에서 경쟁력을 갖춘 상품을 중심으로 소규모 국제거래를 시작하게 된다.

비록 소규모 거래에 불과하더라도 수출상은 물품을 수출하기 위해서 기본적 요건의 시장조사를 시행한 후 최초 거래선과 국가를 선정하게 된다. 이러한 소규모 형태의 거래는 1회성 개별계약에 의한 형태로 일정한 수준과 규모에 이르기까지 반복하게 된다.

이러한 경우 수출상의 반복적인 1회성 소규모 거래를 지속적이며 포괄적인 거래조건으로 바꿀 수 있다면 수출상은 지속적이며 안정적인 시장을 확보하게 될 것이다. 이를 위해서 수출상은 수출시장에서 현지 유통흐름에 능통한 도매상, 대리점, 판매점의 형태로 자신의 대리인을 지정하거나 또는 직접 현지 사무소나 현지법인을 설립하여 보다 적극적인 수출방법을 모색하게 된다.

이 때 수출상의 역량과 상품의 경쟁력에 따라 적합한 형태의 수출영업형태를 조직화하는 것이 바람직하다. 단순 수출입의 경우에는 수입상의 판단에 따라 필요한 수량만을 수출하는 것으로 수출상에게는 리스크의 요건이 매우 낮은 반면에 큰 이익을 기대하기는 어렵다. 따라서 수출상은 지속적이며 안정적인 수출 방법을 모색하기 위하여 현지에 대리점 또는 판매점을 준비할 때 대리점 권한의 설정, 기한, 수수료, 지역, 최소판매량, 영업방식 등 주요 요건에 관한 검토를 하여야 한다.

2. 무역계약서 작성의 주의사항

물품의 매매를 위한 무역계약은 두 당사자가 일정한 댓가로 계약조건을 이행하는 것에 합의한 것이지만 계약서를 작성하는 데는 형식의 제한은 없다. 그러나 자신에게 유리한 계약조건을 확정하기 위해서는 해당 조건을 계약서에 포함하여야 하는데 여기에 수출상과 수입상의 입장이 대립하게 되는데 이를 서식전쟁(Battle of Forms)이라고 한다.

무역계약서의 작성에는 계약의 기본조건인 명시조건과 묵시조건으로서 포괄조건을 포함하게 된다. 거래의 이행을 위해서는 기본조건으로서 명시조건이 필수이므로 계약체결이후 명시조건의 해석에 관하여 오해나 이중적 해석이 가능하지 않도록 세밀하고 확정적으로 표시하여야 한다. 포괄조건으로서는 해당 거래에서 적용되는 업계의 관습과 국내외적 강행법규의 이해, 명시조건으로서 다룰 수 없는 기타 요건을 기타 포괄조건으로 다루게 된다.

국제 무역거래는 거래의 이행에 두 국가의 법률과 제도적 환경이 상이함을 고려해야 하므로 주의하여야 한다. 계약서의 준거법 조항은 당사자 계약의 성립과 이행에 관한 내용을 다루게 된다.

따라서 만일 당사자 계약의 준거법 지정이 확정되지 않았거나 이를 소홀히 하였을 경우 당사자는 난처한 상황에 처할 수 있다. 예를 들어 우리나라 수출업자(본인, principal)가 프랑스시장에 진출하고자 프랑스 어느 기업을 독점대리점으로 지정하

는 내용의 대리점계약을 체결하면서, 계약서상 준거법조항을 두지 않은 경우가 있을 수 있다.[2)]

5년 후 우리나라 수출업자가 이제 프랑스시장에 대하여 자신감이 생겨서 프랑스의 여러 수입업자와 직거래를 통하여 수출하고자 위의 대리점계약을 계약규정에 따라 종료한다고 할 때, 프랑스 대리점은 이 계약의 객관적 준거법이 프랑스법임을 주장하여 일정한 요건하에 2년간의 보수에 해당하는 보상청구권을 행사할 수 있다.

그러나 만약 이 계약의 준거법이 한국법이라면 프랑스 대리점은 자신의 활동으로 한국 수출업자가 새로운 고객을 획득하거나 영업상의 거래가 현저하게 증가하고 이로 인하여 계약의 종료 후에도 이익을 얻고 있는 경우에 한하여 5년간의 평균보수액을 초과하지 않는 범위의 상당한 보상(즉 1년치의 평균보수액)을 청구할 수 있다.

다른 예로서, 우리나라의 어느 기계생산업체 S가 미국의 어느 제조업자 B에게 기계를 수출하는 계약을 체결하면서, B가 기계를 신속히 교체하여야 하는 긴박한 사정이 있어, 만약 계약에서 정한 인도기간을 위반하는 경우에 S는 매매대금의 10%에 해당하는 위약벌(penalty)을 지급하기로 약정하는 조항을 두고, 준거법에 관하여는 침묵한 경우를 생각할 수 있다.

이 계약에서 객관적 준거법이 매도인의 소재지인 한국법으로 지정된다면 위약벌조항도 원칙적으로 유효하게 되나, 미국법(미국주법)이 준거법으로 선택된다면 위약벌조항은 무효가 된다. 이는 미국법상으로는 손해배상액예정조항(liquidated damages clause)만이 허용되고, 위약벌조항은 허용되지 않기 때문이다. 물론 문제의 조항이 손해배상액예정조항인지 위약벌조항인지 여부는 그 조항의 명칭이 아니라 그 규정의 실질내용에 따르게 된다.

2) 허해관, 국제거래상 분쟁해결에 관한 무역실무자의 리스크관리, 무역상무학회, 2010.

Ⅱ. 수출입 마케팅 활동

1. 무역업체의 영업형태

(1) 수출기업의 영업형태

외국의 수입업자의 계약관계 및 수출물품 조달방법에 따라 수출기업의 영업형태는 크게 보아 다음 세 가지로 구분할 수 있다.

첫째, 수출중개상이다. 이는 무역거래시 자기명의 없이 외국의 수입자의 대리인(Agent) 또는 국내지사로서 단지무역계약 당사자인 외국의 수입자와 국내의 수출자간에 직접 거래가 이루어질 수 있도록 중개하고 그 대가로 수수료를 수령한다. Export Commission House, Export Broker 등이 여기에 해당한다.

둘째, 전문무역상이다. 이는 제조설비는 보유하지 않으나 외국의 수입자와 자기명의로 계약을 체결하고 국내에서 타사제품을 조달하여 수출하거나, 수출물품을 해외에서 조달하여 최종수입자에게 수출하는 무역업자이다.

전문무역상사는 무역계약시 본인의 명의를 사용하는 당사자인 본인(Principal)으로서 계약상의 수출물품을 인도해야하는 계약이행 책임을 부담하는 것이다.

셋째, 고유수출상이다. 제조설비를 보유하고 있으면서 자체생산물품을 수출하고, 소요원자재 등을 직접 수입하는 것을 주요한 영업으로 하는 무역업자를 말한다.

(2) 수입기업의 영업형태

외국의 수출자와의 계약관계 및 국내영업방법에 따라 수입의 유형은 다음 4가지의 형태로 구분할 수 있다.

첫째, Offer Sale이다. 오퍼상은 외국의 물품공급자와 대리점계약을 체결한 후 국내에서 당해물품을 수입하고자하는 자에게 외국의 물품공급자 이름으로 오퍼를 발행한다. 그 후 계약이 성립되면 대리점계약에 따라 일정한 커미션을 영수한다. 오퍼상은 커미션이 목적이므로 당해 오퍼에 명시된 계약조건의 이행에 대하여는 외국의 물품공급자인 본인(Principal)이 책임을 진다.

둘째, 대행수입 또는 선매수입이다. 이는 수입의뢰를 받고나서 대행계약을 체결한 후에 물품을 수입하여 이를 대행의뢰인에게 인도하는 수입형태로 대행계약서의 역할에 따라 대행수입을 단순대행수입과 실수요대행으로 구분한다.

셋째, 재고판매(Stock Sale) 수입이다. 가장 일반적인 수입형태로서 불특정 다수에게 판매하기 위하여 물품을 수입하는 것으로서, 이는 수입자가 직접재고위험을 부담하면서 수입거래를 이행하는 수입형태이다. 재고판매수입은 통상 수입물품을 수입한 원상태로 소비자에게 판매하기 위한 완제품을 수입하는 형태로, 국내 제조회사를 구매자로 하여 원자재 상태의 물품을 수입하는 경우에 활용되기도 한다.

넷째, 자가사용 수입이다. 수입자가 제조설비를 보유하고 있는 경우 본인의 생산과정에 직접 투입할 원자재 등을 수입하는 것을 말한다. 이 형태의 수입은 설비투자를 하기 위하여 시설재를 수입하는 경우를 포함시킬 수 있다. 자가사용수입은 사실상 국내영업활동을 전제로 하지 않은 수입으로서 국제원자재 가격동향 또는 기업의 재고관리방안에 따라 수입의사를 결정한다.

수입의 형태

수입형태	주요내용
Offer Sale	외국의 물품공급자인 본인이 책임을 지고 국내 오퍼상이 외국의 물품공급자 이름으로 오퍼를 발행하고, 계약이 성립하면 커미션을 수취하는 수입형태
대행수입 또는 선매수입	국내 특정수요자의 수입의뢰로 대행계약을 체결한 후 물품을 수입하여 의뢰인에게 인도하는 수입 형태
재고판매	수입자가 직접 재고 위험을 부담하면서 불특정 다수에게 판매하기 위하여 물품을 수입하는 형태
자가사용	수입자가 제고설비를 보유하고 있는 경우에 본인의 생산과정에 직접 투입할 원자재 등을 수입하는 형태

병행수입제도

1. 병행수입제도란?

외국에서 적법하게 상표가 부착되어 유통되는 진정상품을 제3자가 국내의 상표권자 또는 전용사용권자의 허락 없이 수입하는 제도

2. 병행수입 실시배경

병행수입을 금지할 경우 수입업자간 자유경쟁이 제한되고 상표권자의 과도한 독점이윤을 보장하는 결과를 초래하여 소비자의 후생복지 제고를 위하여 상호의 이익을 균형 있게 보호하기 위하여 상표법상의 상표보호의 목적 및 상표의 기능을 해하지 않는 범위 내에서 병행수입제도를 실시함

3. 병행수입 판단기준

1) 외국상표권자와 국내 상표권자가 동일인 관계인 경우
   - 권리 없는 제3자가 병행수입 가능
2) 외국상표권자와 국내 상표권자가 동일인 관계가 아닌 경우
   - 권리 없는 제3자가 병행수입 가능이 제한됨
3) 예외 : 국내상표권자 또는 전용사용권자가 외국상표권자가 생산한 진정상품을 수입판매하는 경우에는 권리 없는 제3자의 병행수입이 가능

4. 병행수입시 주의사항

병행수입은 모든 상표에 허용되는 것이 아니라 일정한 기준에 따라 제한적으로 허용되고 있으므로 병행수입 이전에 수입하고자 하는 물품의 상표가 병행수입이 허용되는지 여부를 확인해야 한다. 병행수입 가능여부는 관세청 「상표권 등록정보」에서 확인할 수 있다.

2. 마케팅 채널

(1) Agency와 Distributorship

일정한 수입국으로 수출거래 규모가 점차 확대되고 수입수요가 확충되면 수출자가 매 건 마다 현지 수입자를 직접 접촉하는 것이 한계에 부딪히게 된다. 이때 수출자는 지금까지 거래상황 등을 점검한 후 적절한 거래처나 유통업체를 현재판매를 위한 대리인으로 지정하고자 할 것이다. 이와 같은 대리인은 수출자의 현지영업망으로서 수출자의 입장에서는 해당물품에 대하여 현지 영업능력을 보유하고 있는 자 중에서 적합한 자를 선정하여 일정기간에 일정수준 이상을 판매하여야하는 의무를 부과하고자 할 것이다. 그리고 대리인의 입장에서는 일단 시장성이 있는 물품이라면 해당 지역에서의 독점적인 판매권을 확보하고자 할 것이다.

여기에서 '독점적 대리'라는 의디의 영어표현은 'Sole agent'와 'Exclusive agent'가 있는 데 두 경우 모두 수출자가 해당지역에 다른 대리인을 지정하지 않는다는 점에서는 같지만 양자는 약간의 차이가 있다.

Sole agent는 수출자가 대리인을 통하지 않고 본인(Principal)의 자격으로 해당지역에서 직접 영업활동을 할 수도 있다는 것을 의미한다. 그러나 Exclusive agent는 수출자가 직접 영업활동을 할 수 없고, 해당지역에서는 오직 대리인을 통해서만 영업활동을 전개하는 것을 의미한다.

대리인을 지정할 때 수출자는 해당지역에서 계약대리권을 인정하는 계약을 체결한다. 이때 계약은 대리인의 영업범위 및 성격에 따라 대리점계약(Agency Agreement)과 판매점계약(Distribution Agreement)으로 구분된다.

Agent는 건별 무역계약 체결시 대리인으로서의 역할만 하는 자로 실제 수입자는 따로 있다. 그러나 Distributor는 직접 수입까지 병행한다. 따라서 Agnet는 오퍼상으로서 커미션만을 수취하기 때문에 무역계약의 당사자가 아니며 수출입 본 거래에 대하여 책임이 없다.

그러나 Distributor는 실제 수입자로서 판매차익을 취하는데 목적이 있으므로 무역계약의 당사자이고 수출입 본 거래에 대하여 책임을 지는 당사자이기도 하다.

대리점과 판매점

구분		형 태	주 요 내 용
판매대리인	목적범위	Sole	수출자 본인이 해당지역에서 직접 영업을 할 있음
		Exclusive	해당지역에서는 수출자가 영업을 할 수 없음
	영업방법	Agent	- Offer sale - 대리점 ≠ 수입자 : 단순 중개상 - 커미션 취득이 목적
		Distributor	- Stock Sale - 대리점 = 수입자 : 거래 당사자 - 매매차익 취득이 목적

(2) Licensing, Franchising 및 Partnership

Licensing은 기술교역을 의미하며 무역거래시 통상 수량제한이나 관세장벽을 회피하는 수단으로 활용되며, 이때 Licesnee는 이익가능성에 대하여 Roralty를 제공한다. 일반적으로 Royalty는 기본료에 (순)매출액 또는 순이익의 일정비율로 한다. Licensing을 제공하는 당사자(Licensor)의 입장에서는 Risk와 자본투자를 줄일 수 있다. 그러나 Licensee가 장래의경쟁자로 부상할 수 있다는 점에 유의하여야 한다.

Franchising은 Licensing의 일종으로서 특정 사업분야에서 영업형태 및 절차개발을 통해 시스템화된 사업구조를 제공하는 것을 말한다. Franchisor는 전문지식·방침·훈련·지속적인 지원과 함께 이름·상표·이미지·평판 등을 한 묶음으로 판매한다. 이는 즉석식품(음료수) 자동차 임대업, 건설, 호텔업 등 서비스산업에서 많이 활용한다.

그리고 Franchisee는 Franchisor의 지원으로 독자적으로 사업을 영위하는 대표자이다. 우리나라에서는 아직까지 Franchising을 통하여 수출마케팅망을 제대로 구축하지 못하고 있다. 그러나 섬유제품(의류 등)이나 인삼제품 등 일부 품목에 대해서는 국제적인 Franchising System이 가능할 것으로 본다.

Partnership은 해외 유통경로로 일차적으로 판매점이나 대리점 형태인 Distributor

또는 Agent를 지정하고 일정한 기간이 경과한 후 상대방에 대한 신뢰도가 높아지면 Joint Venture 형태로 판매합작법인을 설립할 수도 있는데 이때 그 당사자의 관계가 Partnership이다.

Distributorship은 독자적인 영업활동 결과 발생하는 판매차익을 목적으로 하나 Partnership은 합작법인의 지분을 공유하고 지분율에 따라 영업이익을 배분받는데 목적이 있다. 이는 당사자간의 공존의식을 높여 시너지효과를 창출하는데 효과적이다. 그리고 해외시장 진입에 있어서 저항이 상대적으로 심한 이슬람 국가군이나 동남아시아 시장을 공략하는데 효과적일 수 있다. 그러나 Partnership은 사업의 주체로서 현지에서 직접 기업경영을 한다는 점에서 Distributorship에 의한 방법보다 상대방에 대한 신뢰도가 더욱 중요하다.

(3) 해외지사와 현지법인

해외지사는 지점, 지사, 출장소, 사무소, 지부, 주재소, 현지법인 등 여러 가지 명칭으로 부르고 있다. 해외지점은 일정한도의 영업기금을 보유하고 원칙적으로 해외에서 독자적으로 영업활동을 전개하는 해외지사를 말한다. 그리고 해외사무소는 해외출장소 또는 해외지부 등으로서 대표성이 없으므로 독자적 영업활동을 하지 못하고 업무연락, 시장조사, 연구개발활동 등 비영업적인 기능만 수행한다.

이에 반해 현지법인은 해외투자 후 현지의 주재국의 법률에 따라 법인격을 갖춘 경우로서 단독투자(Sole-venture)를 하는 경우도 있으나, 대부분의 경우 합작법인(Joint-venture)의 형태를 취하고 있다.

해외지사는 본사에서영업기금 및 활동비를 제반 경비를 지원하는 점에서 현지법인과 다르다. 따라서 독립채산제로 운영되는 해외지사라 하더라도 본사로부터 일정한도액의 영업기금과 활동비를 지원받을 수 있다.

[Q&A] OEM 수출시 수출상에게 Claim이 제기된 경우

Q)

EU의 바이어가 제공한 패턴으로 스카프, 넥타이를 생산하여 전량 수출하였으나, 해외 Fashion House의 국내대리인이 의장권 침해를 내용증명으로 통보해 온 경우?

A)

1. 바이어가 제공한 패턴이 해외 대리인의 주장대로 의장권을 침해하는지 여부를 조사한다. 조사시에는 해외 대리인에게 의장권 침해주장의 근거를 확인하여 국내외 등록 현황 및 권리 범위를 확인한다.

국내에 등록되어 있지 않거나 권리 범위 내에 들어 있지 않은 경우 부정경쟁에 해당하지 않는 한 의장권의 속지적 효력은 없으므로 상대방에게 해당 없음을 통지한다.

2. 침해가 의심스러운 경우 제품을 전량 수출한 점, 거래규모가 소액인 점, 바이어의 책임으로 생산, 수출하였으며 의장권 침해사실을 알지 못한 점을 설명하여 가능한 한 법적책임을 면할 수 있도록 노력한다.

3. 바이어에게 의장권 침해의 클레임이 제기되었음과 바이어가 제시한 디자인으로 문제가 발생되었으므로 바이어의 책임으로 사태를 해결할 것을 알리는 통지문을 발송한다.

4. 일반적으로 Sample을 제시하면서 제조 수출을 요구하는 경우에는 사전에 제품의 특성상 제3자의 의장권 또는 특허권 등의 대상인지를 확인하여야 한다.

만일 국내외 대상국에 바이어의 명의로 특허 등이 등록되어 있지 않을 경우 해외 바이어로부터 그에게 사용할 정당한 권한이 있음과 수출자의 사용이 제3자의 권리나 이익을 침해하지 않음, 또 그로인한 모든 문제데 대한 책임을 바이어가 부담할 것임을 보증하는 내용을 계약서로 확인하는 것이 가장 바람직하다.

III. 무역계약서의 작성

1. 무역계약의 개념

무역계약은 국제물품매매계약을 말한다. 이를 매도인측, 즉 수출상의 입장에서는 수출계약이 되고, 수입상의 입장에서는 수입계약이 되며 다음과 같은 특성이 있다.

첫째, 무역계약은 물품매매계약(sales contract)이다. 매매계약은 매도인(seller)과 매수인(buyer)간에 체결되는 계약을 말한다. 이것은 양도나 증여계약이 아니기 때문에 매도인은 물품인도의 의무를 매수인은 대금지급의무를 진다.

둘째, 무역계약은 국제계약(international contract)이다. 국제계약은 계약 당사자인 매도인과 매수인이 서로 다른 국가에 영업소(place of business)를 두고 있는 계약을 말한다.

매매계약의 목적이 되는 물품은 매매계약 체결시 존재하는 현물(existing goods)이거나 계약체결후 매도인이 제도 또는 취득하는 선물(future goods)이 될 수 있다. 그렇지만 매매계약의 성립시 매도인이 현물을 소유하고 있지 않는 경우가 일반적이다. 공산품의 경우 매매당사자는 견본이나 명세서를 기준으로 계약을 체결하고 생산에 들어가지만 농산물의 경우 표준품매매(sale on standard)방식으로 거래가 이행되기 때문에 수확 전에 계약이 체결된다.

무역계약은 계약의 목적이 되는 물품의 소유권이전을 위한 계약이라고도 할 수 있다. 목적물이 일반적으로 선물이기 때문에 계약체결시에는 단지 물품의 종류, 품질 또는 명세 등으로만 정해져 있는 불특정물품(unascertained goods)이다. 불특정물품은 특정되기까지는 소유권이 이전되지 않는다. 불특정물품을 특정하기 위하여 행하여지는 행위를 충당(appropriation)이라고 하고, 매도인이 물품을 선택하거나 운송인의 관리하에 인도하면서 처분권을 유보하지 않을 때 매도인은 물품을 계약에 「무조건 충당」(unconditional appropriation)한 것으로 보고 소유권은 이때에 매수인에게 이전된다.

2. 무역계약의 특수성

무역계약은 법·언어·통화가 다른 국가에 속한 당사자간 물품의 국제적 이동을 전제로 하고 있기 때문에 국내거래와는 다른 특수성을 갖고 있다. 즉, 매매계약을 이행하기 위하여 세 가지 후속적 계약이 수반된다.

첫째, 물품의 국제적 이동을 위하여 운송이 필요하며, 운송서비스를 제공받기 위해서는 운송인과 국제운송계약이 체결되어야 한다.

둘째, 운송 중에는 위험이 존재한다. 이를 운송위험이라고 하며, 이러한 위험을 담보하기 위하여 보험서비스를 이용하여야 한다. 통상 운송위험은 해상보험계약으로 담보될 수 있다.

셋째, 매도인의 물품인도에 대한 대가로 매수인은 대금을 지급하여야 한다. 매도인이 물품대금을 안전하게 수령하기 위해서 신용장을 활용할 수 있다.

이들 세 가지 계약 가운데 운송계약과 보험계약은 물품인도를 위하여 체결되는 계약이며 결제계약은 대금지급을 위하여 체결된다. 이들 세 가지 계약의 상세한 거래조건은 매매계약에 의하여 결정된다.

매매계약에 이들 조건이 명시될 수도 있고, 거래관습인 정형거래조건(trade terms)에 의하여 결정되기도 한다. 따라서 매매계약을 주계약이라고 한다면 운송계약, 보험계약, 결제계약을 종속계약이라고 할 수 있으며 매매계약의 이행을 위하여 꼭 필요하다.

앞에서 언급한 바와 같이 무역계약은 국가를 달리하는 당사자간 거래이므로 계약의 준거법(governing law) 결정에 어려움이 있다. 계약 당사자는 각각 자국법을 준거법으로 하고자 할 것이기 때문에 국제적 수준의 입법이 필요하다.

이러한 요구에 1980년 UNCITRAL에서 「국제물품매매계약에 관한 UN협약」(United Nation Convention on Contracts for the International Sale of Goods; CISG, 일명 Vienna Convention, 이하 'UN통일매매법'이라고 한다)이 제정되어 1988년부터 발표되고 있다. 따라서 우리나라의 무역상은 외국과 거래시 계약서의 준거법 약관(Governing Law Clause)에 이를 명기하는 것이 바람직하다.

특히 무역거래는 물품의 인도와 대금의 지급이 동시에 이루어지는 동시이행조건(concurrent condition)이 아닐 뿐 아니라 선물매매에서 물품의 현실적 인도(actual delivery)와 함께 서류를 인도하는 상징적 인도(symbolic delivery)를 행하므로 매도인의 인도의무가 이행되는 인도의 양면성이 있기 때문에 무역계약의 중요성이 강조된다.

무역계약에서는 거래관습이 매우 중요하다. 무역계약체결시 매도인과 매수인은 계약이행과정에 예상되는 모든 점을 계약서에 반영하기가 거의 불가능하다. 그 이유는 국제거래이기 때문에 양국의 사정이 가변적이며, 법·제도·언어·통화 등이 상이할 뿐 아니라 이행과정에서 운송·보험계약이 수반되고 은행이 개입된다. 따라서 계약에 전문가가 아닌 매매당사자로선 거래의 기본조건만 상호 합의하여 명기하고 물품의 인도에 따른 문제는 거래관습에 의존하게 된다. 이러한 거래관습이 정형화되어 각 정형거래조건에 관한 통일규칙이 정해지게 되었는데 이것이 INCOTERMS이다. 따라서 정형거래조건은 당사자간 명시적으로 합의하지 않은 많은 계약내용을 내포하고 있다고 할 수 있다.

준거법은 당사자간 명시적으로 합의하지 않았거나 거래관습도 없는 경우 적용하는 계약공백의 보충기능을 한다. 특히 UN통일매매법은 계약성립과 계약위반에 따른 구제 등을 상세하게 규정하고 있기 때문에 당사자간 계약의 상당한 부분을 보충하는 역할을 한다.

3. 무역계약의 법적 성질

(1) 낙성계약

계약이 당사자간의 합의만으로 성립되는 것을 말한다. 낙성계약의 반대는 요물계약으로 당사자의 합의 이외에 일방의 물품인도나 기타의 행위를 필요로 하는 계약으로 질권설정 등이 있으며 양자간 계약성립시기에 차이가 있을 수 있다. 무역계약은 청약과 승낙으로, 즉 당사자간의 합의만으로 성립된다.

(2) 쌍무계약

쌍무계약은 매매계약의 성립과 동시에 양 당사자가 동시에 채무를 부담하는 계약이다. 즉, 매도인은 물품인도의 의무가 있고, 매수인은 대금지급의 의무가 있다. 이와 반대로 증여계약과 같이 계약당사자 일방만이 채무를 부담하는 것을 편무계약이라고 한다.

(3) 유상계약

유상계약은 무상계약에 반대되는 개념으로 금전적 대가를 부담하는 계약이다. 유상계약과 무상계약의 구별은 쌍무 및 편무계약과 혼동하기 쉬우나 전자는 대가적 채무가 화폐인가에 중심을 둔 분류인데 반하여 후자는 채무자체의 상호성에 중점을 둔 개념이다.

(4) 불요식계약

무역계약은 특별한 요식 없이 구두나 행위 또는 서명에 의하여도 의사의 합치만 확인되면 계약이 성립된다. 이와 반대로 요식계약은 부동산 매매계약과 같이 서류로 작성되어야 한다. 불요식계약은 반드시 서류요건을 필요로 하지 않기 때문에 당사자가 계약서를 작성하지 않아서 후일 분쟁 발생시 계약증빙에 문제가 되기도 한다.

UN통일매매법에는 '매매계약은 서면으로 체결되거나 입증될 필요는 없으며 형식에 있어서도 기타의 다른 요건에 구속되지 않는다. 매매계약은 증언을 포함한 어떠한 수단에 의해서도 입증될 수 있다'고 규정하여 불요식계약의 성격을 나타내고 있다. 여기서 서면이라 함은 전보나 텔렉스를 포함할 뿐 아니라 정보화 시대에는 전자문서(electronic message)도 문서로서의 효력을 갖도록 법적으로 인정되고 있다.

각국 입법의 모델이 되고 있는 전자상거래에 관한 UNCITRAL 모델법은 'electronic message'란 용어 대신 'data message'를 사용한다. 이것은 전자문서교환, 전자우편, 전보, 텔렉스, 텔레카피 등을 포함한 전자적·광학적 수단으로 작성, 송·수신 또는 저장되는 정보를 말하며 이들도 문서로서의 효력을 인정하고 있다.

[Q&A] 양해각서의 법적 한계 및 효력

Q)

바이어와 본 계약 체결전 양해각서(Memorandum of Understanding; MOU)를 작성하고 쌍방이 날인하였는데 이에 대한 법적 한계 및 효력은?

A)

양해각서는 일반적으로 공식적 계약체결의 이전단계 또는 계약의 일부사항의 이해를 문서화한 것이다. 상품거래시 장기물량 확보를 위하여 간단한 MOU 형태로 진행하거나, 당장 확정하기 어려운 사항은 추후합의하기로 하면서 거래의 일반조건은 상세히 합의하여 진행하기도 한다. 제품의 특성상 품질이나, 제품인도, 가격 등 기본원칙을 정할 필요가 있을 경우에는 여러장의 문서를 작성하는 경우도 있다.

양해각서는 일반적으로 집행할 수 있는 법적문서로 효력이 있는 것은 아니나, 양해각서의 명칭이 붙었다고하여 단순히 효력이 없다고 단정할 수 없다. 뿐만아니라 계약 이행에 필요한 모든 요건들을 갖추고 있으며, 당사자들이 계약으로서 효력을 의도한 경우에는 구속력이 있다. 양해각서는 일반적으로 그 내용이 계약의 이행에 필수적인 사항을 얼마나 포함하고 있느냐에 따라 강제집행할 수 있는 계약인지 아닌지를 알 수 있다.

MOU에 제품의 특성, 계약의 이행에 직접 필요한 사항을 일부구비하고 있으나, 가격, 대금지급, 기타 조건들을 별도의 건별 계약으로 합의하도록 하는 경우에는 당사자 모두 MOU에 크게 구속되지 않으며 당장 이행할 수 있는 계약이 되지 못한다.

그러나 당사자 일방이 악의로 가격 등의 핑계로 MOU의 실행을 기피할 경우 신의측 위반(bad faith)으로 손해배상 등 구제를 청구할 수 있으나, 현실적으로 법원에서 상대방의 악의를 입증하기는 대단히 어렵다.

4. 무역계약의 법리

(1) 소유권의 이전

국내매매의 경우 매도인의 물품인도와 매수인의 대금지급은 동시에 발생되는 동시이행조건(concurrent condition)이다. 따라서 소유권의 이전도 이때에 이루어지기 때문에 그 이전시기가 분명하다.

그렇지만 국제거래의 경우 물품의 인도와 대금의 지급이 동시에 일어나지 않는다. 물품인도는 제3자인 운송인을 통하여 간접적으로 매수인에게 인도되며, 또한 대금지급도 L/C거래인 경우 은행이 개입된다. 따라서 물품의 인도시기와 대금의 지급시기도 운송인이나 은행의 법적 지위, 즉 매도인의 대리인인가 매수인의 대리인인가에 따라 그 시기가 달라질 수 있다. 더구나 인도에는 현물인도와 서류인도라는 인도의 이중성이 있기 때문에 소유권의 이전시기를 논하기가 쉽지 않다.

원래 매매계약에서 소유권의 이전시기를 논하는 것은 소유권자가 위험과 비용을 부담하며 물품의 처분권과 제3자에 대한 배상청구권을 갖기 때문이다. 따라서 UN 통일매매법은 이러한 소유권주의에서 탈피하여 물품의 인도시기와 위험이전시기를 소유권의 이전과 무관하게 규정하고 있다. 반면에 INCOTERMS는 매 정형거래조건별로 인도시기, 위험의 이전시기 및 비용의 이전시기를 규정하고 있다. 또한 무역거래에서는 물품의 권리증권(document of title)인 선화증권으로 물품의 처분권(right of disposal)이나 제3자에 대한 배상청구권을 행사할 수 있기 때문에 소유권의 이전시기를 논할 실익이 없다고 본다.

(2) 점유권의 이전과 인도

국제거래에서 점유권의 중요성은 인도와 연계되어 있기 때문이며, '인도(delivery)'는 다시 위험이전과 연계된다. '인도'라 함은 일정한 자가 자의에 의하여 타인에게 점유를 이전하는 것을 의미한다. 따라서 INCOTERMS(2010)는 11가지 정형거래조건별로 그 전문에서 인도의 의미를 분명히 하고 있다. 매도인의 인도의무는 계약에서 따로 정하지 않고 정형거래조건에 따르게 되어 있으므로 각각의 조건마다 인도장소와 인도방법 및 인도의 인도서류에 관하여 명료하게 규정하고 있다.

매매계약 체결시 '선적조건(shipment terms)'대신 '인도조건(delivery terms)'을 명기할 때는 각별한 주의가 요구된다. 왜냐하면 '인도'의 의미가 trade term에 따라 달라지기 때문이다. FOB나 CIF조건의 인도는 본선인도를 의미하지만 DDP나 DDU조건에서의 인도는 도착지의 지정된 장소가 인도장소가 되기 때문이다.

(3) 위험의 이전

물품이 멸실이나 손상을 입고 계약당사자중 일방이 그러한 손해에 책임을 지지 않을 수 없다면 그는 물품의 위험을 부담한다고 말할 수 있다. 위험이 매수인에게 이전되었다는 뜻은, 그 이후에 물품의 멸실이나 손상이 발행하더라도 매수인은 대금지급의무가 면제되지 않는다는 것을 의미한다.

영국의 보통법, 물품매매법 및 미국의 통일매매법은 소유권자가 위험을 부담한다는 일괄권리접근방식을 취하고 있었으나 미국의 통일상법전, UN의 통일매매법 그리고 ICC의 INCOTERMS(2010) 등은 위험이전을 소유권과 분리하여 처리하고자 하여 협의문제접근방식을 채택하고 있다.

더구나 당사자간의 계약에서 위험이전에 관한 명시적 약정을 하는 경우는 매우 드물다. 보통 당사자간 채택되는 거래조건에 관한 INCOTERMS의 해석원칙에 의하여 위험이 이전된다. 더구나 INCOTERMS는 이러한 위험의 이전시기를 '인도'와 연계하고 있다. 위험의 할당에 관한 이전시기를 결정함에 있어 고려해야할 사항은 다음과 같다.

첫째, 어느 당사자가 보다 나은 입장에서 손해를 평가하고 보험자에게 보상을 청구하고 손상된 물품을 구조 또는 처분할 수 있는가?

둘째, 누가 최소의 비용으로 부보할 수 있는가?

셋째, 표준상관급에 따른 경우 누가 보험계약을 체결할 가능성이 많은가?

넷째, 위험에 관한 규칙이 어떠하여야 물품의 관리 및 보관상의 부주의로 인한 소송이 극소화될 수 있는가?

이러한 측면에서 대부분의 정형거래조건에서는 위험을 부담하는 자가 부보할 수 있도록 하고 있으나, CIF조건과 CIP조건에서는 위험을 부담할 매수인이 보험계약을 체결하지 않고 반대로 매도인이 매수인이 부담할 위험에 대하여 부보한다. 양자가 합의 없이 매도인이 부보한 보험으로 매수인이 원하는 대로 보상받지 못했다면 양자 간에는 보험분쟁이 발생할 수 있다. INCOTERMS(2010)에서는 이러한 경우 매도인에게 최저담보의무를 규정하고 있다.

5. 무역계약의 성립요건

(1) 성립요건의 개관

1) 당사자의 의사의 합치

계약성립의 가장 중요한 요소는 계약당사자간의 '의사의 합치'(meeting of the minds)이다. 이러한 의사표시는 시간적으로 순차적이므로 앞의 의사표시는 청약(offer)이 되고 뒤의 의사표시는 승낙(acceptance)이 된다.

결국 계약이 성립되기 위해서는 먼저 복수의 의사표시가 있어야 하며, 이러한 의사표시의 내용이 일치하여야 한다. 다만 당사자간의 의사표시가 시간적으로 순차적이 아닌 동시적인 교차청약(cross offer)의 경우에는 계약이 성립되느냐가 문제가 될 수 있다. 이에 관하여 우리나라에서는 교차청약을 인정하지만 영·미법계의 관습은 이를 인정하지 않고 있다.

2) 계약의 유효성

당사자간의 의사의 합치도 계약이 성립되지만 계약이 유효하기 위해서는 공법상, 민법상 및 계약법상의 제한을 받지 말아야 한다.

이 가운데 대표적인 것은 공법상의 제한으로 수출입허가나 제한 및 외환통제에 관한 법률이 있다. 이러한 법률은 관련 국가의 정착과 관계되기 때문에 당사자간의 합의도 여기에 제한을 받게 된다. 이러한 공법은 강행법규로 당사자간의 합의보다 우선한다.

다음으로 문제가 되는 것은 '계약당사자의 행위능력'(capacity of the parties)에 관한 것이다. 대부분의 국내법이 무능력(incapacity), 무권한(lack of authority) 및 부도덕(immorality) 또는 불법(illegality) 등에 의한 계약은 무효로 규정하고 있다. 또한 대리인의 권한도 여기에 포함된다.

마지막으로 문제가 되는 것은 계약법상의 규정이다. 즉, 계약당사자의 의사표시의 진의 또는 하자에 관한 문제이다. 의사표시의 진의를 해사는 원인으로 착오(mistake), 사기(fraud), 강박(threat) 및 현저한 불공정(gross disparity) 등 입증되면 대부분의 경우 상대방은 계약을 취소할 수 있다.

(2) 청약(offer)

1) 청약의 정의

청약은 청약자(offerer)가 피청약자 앞으로 행하는 계약체결의 확정적 의사표시이다. 청약은 1인 또는 그 이상의 특정인(specific person) 앞으로 행하여져야 하며, 상대방의 승낙이 있으면 이에 구속된다는 청약자의 의사가 나타나 있어야 한다.

어떤 의사표시가 확정적이기 위해서는 계약대상인 물품을 표시하고 있을 뿐 아니라 명시 또는 묵시적으로 그 수량과 대금을 정하고 있거나 또는 이를 정하는 규정을 두고 있어야 한다. 1인 또는 그 이상의 특정인에 대한 제의가 아닌 것은 즉 확정적 의사표시가 아닌 것은 청약의 유인(invitation to offer)이다.

청약과 청약의 유인을 구별하는 것은 매우 중요하다. 전자의 경우에는 상대방의 승낙이 있으면 계약이 성립되어 당사자간 법률적 관계가 성립된다. 그렇지만 후자의 경우에는 상대방이 승낙하여도 계약이 성립되지 않고, 이러한 승낙이 비로소 청약이 되며 청약의 유인을 제시한 자가 이에 동의하여야 계약이 성립된다.

반면에 'offer'의 어구가 사용되었다고 해서 반드시 청약이라고 볼 수 없다. 예를 들면 "offer subject to market fluctuations"(시장변동조건부 청약), "offer subject to being un sold"(재고잔류조건부 청약), "offer subject to prior sale"(선착순매매조건부 청약), "offer subject to our final confirmation"(매도인 최종확인조건부 청약), "offer on sale or return"(반품허용조건부 청약) 등은 실무에서는 offer로 통용되고 있으나 이들은 엄격한 의미에서 조건부청약(conditional offer) 또는 무확정 청약으

로 확정적 의사표시가 아니다. 따라서 청약자가 최종적으로 계약체결권을 갖는다는 의미에서 'Free Offer'의 일종으로 볼 수 있으며 일종의 청약의 유인이라고 할 수 있다.

2) 청약의 방법

Offer는 Acceptance와 같이 법률상 또는 당사자간 계약에 의하여 별도로 정한 바가 없는 한 의사표시에 특정한 방법을 필요로 하지 않는다. Offer는 구두나, 서면 경우에 따라서는 행위(act or conduct)에 의해서도 가능하다.

3) 청약의 분류

offer는 분류기준에 따라 여러 가지로 나눌 수 있다.

첫째, 매도인이 발행하는 offer를 selling offer, 매수인이 발행하는 offer를 buying offer라고 한다.

buying offer인 경우 Purchase Order등의 형식으로 발송되며 이에 매수인이 주문수락(Acknowledgement)으로 계약이 성립된다.

둘째, 매수인이 거주하는 국내에서 매도인의 판매대리인(selling agent)에 의하여 발행되는 경우를 domestic offer(국내발행 offer)라고 하며 해외에서 발행된 것을 overseas offer(해외발행 offer)이다.

셋째, offer의 확정성이 확보된 offer를 Firm offer(확정청약)라고 하고 확정성이 확보되니 않은 offer를 free offer(불확정청약)이라고 한다. 여기서 불확정 청약은 UN통일매매법에 따르면 offer가 아닌 offer의 유인에 해당한다고 볼 수 있다.

보통 확정청약의 경우 승낙기간이 명시된다. 그 기간이 바로 offer의 확정성이 보장되는 기간으로 그 기간내에는 offer가 취소될 수 없다.

넷째, 최초로 발행된 offer를 original offer(최초발행청약)라 하며 이러한 original offer에 대하여 수정을 요하는 offer를 counter offer(대응청약)이라고 한다.

4) 청약의 효력발생시기

청약의 효력발생시기는 계약성립에 있어서 매우 중요한 의미를 갖는다. 그 것은 피청약자의 승낙의 효력이 발생하는 시기이며 청약의 유효기간의 기한일이 되기 때문이다.

청약의 효력발생기에 관하여 각국의 입법례가 있으나 UN통일매매법에 따른 도달주의를 기준으로 하는 것이 바람직하다. 여기서 '도달'이라 함은 청약, 승낙의 선언 또는 기타의 의사표시는 그것이 수신인에게 구두로 전해지거나 수신인의 영업소 또는 우편송부처에 전달되는 것을 의미한다.

앞에서 언급한 바와 같이 청약의 효력발생시기에 관하여 각국의 입법례가 다르기 때문에 offer시에 구체적으로 효력발생기간을 명기하는 것이 좋다.

예 : We offer you firm subject to your reply being received by Oct. 30, 20XX.

또한 거래전 당사자간 교환하는 '일반거래조건협정서'(Agreement in General Terms and Conditions of Business)에 firm offer의 효력발생시기를 명기할 수 있다.

한편 firm offer임에도 불구하고 유효기간이 구체적으로 정해져 있지 않을 때에는 상당한 기간(resonable time)이 경과하면 그 효력을 상실한다. 여기서 상당한 기간이란 거래관습이나 청약이 행하여지는 개개의 환경 등에 의하여 결정된다.

5) 청약의 효력소멸

offer는 다음의 여러 가지 원인에 의하여 그 효력을 상실하는데 이를 다섯 가지로 구분한다.

첫째, 승낙. 청약은 승낙에 의하여 계약이 성립되며, 청약은 그 효력을 상실한다.

둘째, 청약의 거절 또는 대응청약. 피청약자가 청약을 거절하면 청약의 효력은 소멸되며, 청약의 내용에 조건을 붙이거나 일부만의 승낙은 대응청약이 된다. 이는 최초의 청약에 대하여 거절하는 효과를 갖게 됨과 동시에 새로운 청약이 된다.

셋째, 청약의 취소. 청약의 취소(cancelation)는 청약의 효력이 발생한 뒤에 그 효력을 중지시키는 것으로, 이는 반드시 상대방에게 통지되어야 하고, 그 통지는 상대방의 승낙이 발송되기 전에 상대방에게 도달하여야 한다.

넷째, 당사자의 사망. 청약이나 대응청약이 승낙되기 이전에 어느 일방이 사망하면 청약이나 대응청약의 효력이 상실된다.

다섯째, 시간의 경과. 청약은 그 내용에 승낙기간이 정해져 있을 때에는 그 기간이 경과하면, 그러한 기간이 정해져 있지 않을 때에는 상당한 기간이 경과하면 그 효력을 상실한다.

(3) 승낙

1) 승낙의 정의

승낙은 피청약자가 청약자의 청약에 따라 계약을 성립시킬 목적으로 청약자에게 행하는 동의의 의사표시이다. 계약은 당사자간의 의사의 합치로 성립되기 때문에 승낙은 청약에 대한 '무조건·절대적 동의'(unconditional and absolute assert)이다. 영미법에서는 이를 완전일치의 법칙 또는 경상의 법칙(mirror image rule)이라고 한다.

한편 피청약자의 응답이 청약에 대한 승낙을 의도하고 또한 청약의 조건을 실질적으로 변형(to after the terms of offer materially)하는 것이 아닌 추가적 조건이 첨부되어 있으면 이것은 승낙이 된다.

청약의 조건을 실질적으로 변경하는 조건은 대금지급, 품질, 수량, 인도장소 및 시기, 상대방에 대한 당사자의 책임범위 또는 분쟁해결 등에 관한 조건은 청약의 조건을 실질적으로 변경하는 것으로 간주된다.

2) 승낙의 방법

승낙의 방법은 청약방법과 같이 별도의 약정이 없고 한 서면이나 구두에 의하거나 행위에 의하여도 가능하다. 그렇지만 침묵(silence)이나 무행위(inactivity)는 그 자체만으로는 승낙이 되지 않는다.

한편 청약·승낙의 내용으로 보아 행위의 이행을 요구하고 있을 경우에는 그 행위 자체가 승낙이며 별도의 승낙의 통지를 할 필요가 없다. 그렇지만 그 외의 경우에는 반드시 승낙의 통지가 필요하다.

실무적으로 승낙의 통지방법은 다음의 기준을 따르는 것이 좋다. 첫째, 청약시에 승낙의 방법이 명시적으로 지정되어 있는 경우에는 그 방법에 따른다. 둘째, 청약시에 승낙의 방법이 지정되어 있지 않는 경우에는 청약이 행하여진 방법대로 승낙한다.

3) 승낙의 효력

승낙도 청약의 경우와 같이 도달로 효력을 갖는다. 승낙이 효력을 갖는 시점이 바로 계약이 성립되는 시점이 되고, 승낙이 효력을 갖는 장소가 바로 계약의 성립장소가 된다. 계약의 성립시기는 매매당사자의 계약의무가 발생하는 시점이며, 계약위반시 손해배상금 산정시 중요한 고려요인이 된다.

4) 승낙의 철회 또는 취소

승낙은 그 효력이 발생하기 전에, 즉 승낙의 통지가 청약자에게 도달하기 전 또는 그와 동시에 철회의 의사표시가 청약자에게 도달하면 철회 가능하다.

승낙이 철회되기 위해서는 승낙의 통지보다 철회의 통지가 먼저 또는 동시에 청약자에게 도달하여야 하므로 승낙이 전화, FAX 또는 E-mail 등 동시통신수단으로 이루어진 경우 발신과 수신이 동시적이기 때문에 철회문제는 생길 수 없다.

6. 무역계약의 내용과 계약서 작성

(1) 무역계약의 내용

무역계약도 계약자유의 원칙에 따라 그 내용을 계약당사자 합의로 정할 수 있다. 당사자간의 합의로 계약서에 명시하는 조건을 명시조건(express terms)이라고 한다. 여기에 추가하여 계약이행과정에서 물품의 인도와 관련된 문제는 거래관습(trade usage 또는 customs)에 따르게 된다. 그러므로 명시적으로 규정하지 못한 이외의 조건들은 거래관습에 함축된 것으로 보기 때문에 이를 묵시조건(implied terms)이라고 한다.

그렇지만 묵시조건만으로는 계약의 모든 공백을 메울 수 없으므로 준거법(governing law)에 이를 의존하게 된다.

1) 명시조건(express terms)

명시조건은 매매계약서에 명기되는 조건으로, 일반적으로는 거래의 기본이 되는 품질(quality), 수량(quantity), 가격(price), 선적(shipment), 지급(payment), 포장

(packing) 및 보험(insurance) 등의 조건과 불가항력(fore magical), 중재(arbitration), 준거법(governing law)조건 등이 있다.

명시조건 중 품질, 수량, 가격, 선적 등의 기본적 조건은 거의 매 거래시마다 offer와 acceptance를 통하여 확정되는 반면 불가항력이나 중재조항 등은 거의 모든 거래에 공통적인 조항으로 변동될 필요가 없는 조항이다.

국제거래의 신속성과 편이성이 확보되기 위해서는 공통적인 조항은 미리 일반협정서(General Agreement)를 통하여 확정해 두는 것이 좋다.

한편 무역계약이 장기공급계약(Longterm Supply Contract)인 경우에는 신축조항(escalator clause), 보증조항(warranty clause), 계약종료조항(termination clause), 약정손해배상액 조항(liquidated damage clause) 등이 추가될 수 있다.

2) 묵시조건(implied terms)

매매계약서나 일반거래조건협정서에 명시되지 않는 조건은 대부분 무역관습(trade usage, trade practice 또는 trade customs)에 따른다. 무역관습은 당해 무역거래에서 확립된 관습으로 당사자들이 알고 있거나 당해 거래와 관련된 종류의 계약을 체결하는 자들에게 널리 알려져 있고 통상적으로 준수되고 있는 관행이다.

대표적인 거래관습 중 매매관습은 정형거래조건(trade terms)이다. 무역관습은 매매관습, 운송관습, 보험관습 및 결제관습이 있으며, 이 가운데 매매관습이 그 중심이 된다. 그러므로 국제거래에서 매매관습의 통일을 위하여 국제상업회 의도가 매매관습을 정형화하여 정형거래조건을 정하여 각각에 대하여 해석규칙을 제정한 것이 INCOTERMS이다.

3) 준거법 조항(governing law)

정형거래조건에는 매매당사자의 인도에 따른 의무만 규정하고 있을 뿐 매매계약의 성립 및 계약위반에 관하여는 언급이 없다. 계약에서 준거법은 당사자간의 명시조항이나 거래관습을 적용함에 있어 발생하는 법적공백을 메우는 기능을 한다.

준거법상의 내용이 명시조항이나 거래관습과 충돌하면 명시조항이 우선하고 다음으로 거래관습이 우선한다. 그렇지만 당사자의 계약서에 준거법에 관하여 별도의 명시가 없으면 계약과 가장 밀접한 국가의 법이 준거법으로 채택될 것이다. 이러한 밀접성을 진단하는 기준은 계약체결장소, 계약이행장소, 중재지 또는 재판관할지 등이 고려된다.

(2) 무역계약서의 작성

무역계약은 불요식계약이므로 요식계약처럼 반드시 문서로 작성되어야 할 의무가 없으나 후일 분쟁발생시 계약내용을 증명하기 위하여 문서화가 필요하다.

계약서를 작성하는 방법은 여러 가지가 있으나 가장 편리하고 보편적인 방법은 당사자간 기본적 합의사항을 일반거래조건협정서(General Agreement)를 통하여 확정한 후 매 거래시마다 가변적인 거래조건을 offer와 acceptance를 통하여 합의한 후 이를 일반거래조건협정서 앞면에 'Sales Contract'란 표제로 작성하는 방법이다.

이 때 일반거래조건협정서를 포괄계약(master contract)라고 하고 Sales Contract를 개별계약(case by case contract)이라 한다. 괄계약과 개별계약은 상호 보완적 기능을 하며 상호 모순될 경우 개별계약의 내용이 우선한다.

Sample Offer Sheet

OFFER SHEET

January 25, 20XX

Messrs. Pfister & Vogel Inc
80 South Street, New York
N.Y., U.S.A

We have the pleasure of offering the following goods subject to the conditions and terms below.

Delivery: Within two month after receipt of your L/C
Payment: By irrevocable & confirmed L/C, in favour of YES International., Seoul and draft at sight
Validity: End of February, 20XX
Shipping Port: Busan, Korea
Destination: New York, U.S.A
Packing: Export Standard Packing
Remarks: Minimum Q'ty 1,000 sets per style

Yours very truly,

YES INTERNATIONAL
Sales Director

Agreement on General Terms and Conditions of Business

This Agreement entered into between The ABC Co., Inc., New York (hereinafter called the Buyers), and The Korea Co., Ltd., Seoul, Korea (hereinafter called to as the Sellers) witness as follows:

(1) Business : Both Sellers and Buyers act shall as Principals and not as Agents.

(2) Quality : Goods sold on sample shall be warranted by the seller to confirm exactly to sample upon arrival at destination

(3) Quantity : Weight and Quantity determined by the seller, as set forth in shipping documents, shall be final.

(4) Prices : Unless otherwise specified, prices shall be quoted in U.S. Dollars on CIF New York basis.

(5) Firm Offers : All firm offers shall remain effective for three days including the day cabled. Sundays and National Holidays shall not be counted as days.

(6) Orders : Except in cases where firm offers are accepted all orders shall be subject to the Seller's final confirmation.

(7) Packing : Proper export wooden case packing shall be carried out, each case bearing the mark DATA with port mark, running case numbers, and the country of origin.

(8) Payment : Draft shall be drawn at 30 d/s under irrevocable Letter of Credit which shall be opened in favor of seller immediately upon namely, Bill of Lading, Insurance Policy, Commercial Invoice and other documents which each contract requires.

(9) Shipment : Shipment shall be made within the time stipulated in each contract. The date of Bill of Lading shall be taken as conclusive proof of the day of shipment. Unless expressly agreed upon, the port of shipment

shall be at the Seller's option.

(10) Marine Insurance : All shipments shall be covered on All Risks including War Risks and S.R.C.C. for the invoice amount plus 10 (ten) percent. All policies shall be made out in U.S. Dollar and claims payable in New York.

(11) Force Majeure : The Sellers shall not be responsible for the delay in shipment due to force majeure, including mobilization, war, strikes, riots, civil commotion, hostilities, blockade, requisition of vessels, prohibition of export, fires, floods, earthquakes, tempest and any other contingencies, which prevent shipment within the stipulated period. In the event of any of the aforesaid causes arising, documents proving its occurrence or existence shall be sent by the Sellers to the Buyers without delay.

(12) Delayed Shipment : In all cases of force majeure provided in the Article No. 11 the period of shipment stipulated shall be extended for a period of twenty one (21) days. In case shipment within the extended period should still be prevented by a continuance of the causes mentioned in the Article No.11 or the consequences of any of them, it shall be at the Buyer's option either to allow the shipment of late goods or to cancel the order by giving the Sellers the notice of cancellation by cable.

(13) Claims : Claims, if any, shall be submitted by cable within fourteen (14) days after arrival of goods at destination. Certificated by recognized surveyors shall be sent by mail without delay.

(14) Arbitration : All claims which cannot be amicably settled between Sellers and Buyers shall be finally settled by arbitration in Seoul, Korea in accordance with the Commercial Arbitration Rules of the Korea Commercial Arbitration Board and under the Laws of Korea. The award rendered by the arbitrator shall be final and binding upon both parties concerned.

(15) Trade Terms : Unless specially stated, the trade terms under this contract shall be governed and interpreted by the latest Incoterms.(Incoterms 2000)

(16) Governing Law : This Agreement shall be governed as to matters including validity, construction and performance under and by United Nations Convention on Contract for the International Sale of Good 1980.

This Agreement shall be valid on and after Jan. 5, 20XX.

(BUYER) ABC Co., Inc. (SELLER) Korea Co., Ltd.

(singed) (singed)

SALES AGREEMENT

This Agreement("Agreement") is made this [1st] day of [March, 20××] by and between [ABC Corp.], with its registered office at [140 West 51st Street New York, N.Y., U.S.A.] ("Buyer")and [HAN KOOK Co., Ltd.], with its registered office at [159, Samsung_dong, Kangnam_ku, Seoul, Koreal] ("Seller") :

WITNESSETH

WHEREAS, the Buyer desires to purchase from the Seller and the Seller desires to sell to the Buyer [five million sets of T.V.] during a period of[5] years.

NOW, THEREFORE, in consideration of the premises and covenants herein contained, the parties hereto agree as follows:

Article 1. Sale of Goods

1.1 The Buyer shall purchase from the Seller and the Seller shall sell to the Buyer newly manufactured [T.V. Set] ("Goods") subject to the terms and conditions herein provided.

Article 2. Quantity, Specification and Quality

2.1 For [5] years commencing [March 1, 20××], the Buyer shall purchase from the Seller and the Seller shall sell to the Buyer [one million(1,000,000) pieces] of the Goods per year to make the total quantities of the sale of the Goods [five million(5,000,000) pieces] during[March 1, 20××] to [February 28, 20××.]

2.2 Specification and Quality

2.2.1 The specification of the Goods shall be prescribed and specified in

Specification attached hereto as Exhibit[I].

Article 3. Price

3.1 The agreed unit price of each Goods("Price") is [Two Hundred United States Dollars(US$200)] on [C.I.F. New York] basis.

3.2 The Price is fixed and effective up to shipments performed on or before [the end of September, 20××] and thereafter the Price shall be readjusted every [6] months according to Seller's request.

Article 4. Payment

4.1 Except otherwise agreed by the parties, all the payment for the Goods shall be made in United States Dollars by an irrevocable letter of credit in favor of the Seller, [confirmed by first class international bank designated by the Seller]. The letter of credit shall be established by the Buyer at least [two months] prior to each scheduled shipment date to be stipulated in Exhibit[II] and to be negotiable at sight against draft and to be valid for no less than [thirty (30) days] after the latest date allowed for the shipment.

The Buyer shall bear all banking expenses associated with the establishment of the letter of credit.

Partial shipment, transshipment and partial negotiations of letter of credit shall be permitted and the letter of credit shall be worded accordingly.

4.2 Delay by the Buyer in establishing the letter of credit shall extend the time for performance of this Agreement by the Seller to such extent as may be necessary to enable it to make delivery in the exercise of reasonable diligence after such letter of credit has been established.

Should opening the letter of credit be delayed for causes for which the Buyer is liable, Buyer shall pay the Seller amount equal to [two tenth of one percent(0.2%)] of the amount of relevant letter of credit per each full week as liquidated damages net cash or sight draft within [three days] from receipt of relevant bill from the Seller.

However, the total amount of liquidated damages shall not be more than [one percent(1%)] of the amount of relevant letter of credit. Should opening of letter of credit be delayed by more than [five (5) full weeks], the Seller may terminate the Agreement without prejudice to the Seller's rights under the Agreement, including claim of said liquidated damages.

Article 5. Shipment of the Goods

5.1 The Goods shall be delivered by the Seller to the Buyer at [any Korean port] in accordance with the Shipment Schedule attached hereto as Exhibit[II]("Shipment Schedule").

5.2 The Seller shall arrange the suitable vessel of any flag, subject to freight being available, to transport the Goods to the destination, [New York, U.S.A] or other seaport designated by the Buyer on relevant letter of credit provided that C.I.F. price is not increased.

The Seller shall notify by telex or facsimile, the Buyer of necessary information at least [7] days before each shipment so that the Buyer may make arrangement for receipt and inland transportation, if necessary, of the Goods.

Article 6. Late Delivery

6.1 In the event that the Seller delays shipment of the Goods in accordance with the shipment Schedule for reasons solely attributable to the Seller, the Buyer shall grant the Seller [seven days] grace, without liquidated damage on each specified delivery.

After that [seven days'] grace, the Buyer has the right to claim [one percent(1%)] of the contract price of the Goods of which shipment shall have been delayed, per each full week from [seven days] after the scheduled delivery date until actual shipping date thereof.

The total amount of the liquidated damage under the Agreement shall be limited to [six percent (6%)] of the contract price of the Goods delayed.

6.2 If the aforesaid delay of delivery exceeds [six (6) full weeks], the Buyer has the right to cancel the Agreement, without prejudice to Buyer's right under the Agreement, including claim of said liquidated damages.

6.3 In the event of Force Majeure, liquidated damage for late delivery shall not be applied.

Article 7. Packing and Marking

7.1 The Goods shall be packed and marked in the manner customary for exporting. In case special instructions are necessary, Buyer shall furnish Seller with such instructions in time for preparation or shipment of the goods.

Article 8. Insurance

8.1 Seller shall effect marine insurance on all shipments on [ICC (B)] for 110% of the invoice amount.

Article 9. Warranty

9.1 Each good(s) supplied by the Seller is hereby expressly warranted to be free from defect in material and workmanship under normal use and service.

9.2 This Warranty shall be limited to a period of [12 months] after delivery thereof to the Buyer under storage in a roofed warehouse.

9.3 The above warranty shall not apply to the Good(s), which is used for a purpose for which it was not designed or which has been subject to normal wear and tear, damage caused by accident, misuse, abuse, damage occurring during shipment.

9.4 The Seller's liability under this warranty shall be IN LIEU OF ALL OTHER LIABILITIES OF THE SELLER for defect in material or workmanship of the Goods or ANY OTHER WARRANTIES, EXPRESS OR IMPLIED, statutory or at common law WHICH THE BUYER HEREBY WAIVES. In no event shall the seller be liable for consequential or indirect damages regarding the Goods.

Article 10. Claim

10.1 Any claims by Buyer of whatever nature arising under this contract shall be made by cable within [thirty(30) days] after arrival of the goods at the destination specified in the bills of lading. Full particulars of such claim shall be made in writing, and forwarded by registered mail to Seller within [fifteen (15) days] after cabling. Buyer must submit with particulars sworn surveyor's reports when the quality or quantity of the goods delivered is in dispute.

Article 11. Force Majeure

11.1 Except for the payments due for the Goods delivered by the Seller, any party ("Affected Party") hereto shall not be responsible to the other party ("Non Affected Party") for nonperformance [either in whole or in part] or delay in performance of the terms and conditions of the Agreement, due to war, war_like operation, acts, of Good, riot, strikes, sabotage or other labor disturbances in the manufacturing plant; lockout of the manufacturing plant ; epidemics, floods, earthquakes, typhoon; embargoes, laws and regulations of the Buyer's country or seller's country; or any other causes beyond the control of the parties.

In case of any such event the terms of this Agreement relating to time and performance shall be suspended during the continuance of the event.

11.2 Within [five (5) days] from the date of commencement of the event, the Affected Party shall advise the Non_Affected Party by telex, facsimile or cable of the date when such delay in performance commenced, and the reasons therefor as enumerated in this Agreement; likewise, within [five (5) days] after the delays ends, the Affected Party shall advise Non_Affected Party by telex, cable or facsimile of the date when such delay ended, and shall also specify the redetermined time by which the performance of the obligation hereunder is to be completed.

Article 12. Breach, Indemnity

12.1 In the event either party breaches an obligation under this Agreement or toward a third party delays or interferes with the other party in the performance of this Agreement, it shall be liable to the other party for any reasonable direct damages thereby sustained by the other party.

In the event a third party commences any proceeding for which a party hereto intends to claim indemnity, such party shall promptly notify the other party and allow suitable participation in all stages of the proceeding and settlement thereof. Failure to promptly notify or allow equitable participation by the other party shall reduce the right of indemnity by the extent of actual resultant prejudice.

12.2 It is specifically understood and agreed by both parties that the Buyer shall be solely responsible for observance of any restriction against importation of the Goods imposted by any [federal or local authority in (U.S.A)] and shall defend and save harmless the Seller from any liabilities and obligations under the restriction or any claims arising out of the infringement of the restriction.

Article 13. Taxes/Duties, Contingent Charges

13.1 Any duties, tariffs for import and export or other taxes or charges which are now assessed or imposed or which may hereafter be assessed or imposed by [U.S.A.] Government or other competent authorities other than [Korea] in connection with the Goods and/or transactions thereof shall be borne and paid by the Buyer.

13.2 Increase in freight, insurance premiums, and/or surcharge, due to war, threat of war, warlike conditions, port congestion or other emergency or contingency unforeseen or not existent at the time of concluding the Agreement, shall be for the Buyer's account.

Article 14. Aftersales Service

14.1 The Seller may, upon request of the Buyer and consent of the Seller, dispatch some experienced technicians to some places in [U.S.A.] for the purpose of rendering effective after-service in connection with the Goods.

Article 15. Infringement

15.1 The Buyer shall be liable for and hold the Seller harmless from and against all losses and damages incurred and suits and claims brought by third party due to possible infringement of trademark, patent, copyright or other proprietary rights of the third party in connection with the Seller's manufacture and sale of the Goods according to the Specification attached hereto as Exhibit[I].

Article 16. Termination

16.1 The Agreement may be terminated upon occurrence of any of the following events:

i) Agreement in writing of the parties

ii) By the non_defaulting party, upon default by the other party in the performance of any of its obligations under the Agreement, if not remedied within [30 days] after receipt of written notice from the non_defaulting party;

iii) By the other party, upon either party's (a) making an assignment for the benefit of creditors, being adjudged bankrupt, or becoming insolvent; (b) having a reasonable petition filed seeking its dissolution or liquidation not stayed or dismissed within [sixty (60)days]; or (c) ceasing to do business for any reason;

iv) By the Seller, if the Buyer fails to open relevant letter of credit by more than [five (5) full weeks] as stipulated in Article 4.2 hereof;

v) By either party, if a force majeure condition under Article 11 hereof makes it unreasonable to proceed with the Agreement in the foreseeable future.

16.2 Upon termination of the Agreement, neither party shall be discharged from any antecedent obligations or liabilities to the other party under the Agreement unless otherwise agreed in writing by the parties.

16.3 Nothing in the Agreement shall prevent either party from enforcing the provisions thereof by such remedies as may be available in lieu of termination.

Article 17. Arbitration

17.1 All disputes, controversies, or differences which may arise between the parties, out of or in relation to or in connection with this contract or for the breach thereof, shall be finally settled by arbitration in Seoul, Korea in accordance with the Commercial Arbitration Rules of The Korean Commercial Arbitration Board.

The award rendered by the arbitrator(s) shall be final and binding upon both parties concerned.

Article 18. Trade Terms and Governing Law

18.1 The Trade Terms under this agreement shall be governed and interpreted under the provisions of Incoterms 2000.

18.2 This Agreement shall be governed by and construed in all respects under and by the laws of Korea.

18.3 In the event of conflict between the laws of Korea and Incoterms 2000, Incoterms 2000 shall prevail and govern.

Article 19. Assignment

19.1 Either party shall not assign this Agreement to any other person without the other parties prior consent in writing. In the event of assignment with the written consent of the other, the one shall not be relieved from its obligations under this Agreement and shall be held responsible for its performance.

Article 20. Non_Waiver

20.1 No claim or right of either party under this Agreement shall be deemed to be waived or renounced in whole or in part unless the waiver or renunciation of such claim or right is acknowledged and confirmed in writing by such party.

Article 21. Notice

21.1 Unless otherwise agreed by the parties, all notices, invoices and communications under this Agreement shall be sent to the parties at their addresses set forth in the initial paragraph of the Agreement. All notices shall be sent by registered airmail and where circumstances require, notices may be sent by cable, facsimile or telex which shall be confirmed by registered air mail

Article 22. Entire Agreement

22.1 This Agreement constitutes the entire agreement between the parties, all prior representations having been merged herein, and may not be modified except by a writing signed by a duly authorized representatives of both parties.

Article 23. Effective Date and Term

23.1 This Agreement shall become effective upon signing of the duly authorized representatives of both parties and remain in full force and effect up to [February 28, 20××] unless terminated earlier pursuant to Article 16.

IN WITNESS WHEREOF, the parties hereto have executed this Agreement as of the day and year first above written.

[ABC CORP]

By : ______________________________

Title : ____________________________

[HAN KOOK CO., LTD]

By : ______________________________

Title : ____________________________

AGENCY AGREEMENT

This Agreement ("the Agreement") is made this [first day of June 20××], by and between X Inc. ("Agent"), a corporation duly incorporated under the laws of the Republic of Korea with its principal place of business at 159 Samsungdong, Kangnamku, Seoul, Korea and [Y Co., Ltd.]("Company"), a corporation duly incorporated under the laws of [the State of New York, United States of America] with its principal place of business at [140, 51st West, New York, N.Y., U.S.A.].

WITNESSETH:

WHEREAS, the Company wishes to market [electronic goods etc.]("the Products") in the Republic of Korea ("the Territory") and for such purpose enter into an agreement with the Agent;

and WHEREAS, the Agent is willing to market the Products in the Territory and render its services to the Company;

Now, THEREFORE, in consideration of the mutual covenants herein contained, the Parties hereto agree as follow;

Article 1. Appointment

1.1 The Company hereby appoints the Agent and the Agent hereby accepts appointment as the Company's exclusive sole agent for the sale of the Products within the Territory on the terms and conditions set forth herein.

1.2 The Company shall not, itself directly or through third parties, sell, distribute or market the Products to the customers in the Territory ("the Customers") or appoint other representatives, agents, distributors or the like with authority to sell or lease the Products to the Customers and the Company shall exert its best efforts and take all necessary legal actions to cause its other distributors, agent, representative or the like not to sell, distribute or lease, directly or through third parties, the Products to the Customers.

Article 2. Agent's Duties and Responsibilites

2.1 The Agent shall explore, develop and promote the sale of the Products and shall make good faith efforts to increase the sales of the Products within the Territory. To achieve such purposes, the Agent will keep the Company informed of the status of the sales progress, make recommendations and suggestions to the Company and assist and cooperate with the Company.

Article 3. Company's Duties and Responsibilities

3.1 The Company shall use its best efforts to assist and cooperate with the Agent in developing and promoting the sale of Products in the Territory. The Company shall, at its expense, expeditiously provide samples, sales literature, demonstration kits and any other material, requested by the Agent necessary for the Agent's performance of its duties under the Agreement. The Company shall also provide any information, which it now has or may be received by it in the future which is likely to be of interest, use, or benefit to the Agent in relation to sales of the Products in the Territory.

Article 4. Agent Soliciting Offer

4.1 The Agent shall promote the sale of the Products based on the latest prices of the Products provided by the Company.

4.2 The Agent shall, upon receipt of enquiry or offer for the Products from a customer, forward it to the Company, and the Company shall, within [15] days after receipt make an offer against the enquiry or, notify the Agent whether the offer by the Customer is accepted or not.

In the event of nonacceptance, the Company shall state the reasons for the Company's nonacceptance of the offer.

4.3 If the Company accepts the offer by the Customer or the Customer accepts the offer by the Company then sales contract ("Sales Contract") of the Products shall be deemed to have been made.

If such notice of acceptance by the Company is not timely provided as stated hereinabove to the Agent, the offer will, although not formally accepted, be deemed to have been accepted by the Company and such offer will also become a Sales Contract.

Article 5. Offer Agent

5.1 The Company hereby appoints the Agent as the Company's offer agent and authorizes the Agent as an offer agent to issue offer sheets on behalf of the Company to the Customers.

If the offer shall be accepted by the Customer, then Sales Contract of the Products shall be deemed to have been made.

The Agent may, at its discretion, decline to act as an offer agent for a particular Customer, and in such cases the Company shall appoint another offer agent.

5.2 The Agent shall issue offer sheets based on the latest prices of the Products provided by the Company. The Agent shall not be liable for any loss or damage which may occur from price changes of which the Agent was informed subsequent to the time the Agent has issued an offer sheet.

Article 6. Commissions

6.1 In return for the services rendered by the Agent under the Agreement, the Company agrees to pay commissions to the Agent in an amount equal to [five] percent of the gross invoice value of the Products subject to Sales

Contract. The Agent's right to commissions accrues and attaches at the time Sales Contract is made under Article 4 and 5 hereof. The Agent shall be paid its commissions in full regardless of whether payments for the Products are received by the Company or not.

6.2 Commission shall be paid in the United States Dollars to the Agent within [thirty(30)] days after Sales Contract is made pursuant to Article 4 and 5 hereof.

6.3 The Agent's right to commissions accrued on Sales Contract during the effective period of the Agreement, shall survive the termination of the Agreement. In addition, for [one (1)] year after termination of the Agreement the Agent shall receive a commission of [four percent of the gross invoice value of the Products sold in the Territory by the Company to Customers with whom Sales Contract was made during the term of the Agreement.

6.4 In case any longterm supply agreement of the Products is made and executed between the Company and the Customers with assistance of the Ageomersd its term survives the termination of the Agreement, the Agent shall be entitled to commission of [three] percent of the gross invoice value of the Products sold during the term of foregoing longterm supply agreement after termination of the Agreement.

Article 7. Indemnification

7.1 The Company shall indemnify and hold harmless the Agent against any expense, liability, loss, claim or proceedings whatsoever arising under any statute or at common law in respect of any loss, damage whatsoever to any property or personal injury to or the death of any person arising out of or in the course of or caused by carrying out of the Agreement, unless due to any intentional act or gross negligence of the Agent or of any employee of the

Agent.

Article 8. Effective Date and Duration

8.1 This Agreement shall become effective upon its execution by the parties hereto and shall continue in force for [5] years from the execution date of the Agreement unless earlier terminated under Article 9 hereof and shall be automatically extended for [one (1)] year periods thereafter unless either party gives written notice of intent to terminate at least [sixty (60)] days prior to the relevant expriation of the Agreement.

Article 9. Termination

9.1 The Agreement may be terminated in any of the following cases:

A) By mutual agreement in writing of the parties:

B) By the non-defaulting party, in the event of default by the other party in the due performance of its obligations under the Agreement, when default is not remedied within [thirty (30)] days after receipt of written notice of default from the non-defaulting party;

C) By the other party, either party making an assignment for the benefit of creditors, or being adjudged bankrupt, or insolvent, or filing any petition seeking for itself any arrangement for dissolution and liquidation of its interests; or

D) By either party, if a force majeure condition under Article 10 hereof makes it unreasonable to proceed with the Agreement in the foreseeable future.

9.2 Upon termination of the Agreement, neither party shall be discharged from any antecedent obligations or liabilities to the other party under the Agreement unless otherwise agreed in writing by the parties.

Article 10. Force Majeure

10.1 Neither party shall be liable to the other party for nonperformance or delay in performance of any of its obligations under the Agreement due to war, revolution, riot, strike or other labor dispute, fire, flood, acts of government or any other causes reasonably beyond its control. Upon the occurrence of such a force majeure condition the affected party shall immediately notify the other party of any further developments. Immediately after such condition is removed, the affected party shall perform such obligation with all due speed, subject to termination under Article 9 hereof.

Article 11. Arbitration

11.1 All disputes, controversies, or differences which may arise between the parties out of or in relation to or in connection with the Agreement or for the breach thereof, shall be finally settled by arbitration in Seoul, Korea in accordance with the Commercial Arbitration Rules of the Korean Commercial Arbitration Board. The award rendered by arbitrator(s) shall be final and binding upon both parties concerned.

Article 12. Governing Law

12.1 The validity, formation, and performance of this Agreement shall be governed by and construed in accordance with the laws of the Republic of Korea.

Article 13. NonWaiver

13.1 No claim or right of either party under this Agreement shall be deemed to be waived or renounced in whole or in part unless the waiver or renunciation of such claim or right is acknowledged and confirmed in writing by such party.

Article 14. Severability

14.1 If any one or more of the provisions contained in this Agreement shall be declared invalid, illegal or unenforceable in any respect under any applicable law, the validity, legality and enforceability of the remaining provisions contained herein shall not in any way be affected and in such case the parties hereto oblige themselves to reach the intended purpose of the invalid provision by a new, valid and legal stipulation.

Article 15. Headings

15.1 Headings of Articles and subsections of the Agreement are for convenience only and shall not be used in construing the Agreement.

Article 16. Notice

16.1 Unless otherwise agreed by the parties, all notices, invoices and communications under this Agreement shall be sent to the parties at their addresses set forth in the initial paragraph of the Agreement. All notices shall be sent by registered airmail and where circumstances require, notices may be sent by cable, facsimile or telex which shall be confirmed by registered air mail.

Article 17. Entire Agreement

17.1 This Agreement constitutes the entire agreement between the parties, and supersedes all prior representations having not been merged herein, and may not be modified except by writing signed by a duly authorized representatives of both parties.

IN WITNESS WHEREOF, the parties through their authorized representative have executed the Agreement as of the date first above written.

X INC.	Y CO., LTD.
By: ____________	By: ____________
Title: ____________	Title: ____________

판매권 계약의 주요 사항

1. 판매권의 취득과 부여의 형태
   1) 판매점 : 공급자의 제품을 직접 구매하고, 이에 대한 대금결제를 통하여 구매한 제품을 해당지역에서 독점적 또는 비독점적으로 재판매하여 판매 이익을 취하는 형태
   2) 대리점 : 해당지역내의 제품 수요자를 물색하여 공급자와 연결시켜 공급자와 제품 수요자간에 상품거래를 성사시키고, 성사된 거래에 대하여 일정한 수수료를 지급받는 형태

2. 판매권 계약시 주요 요건
   1) 대상제품 : 모든 제품 또는 특정 라인, 브랜드, 모델에 한정할 것인지의 여부 확정
   2) 대상지역 : 특정 국가 또는 국가내의 일정 지역을 구체적으로 결정
   3) 독점권 : 대상지역 내외에서의 독점판매권을 확보
   4) 계약기간
   5) 최소/최대 구매수량
   6) 중재 및 적용법

3. 독점권을 실효적으로 확보하는 방법
   1) 계약 공증
   2) 제품의 특허
   3) 형식 승인 등의 명의를 공급자의 명의로 하는 방안
   4) 중재지의 선택

4. 판매권의취득과 부여에 관련된 기타사항
   1) 제품의 승인, 등록 대행
   2) 소개업체 또는 중간개입자의 관계에서 위치를 특정계약 내용으로 확정

4

무역계약의 기본조건

I. 무역계약의 기본조건에 관한 리스크

1. 물품자체 조건의 표시에 관한 주의

무역계약의 계약당사자가 충실히 계약을 이행하였는지를 판단하는 데 가장 기본이 되는 것은 계약의 기본조건을 따져 보는 일이다. 이때 계약적합성의 기준이 되는 명시적 조건이 가장 일차적인 판단기준이 된다. 그러므로 수출상과 수입상은 자신이 원하는 계약목적물의 명세를 제3자가 판단하더라도 오해의 여지가 전혀 없는 내용으로 거래조건의 내용을 특정하여야 한다.

무역계약 목적물의 기본조건에 관한 표시에서 오해가 발생한다면 이는 처음 계약시점부터 목적물의 내용을 충분히 반영하지 못하였거나, 수출상의 고의 혹은 과실로 계약조건을 이행하지 못하였거나, 또는 단순한 실수로 처음 계약조건과 이행조건이 다르게 될 가능성이 높다. 물품 자체의 조건의 표시는 다음과 같이 살펴 볼 수 있다.

첫째, 물품의 품질은 거래대상물의 유형마다 품질을 표시하는 기준이 다르고, 또 국가 마다 상이한 기준을 두고 있으므로 이에 대한 확인이 필요하다. 따라서 계약당사자는 품질의 결정방법과 결정시기의 결정에 대하여 세심한 주의를 기울여야 한다. 품질의 결정방법은 견본매매, 표준품매매, 명세서 매매 등을 선택할 수 있으며,

품질의 결정시기는 크게 선적조건과 양륙조건으로 나눌 수 있다.

둘째, 수량조건은 물품의 유형과 포장방법에 따라 수량을 결정하는 방법이 다양하게 나누어진다. 드럼으로 포장하는 액체류, 일반 종이상자에 포장하는 일반 공산품, 또 특별한 포장 없이 산화물의 형태로 거래되는 물품도 있다. 이처럼 갯수로 거래하거나 무게나 부피로 거래하는 경우에도 국가마다 사용단위가 다르다는 점에 각별히 주의하여야 한다. 또 사전에 이러한 사항을 알고 서류상 잘못이 없더라도 작업자의 부주의로 수출지의 도량형 단위로 물품을 선적하는 경우가 종종 발생하기도 한다.

셋째, 물품의 가격표시는 당사자의 계약을 최종 결정하는 합의사항이 된다. 특히 수출상이 제시하는 가격조건은 단순히 물품의 원가와 희망이익만을 포함하는 것이 아니라 전체 거래과정을 이행하는데 필요한 운송비와 보험료 등의 경비도 계산하여 견적을 제시하기 때문에 단순히 가격의 높고 낮음을 비교하는 것만으로 경쟁력 있는 가격이라고 할 수는 없다.

특히 국제시장에서의 환율과 유가변동에 따라 큰 영향을 받는 원자재의 경우 수시로 국제시장 동향을 확인하고 적절한 기간의 유효기간을 설정하여 당사자 계약서에 반영하는 것이 바람직하다.

또한 계약당사자가 선택하는 정형거래조건은 수출상이 부담하여야할 비용조건이 되므로 수출상의 실수로 20×× 조건을 채택하여 불필요한 손해나 분쟁이 초래되지 않도록 주의하여야 한다.

넷째, 포장조건은 단순히 수출상품을 포장하는 것에 그치지 않는다. 수출상의 물품포장의무는 단순히 물품을 단위화하여 운송하는 것에 그치지 않고 수입상에게 도착하였을 때 물품의 상품성을 상실하지 않도록 충분히 포장하여야 한다. 따라서 일반적인 계약서의 조항에서도 'Export Standard Packing' 이라고 표시하는 것은 단순히 수출상이 임의로 포장할 권리가 있는 것을 의미하는 것이 아니라, 도착지에서 수출상품의 상품성을 담보하고 있는 점에 유의한다.

또한 포장재의 선택과 사용에서도 화물의 국제운송에서 직간접적으로 발생할 수 있는 해충이나 세균 등의 오염으로부터 보호하기 위하여 국제적으로 표준화된 검역절차에 따라 포장과 운송에 제한될 수 있음을 사전에 주의하도록 한다.

2. 계약이행 조건의 표시에 관한 주의

물품의 품질, 수량, 가격, 포장과 같은 물품 자체에 관한 기본조건은 계약당사자로서 수출상이나 수입상의 결정에 따라 계약조건이 변경되거나 확정될 수 있다. 반면에 물품의 선적, 보험, 지급 조건은 계약의 이행에 관한 표시로서 계약당사자 이외 운송인, 보험사, 은행 등이 개입하여 계약의 이행을 보조하게 된다. 따라서 계약의 이행과정에서 당사자 이외의 제3자가 관련 물품과 서류를 보고 업무를 처리하는 과정에서 오해나 실수를 하지 않도록 보다 엄격한 조건으로 계약의 이행조건을 표시하여야 한다. 물품 이행조건의 표시는 다음과 같이 살펴 볼 수 있다.

첫째, 무역계약의 선적조건은 선적시기, 선적방법, 운임의 부담, 운송서류의 작성과 인도에서 특히 주의하여야 한다. 수출상의 선적시기는 수입상의 물품수령과 직접 관련되므로 선적시기에 관하여 명백히 표시하지 않는다면 클레임으로 연결될 수 밖에 없다.

선적방법은 크게 분할선적과 환적의 문제로 구분되는데 운송과정에서 발생하는 리스크는 대부분 선적, 환적, 하역과정에서 발생되므로 수입상의 입장을 보수적으로 판단하면 가능한 환적과 분할선적을 하지 않는 것이 좋을 것이다. 그러나 현대 운송은 점차 복합운송과 일관운송을 지향하고 있으므로 당사자의 의도와 관계없이 환적이 발생하기도 한다.

운송과정에서 발생하는 운임은 수출상이나 수입상 중 어느 당사자가 반드시 부담하여야 하는 것이므로 선화증권에 운임과 지급시기를 표시하는데 이것은 정형거래조건의 선택에 따라 자동적으로 결정된다.

수출상이 선적을 완료한 후 수입상에게 선화증권을 인도하는 것은 계약을 이행하였음을 증거하는 것이다. 뿐만 아니라 선화증권을 소지한 제3자에게도 선적된 물품의 이해관계를 표시하는 것이므로 선화증권은 물품의 선적과 관련된 내용은 물론 법정기재사항까지도 엄격히 표시하여야 한다.

둘째, 무역계약의 보험조건은 계약 당사자의 선택조건이다. 그러나 계약자의 선택조건이라고 해서 보험의 모든 상세내역을 선택한다는 의미가 아니라 적하보험에 부보할 것인지의 여부와 보험사가 제시한 보험조건을 수용할 것인지의 제한적인 선택권만 인정된다.

대부분의 무역계약에서 인도조건이 도착지인도조건이 아닌 선적지이행조건으로 체결되는 점을 고려한다면 보험조건은 리스크를 얼마나 부담할 것인지를 선택하는 매수인의 결정에 따라 달라질 수 있다. 일반적으로 널리 사용되는 CIF 조건을 선택한다면 매도인이 최저담보조건으로 보험료를 지급한 후 보험계약을 체결하고 보험증권을 매수인에게 인도하는 것으로 충분하다.

그러므로 보험조건과 관련하여 비용을 최대한 낮추기 원하거나 위험을 선호하는 매수인은 보험계약이 포함되지 않는 FOB/FCA 또는 CFR/CPT 조건을 선택하면 된다. 반면에 위험을 보다 적극적으로 회피하고자하는 매수인은 최저담보조건 보다 높은 담보조건과 특약조건을 매수인의 비용부담으로 선택하고 계약시 이에 관하여 충분히 매도인에게 통지하여야할 의무가 있다.

셋째, 무역계약의 지급조건은 수출상인 매도인에게 절대적으로 중요한 조건으로 대금의 지급시기와 방법의 결정에 관하여 다룬다. 대금의 지급시기는 선지급, 동시지급, 후지급 조건이 있고, 대금의 지급방법은 송금방식, 추심방식, 신용장방식 등이 있다.

대금의 지급시기와 방법을 선택조합하면 계약의 어느 한 당사자에게 절대적으로 유리하거나 불리한 조건으로의 선택도 가능해진다.

예를 들어 송금방식에 의한 대금후지급 조건을 선택한다면 절대적으로 수입상인 매수인에게 유리한 지급조건이 되고, 송금방식에 의한 대금선지급 조건을 선택한다면 수출상인 매도인에게 절대적으로 유리해 진다.

따라서 대금의 지급시기와 방법은 계약당사자의 거래관행, 긴밀도, 국제시장에서의 가격 동향 등에 따라 결정되는데, 현재는 송금방식에 의한 거래는 증가하는 반면에 신용장에 의한 거래는 다소 감소하는 경향을 보이고 있다.

II. 물품자체에 관한 조건

1. 품질조건

(1) 품질조건의 의의

국내거래나 국제거래나 매매계약의 가장 중요한 조건이 품질조건이다. 그러므로 계약당사자는 물품의 품질에 관하여 가능한 상세하게 약정하는 것이 바람직하다. 매도인의 의무는 1차로 매매계약에 약정된 물품을 매수인에게 제공하는 것이다. 품질의 일치성은 물품자체 뿐만 아니라 용기와 포장까지지도 계약과 일치하여야 한다.

당사자간 품질에 관한 합의가 없는 경우에는 물품이 동일명세의 통상의 사용목적에 적합하여야 하며, 매도인이 견본이나 모형을 제시했다면 이와 같은 품질을 갖고 있어야 한다. 계약서에 물품의 품질, 성능, 색상, 중량, 부피, 성분 등을 상세하게 명기한다고 하여도 동일명세하에서 여러 품질의 물품이 생산될수 있기 때문에 보다 가시적인 방법으로 품질을 확인하는 방법을 약정하는 것이 좋다. 또한 이를 확인할 수 있는 세부적 내용으로 품질의 결정 방법, 결정시기, 증명방법 등을 계약서의 품질조건(quality terms)에 명기하여야 한다.

(2) 품질의 결정방법

1) 점검매매

점검매매(sale by inspection)는 매수인이 거래물품을 물품의 소재지에서 실제 점하여 품질을 결정하는 방법이다. 이 방법은 보세창고도거래(BWT)나 현물상환도지급(COD) 방식 등에서 주로 이용된다. 이것은 매수인이 직접 물품을 점검하고 구매하기 때문에 분쟁발생가능성이 낮다.

2) 견본매매

견본매매(sale by sample)에서는 계약체결시 물품의 명세와 함께 견본을 송보받고 이와 동질의 물품이 송부될 것을 전제로 계약을 체결한다. 따라서 매매계약서나 협정서에 매매시 품질의 기준이 견본임을 예문과 같이 명시할 필요가 있다.

'Goods sold an sample all be wanted by the seller **to be exactly equal** to the sample upon arrival at destination'

견본의 종류는 견본제시당사자에 따라 분류하면 매도인이 보내는 매도인견본(seller's sample), 매수인이 보내오는 매수인견본(buyer's sample), 대응견본(counter sample) 등이 있다. 한편 매매계약성립후 선적시에 선적품 중에서 골라 매수인에게 보내는 견본을 선적견본(shipping sample)이라고 한다.

3) 표준품매매

표준품매매(sale by standard)는 일반적으로 농산물, 임산물 또는 광산물과 같은 상품에 적용한다. 이러한 상품은 일정한 품질을 약정하기가 곤란하므로 표준품(standard)를 추상적으로 제시하여 이러한 수준의 품질을 인도하면 된다. 표준품매매의 품질표시방법에는 평균중등품질(fair average quality ; FAQ)조건, 판매적격품질(good merchantable quality ; GMQ)조건과 보통품질조건(usual standard quality ; USQ)조건 등이 있다.

4) 상표매매

상표매매(sale by trade make or brand)는 매매물품의 상표(trade mark) 또는 브랜드(brand)가 국제적으로 널리 알려져 있을 경우에 견본 없이 그 상표 또는 브랜드를 기준으로 삼는다. 매도인은 약정된 상표나 브랜드가 부착된 물품을 제공하면 물품의 품질조건을 충족한 것으로 간주된다.

5) 명세서매매

명세서매매(sale by specification or dimensions)는 선박, 대형운반기계 등과 같이 견본이나 표준품으로 물품의 품질을 표시하는 것이 불가능하거나, 화공약품, 의약품 처럼 그 함유된 성분을 견본으로 입증하기 곤란한 거래에 적용된다. 이들 제품은 소재, 규격, 성능 및 성분 등을 표시한 자세한 명세서로 품질의 기준을 삼는다.

6) 규격매매(sale by grades)

국제적으로 물품의 규격이 정해져 있거나 수출국의 법적 규정에 의하여 물품의 규격이 정해져 있을 경우 이를 품질의 기준으로 삼고 거래가 이루어진다. 국제적인 예로 국제표준기구(ISO), 우리나라의 KS, 일본의 JIS, 영국의 BSS 등이 있다.

(3) 품질의 결정시기

1) 선적품질조건

인도되는 물품이 계약상의 품질기준과 일치여부를 결정하는 시기를 물품의 선적시를 기준으로 하는 조건이다. 이 조건은 운송중 품질변화가 발생하지 않는 공산품 등에서 많이 이용되고 있다. 매도인은 물품의 운송중 변질에 관하여는 책임을 지지 않는다.

정형거래조건에서 FOB나 CIF조건은 선적지 인도조건이기 때문에 계약에 별도의 명시가 없으면 선적시를 품질기준시기로 보아야 한다.

2) 양륙품질조건

이 조건은 인도된 물품의 품질이 계약상의 품질기준과 일치여부를 결정하는 시기를 물품이 목적항에 도착하여 양륙되는 시점을 기준으로 한다. 이 조건에서 물품의 운송중 변질에 따른 책임을 매도인이 부담한다. DAT나 DAP조건은 양륙지인도조건이므로 별도의 약정이 없으면 양륙지의 본선상이나 부두에서 품질의 일치여부가 결정된다.

(4) 품질의 증명

품질의 증명을 위하여 매매당사자는 매매계약에 검사에 관한 조항을 삽입하여야 한다. 검사조항에는 검사시기, 검사장소, 검사인, 검사방법 및 검사비용 부담 등에 관하여 다음과 같이 명시하여야 한다.

"Inspection performed under the export regulation of Korea in final in respect of quality and/or conditions of the contracted goods, unless otherwise stated on the face here of"

또한 물품검사를 국제적으로 권위있는 전문 검사기관에 의뢰할 수 있다. 국제적인 전문검사기관으로는 영국의 Lloyd's Agent, 프랑스의 SGS(Societe Generale de serveillance S.A), 미국의 Del Pan Inc. 등이 있다.

통상 claim 조항에는 클레임 제기시 상대방의 계약위반의 증빙서로 감정보고서를 제출하도록 하고 있다. 이러한 감정보고서는 물품의 품질이 품질기준에 적합한지를 입증하는 입증방법이 된다.

2. 수량조건

(1) 수량의 의미

무역계약에서 '수량'(quantity)이란 개수만을 의미하는 것이 아니라 중량, 용적, 포장 등을 의미한다. 국제거래에서 수량은 품질 다음으로 분쟁이 일어나기 쉽다. 따라서 계약체결시 수량의 단위, 결정시기 및 과부족용인조항 등에 각별한 주의를 기울여야 한다.

(2) 수량의 단위

1) 중량 단위

중량은 철강제품, 광물, 곡물 등의 거래에 주로 사용된다. 중량을 표시하는 단위는 pound(LB), kilogram(kg), Ton 등이 있다.

이 가운데 Ton의 경우 중량을 표시하는 중량톤(weight ton ; W/T)과 용적을 표시하는 용적톤(measurement ton ; M/T)이 있다. 중량을 표시하는 중량톤은 Long Ton(L/T), Short Ton(S/T), Metric Ton(M/T)이 있다.

Long Ton은 주로 영국계에서 사용하며 1Ton은 1,016kg(2,240LB)이며, Short Ton은 주로 미국계에서 사용하고 1Ton은 907kg(2,000LB)이며, Metric Ton은 유럽계에서 사용하며 1Ton은 1,000kg(2,204LB)이다.

중량의 측정기준 또는 중량기준의 대금결제기준에는 총중량(Gross Weight), 순중량(Net Weight), 법적순중량(Legal Net Weight) 및 순중량(Net)이 있다.

2) 용적 단위

용적단위는 주로 액체나 목재 등의 거래에 사용되는데 목재 등은 cubic meter(CBM ; ㎥) 또는 cubic feet(CFT)로 합판이나 타일 등은 square foot(SFT) 등이 사용된다. 용적톤(measurement ton;M/T)은 40cubic feet(1㎥), 즉 480SF(super foot)로, 1SF는 1squre feet×1inch이다. 유류 등에 사용되는 단위는 drum, gallon, barrel 등이 있다. 1drum은 200리터, 1gallon은 3785리터, 1barrel은 158,984리터이다.

3) 개수 단위

개수는 낱개로 거래되는 공산품의 대금계산단위로 사용된다. piece, set 등을 사용하지만 수량이 많을 경우 dozen, gross(12dozen) 등의 단위를 사용한다.

4) 컨테이너 단위

컨테이너는 길이에 따라 20ft(TEU), 40ft(FEU), 45ft(High Cubic) 컨테이너로 분류될 수 있다. 이러한 컨테이너의 폭과 높이는 각각 8ft×8.6ft, 8ft×8ft, 8ft×9.6ft이다. 이들 컨테이너 가운데 TEU는 컨테이너전용선, 컨테이너물품의 양, 컨테이너 부두의 수용능력 등을 측정하는 기준이 되고 있다.

(3) 수량의 표시방법 대 용인조항

1) 과부족 용인조항

약정된 수량에서 약간의 과부족이 발생하더라도 이를 계약위반으로 간주하여 클레임을 제기하지 않도록 과부족을 용인하는 조항을 계약에 명기한다. 과부족 용인조항에는 용인수량의 한도와 과부족의 선택권자를 다음 예문과 같이 명시한다.

- '5% more or less at seller's option'
- 'Seller has the option of delivering 10% more or less on the contracted quantity'

신용장 통일규칙에는 과부족을 허용하는 규정을 두고 있지만, D/A 계약서나 D/P 계약서와 같은 거래에서는 과부족 용인조항을 별도로 명시해 둘 필요가 있다. 과부족분의 정산가격기준은 통상 계약가격(contract price)이지만 때로는 선적일가격(day-of-shipment price)이나 도착일가격(day-of-arrival price)에 따라 계산할 수도 있다.

2) 개산수량 조건

'개산'이란 대강 개산하는 것으로 수량 앞에 'about', 'circa', 'approximately', 'around' 또는 'some' 등의 용어를 붙여 표시한다. 신용장 통일규칙에는 수량, 금액 및 단가 앞에 이러한 단어가 사용되었다면 10%의 과부족을 허용한다고 규정하고 있다.

이 경우 유의할 것은 금액 앞에 'about'를 사용하지 않은 수량 앞에만 'about'를 붙였다면 금액의 증감은 허용되지 않는다. 물론 이들 단어들도 무신용장거래에는 적용되지 않으므로 필요한 경우 별도의 과부족용인약관을 설정하여야 한다.

3) 계약수량의 한도

공산품인 경우 1회에 주문량이 적으면 단위당 생산비가 많이 들고 운임과 보험료도 비싸기 때문에 매도인은 예상외의 손해를 볼 수 있다. 따라서 계약시에 최소인수가능수량(minimum quantity acceptable)을 약정해 준다.

반대로 농산물과 같은 계절상품이나 대량생산이 불가능한 수공예품 등의 경우에는 계약시에 1회 최대인수가능수량(maximum quantity acceptable)을 약정해 둔다.

(4) 수량결정의 기준시기

수량결정은 선적시의 수량을 기준으로 하는 선적수량조건(shipped quantity terms)과 양륙시를 기준으로 하는 양륙수량조건(landed quantity terms)이 있다. 양륙수량조건의 경우 운송도중의 중량감소는 매도인의 책임이지만 그 원인이 보험사고에 기인할 경우 매수인은 송장금액을 지급한 후 보험계약에 따라 보상을 받아야 한다. 반면 선적수량조건의 경우 운송도중의 감량은 매도인이 책임을 져야 한다. 결국 양륙수량조건은 운송 중 보험사고가 발생하지 않는 경우 도착수량을 대금결제수량으로 하는 조건이다.

특약이 없는 한 FOB나 CIF조건은 선적수량조건으로 해석하며 DAT나 DAP조건은 양륙수량조건이다.

[Q&A] 신용장 수출과 물품검사증명서

Q)

수출상이 받은 신용장의 조건에는 바이어가 파견한 물품검사인(inspector)의 검사증명(inspection certificate)을 요구하고 있으나, 바이어가 검사인을 파견하지 않아 생산완료된 상황에서 물품을 선적하지 못하는 경우의 대처 방법은?

A)

1. 매매계약에 따라 바이어에게 책임을 물을 수 있다. 그러나 바이어가 대금지급 또는 손해배상을 자발적으로 하지 않을 경우 바이어의 나라에 가서 소송을 수행해야 하는데 비용, 시간, 승소가능성 등 여러 가지 측면에서 어려움이 대단히 크다. 바이어의 국가에 바이어의 재산이 없을 경우에는 현지재판에서 승소하더라도 채권 회수에는 아무 소용이 없을 수도 있다. 판결의 해외집행 곤란을 극복 회피하기 위한 제도로 중재를 활용하는 편이 바람직하겠지만 이 역시 분쟁이 발생하기 이전 계약체결시점에 반영이 되어야한다.

2. 이 경우 신용장 개설은행은 신용장 거래가 서류상 거래인 점에 비추어 신용장이 요구하는 서류가 구비되지 못하였으므로 대금지급에 대한 책임이 없다.

따라서 이와 유사한 사건의 경우 신용장의 조건에서 규정하고 있는 바이어가 직접 파견하는 물품검사인을 한국 내에서 물품검사를 대행해 줄 수 있는 업체의 검사조건으로 변경하거나 생산자의 물품검사확인을 최종으로 인정하는 내용으로 확정하여 당해 거래를 진행하는 것이 바람직하다.

3. 가격조건

가격이란 물품의 단가를 정하여 상대방에게 제사할 때 원래 물품의 제조원가와 영업비 및 이윤을 제외한 아래의 여러 가지 수출입비용 가운데 어느 항목까지 포함시켰느냐에 따라 달라질 수 있다. 수출입과정에서 발생하는 비용은 아래와 같다.

- Packing Charge (포장비)
- Inspection fee (검사비)
- Certificate of origin (발급비)
- Export licence (수출승인) 또는 Governmental Authorization (정부승인) 취득비용
- Inland Freight (내륙운송비)
- Clearing Fees for Export (수출통관비용)
- CY CFS Charge (수출항 장치장 사용료)
- Shipping Charge, Loading Charge, Stowing Charge (선적, 적재 및 적부비용)
- Ocean Freight 또는 Air Freight (해상 또는 항공운임)
- Surcharge 또는 Additional Charge (할증료 또는 추가요금)
- Marine Cargo Insurance Premium (해상적하보험료)
- Unloading Charge (도착항 양하비)
- CY CFS Charge, Storage (도착항 장치장 사용료, 보관료)
- Import licence(수입승인) 또는 Governmental authorization (정부승인) 취득비용
- Cleaning Fee for Import (수입통관비용)
- Duties Taxes (관세, 제세)
- Inland freight to destination (수입국내 목적지까지 내륙운송비)
- Commission, Interest, cost of exchange (수출입에 따른 수수료, 이자, 외환비용)
- Cable Telex Fax E-mail 등 통신비용
- Sundry charges (잡비)

국제거래에서는 비용의 부담정도에 따라 가격 표시방법을 정형화(standardization)하여 매매당사자의 선택에 따라 사용하도록 하고 있다. 이와 같이 정형화된 가격조건을 정형거래조건(Trade terms)이라고 하며 2011년 INCOTERMS 2010이 발효되었다.

INCOTERMS (2010)의 체계

복합운송조건 (7)		해상운송조건 (4)	
(Rules for Any Mode or Modes of Transport)		(Rules for Sea and Inland Waterway Transport)	
EXW FCA CPT CIP DAT DAP DDP	Ex Works Free Carrier Carriage Paid To Carriage and Insurance Faid to Delivered At Terminal Delivered At Place Delivered Duty Paid	FAS FOB CFR CIF	Free Alongside Ship Free On Board Cost and Freight Cost Insurance and Freight

4. 포장조건

(1) 포장의 의의

무역거래에서 포장을 운송중 물품을 안전하게 보호하고, 경우에 따라서는 물품의 상품가치를 높이는 기능을 한다. 따라서 물품의 종류, 운송방법, 거리, 기후, 온도, 환적회수, 항만의 시설, 포장비 및 운임 등을 고려하여 가장 합리적인 포장을 하여야 한다. 필요할 경우 계약서에 구체적인 포장방법과 포장재료를 명기할 수 있다.

(2) 포장의 종류

1) 외장

외장(outer packing)은 수송 중에 일어날 수 있는 물품의 변질이나 파손 또는 유실등의 위험을 미연에 방지하고 화물취급을 편리하게 할 수 있도록 수개의 내장을 합쳐서 큰 단위로 포장하는 것을 말한다. 이러한 외장에서는 화물의 단위화(unitization)를 고려하여야 한다.

2) 내장

내장(inner packing or interior packing)은 개장 물품의 수송이나 취급에 편리하도록 여러 개의 개장을 합하여 포장하는 것이다. 그렇지만 내장이 물품이 영향을 받을 수 있는 수분, 광열, 충격을 고려하여 물품의 보호를 위한 '보호적 내장'(inner protection)도 있다.

3) 개장

개장(unitary packing)은 물품 하나 하나에 대한 포장으로 각 물품의 보호기능과 소비자의 구매의욕을 자극하기 위한 기능도 한다.

(3) 화인

1) 주화인

주화인(main mark)은 다른 화물과의 식별을 용이하게 하기 위하여 외장에 특정의 기호(symbol)를 표시한다. 기호로는 삼각형(triangle), 정사각형(square), 직사각형(rectangle), 원형(circle), 동심원(concentric circle), 마름모(diamond) 등이 있다.

2) 부하인

부하인(counter marks)은 주하인만으로 다른 화물과 식별이 어려울 때 생산자 또는 공급자의 약자를 보조적으로 표시한다.

3) 포장번호

포장번호(care number)는 매 포장마다 일련번호(consecutive number)를 부여하여 송장이나 포장명세서 또는 운송서류상의 포장과 대조 확인할 수 있도록 한다.

4) 항구표시

항구표시(port mark)는 한 선박에 여러나라로 운송되고 화물이 함께 선적되기 때문에 화물의 선적과 양하작업이 용이하도록 또는 화물이 잘못 발송되는 일이 없도록 도착항이나 경유항을 표시한다.

5) 품질 또는 중량표시

품질 또는 중량표시(quality or weight mark)는 내용물의 품빌 또는 등급을 기호로써 표시하며 검사의 합격표시도 할 수 있다. 또한 운임계산, 통관, 하역작업 등을 용이하게 할 수 있도록 순중량과 총중량을 표시한다.

6) 원산지표시

원산지표시(origin mark)는 당해 물품의 생산국을 외장의 맨 아래에 표시한다.

7) 주의표시

주의표시(care mark, caution mark)는 화물취급시 주의할 점을 표시하는 것으로 외장의 측면에 도안이나 물자로 표시한다.[3)]

화인 mark에 대한 예시

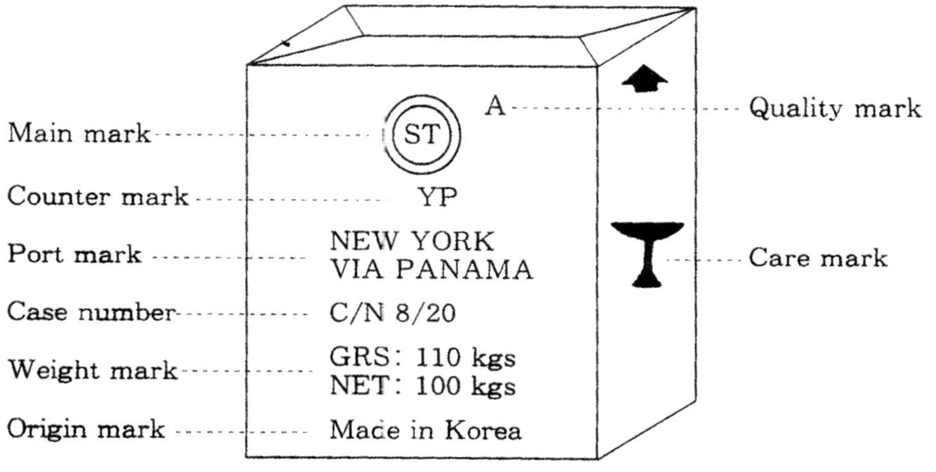

3) 자주 사용되는 문자주의표시는 "This Side up", "stand on end", "Keep flat", "Keep Dry", Keep Cool", "No Hooks", "fragile", "perishable goods", "liquid", "Inflammable", "Explosive" 등이 있다.

Ⅲ. 계약이행에 관한 조건

1. 선적조건

(1) 선적과 인도

국제거래에서 선적은 인도의 가장 대표적인 방법이다. 그렇지만 INCOTERMS는 인도장소와 방법에 따라 13가지 정형거래조건을 제정하여 사용하고 있다. 따라서 계약조건으로 '인도조건'(delivery terms)란 용어를 사용하면 이것이 선적을 의미하는지, 위험의 이전을 의미하는지, 또는 물품의 반입을 의미하는지 혼동하기 쉽다.

계약에서 '인도'는 위험의 이전과 연계되어 있으므로 그 시기는 정형거래조건에 의하여 자동적으로 결정되는데 반하여 '선적'은 물품이 운송되기 위하여 본선적재, 인수, 또는 수탁의 의미로 사용된다. '선적'과 '인도'의 개념의 차이를 잘 이해하여야 무역계약의 이행법리를 이해하게 된다.

(2) 선적시기

1) 선적시기의 표시

① 단월조건 : 선적시기와 관련하여 L/C상에 "Shipment shall be made during September"과 같이 합의하였다면 매도인은 9월 1일부터 9월 30일까지 선적하면 된다.

② 연월조건 : 선적시기와 관련하여 L/C상에 "Shipment shall be made during June and July" 또는 'June/July shipment'와 같이 합의하였다면 매도인은 6월 1일부터 7월 31일 사이에 선적하면 된다.

③ 특정일 이전 또는 이후 선적조건 : 선적시기와 관련하여 L/C상에 "Shipment shall be made till September 15"와 같이 합의하였다면 9월 15일 당일까지 선적하면 된다. 선적기일 표시와 관련하여 'from', 'till', 'by', 'until', 'to' 등은 당해 일이 포함되나 'after' 나 'before'는 당해일이 제외된다. 또한 'on or about'(경)은 양당일(both end deep)을 포함하여 명시된 일자의 전후 5일, 즉 총11일 이내에 선적되는 것으로 해석한다.

④ 특정일이전을 표시하는 문언에는 'the latest shipping date' 또는 'not later than'과 같은 표현을 사용하기도 한다.

⑤ 한편 특정월의 초순은 'at the beginning of ~'로 표시하며, 중순은 'in the middle of ~'로, 하순은 'at the end of ~'로 표시하고 각각 해당 월의 1일부터 10일, 11일부터 20일, 그리고 21일부터 말일까지를 나타낸다. 또한 특정 월을 전반과 후반으로 구분한 때는 각각 'the first half of ~'와 'the second half of ~'로 표시하고 전자는 1일부터 15일, 후자는 16일부터 말일까지를 나타낸다.

⑥ 즉시선적 : 선적시기와 관련하여 L/C상에 구체적인 일자나 기간을 명기하지 않고 "prompt', 'immediate', 또는 'as soon as possible'과 같은 문언을 사용하지 말 것을 권고하고 있다. 그럼에도 불구하고 이러한 용어나 이와 유사한 용어가 사용되었다면 은행은 이를 무시하도록 규정하고 있다.

2) 선적시기와 L/C의 유효기일과의 관계

선적시기와 관련하여 최종선적일이 신용장상에 명기되어 있지 않을 경우에는 유효기일은 최종선적일로 간주한다. 그러나 신용장의 유효기일이 불가항력(Force Majeure)사태나, 일요일, 국경일 또는 기타 은행 휴업일인 경우에는 신용장의 유효기일은 다음 최초의 은행영업일까지 자동 연장된다.

3) 선적지연

약정된 물품을 계약서나 L/C상에 명기된 기간 내에 선적하지 못하면 선적지연(delayed shipment)이 된다. 일반적으로 선적지연은 매도인의 고의 또는 과실이나 불가항력적 사정에 의하여 발생한다.

선적지연이 매도인의 고의나 과실일 경우 매도인에게 손해배상책임이 있으나, 선적지연이 불가항력에 의한 경우에는 매도인은 원칙적으로 손해배상책임이 면제된다. 이 경우 불가항력에 따른 이행기간의 연장은 불가항력에 대한 매도인의 입증책임을 전제로 한다.

또한 불가항력이 장기간 지속되어 최초로 연장된 선적기간을 경과하고도 선적이 불가능한 경우 선적기일을 다시 연장할 것인지 그렇지 않으면 매매계약을 종료시킬 것인지의 결정을 통상 매수인이 갖는다.

(3) 분할선적 및 환적

1) 분할선적

물량 또는 금액이 많은 거래에서는 물품을 여러 번 나누어 선적하여야할 때 이를 분할선적(partial shipment) 또는 할부선적(installment shipments)이라 부른다. 따라서 분할선적과 관련하여 매매당사자간 이해가 상충되어 분쟁이 발생할 가능성이 있다. 신용장통일규칙에는 L/C상 분할선적에 관한 별도의 명시가 없는 한 분할선적을 허용하고 있다.

한편 특정 분할선적의 불이행이 계약전체의 효력에 영향을 줄 수 있는 데 이에 대하여 신용장통일규칙 별도의 명시가 없는 한 동 할부부분은 물론 그 이후에 있을 모든 할부부분에 대하여도 효력을 상실하는 것으로 규정하여 위약된 한 부분은 물론 그 이후의 분할분에 대하여도 신용장의 효력이 종료됨을 명시하고 있으므로 할부기간과 수량이 약정된 할부거래에서는 각별한 주의하여야 한다.

한편 동일항해(same voyage) 또는 동일선박(same vessel)에 의한 것이라면 운송서류상 선적일자, 선적항, 수탁지 또는 발송지가 다르게 명시되어 있더라도 이는 이를 분할선적으로 간주하지 않고 일회선적으로 본다.

2) 환적

일단 선적한 화물을 내려서 다른 선박이나 다른 종류의 운송수단에 적재하는 것을 환적(transhipment)이라 한다. 매수인의 입장에서 보면 환적 과정에서 파손위험이 있기 때문에 환적을 원하지 않을 수 있다. 그렇지만 매도인의 입장에서는 목적항으로 출항하는 직항선이 없다면 환적이 허용되는 경우 선적기일을 지킬 수 있다.

이와 같이 환적도 매매당사자의 이해관계가 다를 수 있기 때문에 만약 매수인이 환적이 금지되기 원한다면 신용장상에 “Transhipment is prohibited” 또는 “Transhipment is allowed”라고 명기하여야 한다.

신용장통일규칙에는 신용장에 환적금지의 특약이 없는 한 환적은 허용한다는 취지를 명기하고 있고 비록 환적금지의 특약이 있을 지라도 복합운송의 경우에는 환적 표시가 있는 운송서류를 수리한다고 규정하고 있다.

(4) 선적일의 증명

매도인은 자신이 계약상 선적조건을 지켰음을 증명해 보여야 하는데 바로 그것이 운송서류이다. 해상운송의 경우 선적선화증권(shipped B/L)의 양식을 이용한 경우에는 선화증권의 발급일이 곧 선적일이 된다.

그렇지만 수취선화증권(received for shipment B/L)의 양식을 사용하였을 경우 운송인이 화물수취후 선적되었음을 나타내는 'on board'부기(notation)에 표시된 날짜를 선적일로 간주한다.

기타 운송서류는 그 발행일을 선적일로 본다. 그러나 서류에 스탬프 기타의 방법으로 적송, 인수 또는 본선적재일을 표시하고 있는 때는 그 날짜를 선적일로 본다.

2. 보험조건

(1) 보험조건의 의의

운송중인 물품은 예상하지 않는 위험을 만나 손해(loss or damage)가 발생할 가능성이 있기 때문에 이러한 위험을 담보하기 위하여 적하보험(cargo insurance)에 부보하여야 한다. 적하보험을 해상운송이나 해륙복합운송의 경우 해상적하보험(Marine cargo insurance)을, 육상운송의 경우에는 운송보험(transport insurance)을, 항공운송의 경우에는 항공운송보험(Air Transport Insurance)이 이용된다.

계약체결시 보험조건(Insurance terms)에 포함되어야 할 내용은 ① 보험계약체결자와 보험료부담자, ② 사고발생시 보험을 받게될 피보험자, ③ 담보위험과 담보기간, ④ 손해보상범위 등이 있다.

(2) 보험계약자 및 피보험자

매매당사자 중 누가 보험계약을 체결하며, 보험금을 지급받는 피보험자는 누구인지는 정형거래조건에 따라 결정된다. 정형거래조건은 보험계약체결의 의무가 누구에게 있는지, 규정하고 있으며, 그에 따라 위험의 이전시기를 규정하여 피보험이익(insurable interest)이 누구에게 귀속되는지 알 수 있다. 통상 보험계약체결자와 피보험자간에 보험분쟁이 발생을 막기 위하여 INCOTERMS는 양당사자간 별도의 합의가 없는 경우 최저담보(minimum cover)를 규정하고 있다.

(3) 담보위험과 담보구간

보험계약은 운송계약과 같이 한 보험자가 다수의 계약자와 계약을 체결하므로 각 계약마다 내용을 달리할 수 없는 부합계약(contract of adhesion)이므로 보험자가 제시하는 약인을 보험계약자가 승인함으로 체결된다.

담보조건은 런던보험자협회(The Institute of London Underwriters; ILU)가 제정한 협회적하약관(Institute Cargo clauses; ICC)이다. 협회적하약관은 구약관과 신약관이 있으며 현재 둘 다 사용되고 있다.

대표적인 구약관은 전위험담보(All risks;A/R), 분손담보(With Average; WA) 및 분손부담보(Free From Particular Average; FPA)약관이 있다. 각각 이에 상응하는 신약관은 ICC(A), ICC(B) 및 ICC(C)가 있다.

구약관인 A/R은 위험을 중심으로 전위험을 담보하는 포괄담보방식이지만 여기에도 일반면책약관(General Exclusion Clauses)상의 면책위험과 전쟁 동맹파업 등 면책위험이 있다. 그렇지만 WA나 FPA는 손해를 중심으로 열거담보방식에 따라 열거된 위험에 의한 분손담보 또는 분손부담보를 명시하고 있다. WA는 통상 손해보상범위에서 면책률이 적용된다.

신약관인 (A), (B), (C)는 구약관의 A/R, WA, FPA에 각각 상응하며, 담보방식도 (A)는 포괄담보방식, (B)와 (C)는 열거담보방식을 취하나 (A), (B), (C) 모두 위험을 중심으로 담보 여부를 명시하고 있다.

3. 지급조건

(1) 지급조건의 의의

매매에서 매도인의 주의무가 물품인도의 의무라면 매수인의 주의무는 대금지급 의무이다. 대금을 받는 일은 매도인 뿐만 아니라 수출국의 외국환 관리측면에서도 매우 중요하다. 수출대금을 언제, 어디서 어떻게 받는지가 매수인의 주된 관심이다. 이 가운데 지급장소는 지급방법에 따라 결정되기 때문에 지급시기와 지급방법에 따라 여러 가지 결제수단이 동원될 수 있다.

(2) 지급시기

1) 선지급

매도인을 물품을 매수인이나 운송인에게 인도하기 전에 물품대금을 지급받는 방식이다. 선지급은 통상 매수인이 미리 물품확보를 할 수 있도록 하기 위하여 주문시나 계약시에 대금을 지급하는 방식으로 '주문도방식'(cash with order; CWO)이 있고 신용장거래에서 선지급방식은 선대(전대)신용장(red clause L/C)이 있다.

이러한 선지급방식은 매도인에게는 대금회수에 따른 위험이 없으므로 안전한 거래방식이나 매수인 측면에서는 미리 대금을 지급하였기 때문에 물품의 적기 입수에 따른 위험을 부담하여야 한다. 선지급은 견본구매나 소액거래시 이루어지면 지급방식은 송금수표나 우편환 또는 전신환 등이 이용된다.

2) 동시지급

동시지급은 매도인이 약정된 물품이나 서류를 인도할 때 대금지급이 이루어지는 것을 말한다. 물품인도시에 대금지급이 이루어지는 것을 현물상환도지급(cash on delivery; COD)이며 서류인도시에 대금지급이 이루어지는 것을 서류상환도지급(cash against document; CAD)방식이 있다.

3) 후지급 또는 연지급

선지급과 반대로 물품 또는 서류가 매수인에게 인도되고 일정기간 경과후에 매도인이 대금을 지급받는 방식을 말한다. 후지급은 매수인의 입장에서는 자금부담없이 물품을 수령하여, 이를 판매 후 그 대금으로 결제할 수 있으나 매도인의 입장에서는 대금회수에 따른 위험을 부담한다.

4) 누진 또는 할부지급

누진 또는 할부지급(progressive or installment payment)은 거래의 계약시, 주문시, 인도시 그리고 인도 후 일정기간까지 각 단계별로 대금을 지급하는 방식이다. 기계류나 플랜트 등과 같이 중장기연불수출 등에서 계약금액이 너무 크기 때문에 그 대금을 누진 또는 할부방식으로 결제한다.

(2) 지급방식

1) 현금방식

현금방식은 현물상환도지급(COD)과 서류상환도지급(CAD) 가운데 서류가 은행을 경유하지 않고 지급되는 경우이다. 실제 무역거래에서는 이러한 결제방식은 매우 드문 일이다.

2) 수표송금방식

수표는 은행수표(banker's check)와 개인수표(personal check)가 있다. 은행수표는 매수인이 거래대금에 해당하는 현금을 은행에 불입하고 은행수표를 발행받아 이를 매도인에게 송부하는 방식이다. 반면에 개인수표는 매수인이 자신의 개인수표를 발행하여 매도인에게 송부하는 방식으로 사후 지급거절 또는 부도의 위험성이 있으므로 국제결제수단으로는 잘 활용되지 않는다.

3) 환(transfer)결제방식

환결제는 송금은행이 매수인에게 수표를 발행하는 대신 수출지에 있는 지급은행에 일정금액을 매도인에게 지급해 줄 것을 위탁하는 지급지시서(payment order)를 발급하는 것을 말한다. 이러한 지급지시서를 전신으로 송부하는 것을 전신환(Telegraphic Transfer; T/T)이라고 한다.

4) 화환어음

환어음(bill of exchange)은 채권자가 채무자 또는 채무자의 거래은행 앞으로 발행하고 지급지시로 채권자가 발항하기 때문에 이를 추심어음이라고 한다. 채권자는 자신이 발행하는 환어음에 선적서류(shipping documentary)를 첨부하게 되는데 이를 화환어음(documentary bill of exchange)이라고 한다.

이러한 화환어음을 매수인을 지급인으로 할 것인지 개설은행을 지급인으로 할 것인지에 따라 계약서거래방식와 신용장거래방식로 나누어진다. 계약서거래방식은 다시 지급도(D/P)와 인수도(D/A)로 나눌 수 있다.

신용장방식의 경우 지급인에게 제시되었을 때 즉시 지급되는 일람출급어음(sight bill of exchange)과, 지급인에게 제시된 후 일정기간 뒤에 지급되는 기한부어음(Usance bill of exchange)으로 나눌 수 있다.

[Q&A] T/T 선지급 송금에 대한 안전장치

Q)

한국의 수입상은 선지급 T/T 방식으로 중국에서 물품을 수입하고자 한다. 중국의 수출상은 제3국의 별도 회사 계좌로 송금을 요청하는 상황에서 한국의 수입상이 준비할 안전장치는 무엇일까?

A)

T/T 선지급 거래조건은 수입자에게 리스크가 많은 대금결제 방식이므로 이러한 거래에서 수출상은 대단히 주의를 기울여야 한다. 이때 수입상은 수출상에게 수출선수금환급보증서(Advance Payment Bond)를 요청하여 계약 미이행에 대비할 수 있으나, 중국은 수출선수금 환급보증서를 업체들이 은행이 발행을 꺼린다는 이유로 공급을 해주지 않으려는 경우가 많다.

또 다른 안전장치는 수출계약 이행보증서(Performance Bond)를 요구하여 계약 불이행시를 대비할 수 있다. 그리고 송금처가 계약 당사자가 아닌 제3자에게 지급해야 한다면 제3자 지급에 해당되어 한국은행에 사전 신고하여 진행하는 것이 바람직하다.

[Q&A] 추심결제방식의 리스크 관리

Q)

한국의 어느 수출상은 기존의 거래처 이외 다른 거래처와 거래를 성사시킬 단계에 이르렀는데 수입업자는 은행수수료 등의 문제로 신용장방식이 아닌 D/P 또는 D/A 조건을 요구하고 있다. 그러나 수출상은 이를 선뜻 받아들이기 쉽지 않고 중요하고 성장가능성이 큰 시장이어서 고민이 되는 상황이다. 이때 추심거래에서 리스크를 최소화할 수 있는 방법은?

A)

추심거래(D/P, D/A) 방식의 거래는 수출상이 수입자에게 물품을 송부한 후 물품에 대한 환어음(Bill of Exchange)을 발행하여 은행을 통하여 추심하고 수출대금을 회수하는 거래방식이다. 추심결제방식에서 수출자는 환어음을 발행해야하며 또한 은행을 통하여 수출대금을 회수해야하고 수입자은행은 대금지급을 약속하지 않고 단순히 어음을 추심하는 업무만을 수행한다.

이와 같은 추심거래는 은행의 지급 보증이 없는 위험성이 내재하고 있으므로 바이어의 신용조회를 철저히 점검해야할 필요가 있다. 추심거래를 신용장 거래로 변경하는 것이 수출상에게 가장 바람직한 방법이 될 것이나 현실적으로 어려움이 있다면 이에 대한 안전장치로 수출보험공사의 수출보험에 가입하여 위험을 관리하는 것이 바람직하다.

수출보험제도는 그 거래물품, 방법에 따라 다르지만 수출자 또는 선적전후 수출자금을 융자한 금융기관이 신용위험과 비상위험, 기업위험으로 인하여 만기에 대금을 회수하지 못하게 됨으로써 입게 되는 손실을 정부 출연자금으로 보상하는 보상제도이다.

5 무역계약의 정형화

I. 적합한 정형계약조건의 선택

1. 정형거래조건 선택의 의미

무역은 법역을 달리하는 국가 간의 물품 등의 거래이기 때문에 해당 국가에 따라 상관습과 법률이 다른데서 오는 해석상 오해와 분쟁이 본질적으로 발생한다. 이러한 해석상 오해와 분쟁을 방지하기 위하여 전 세계 무역업계는 ICC가 제정한 정형거래조건(trade terms)으로 INCOTERMS를 활용하고 있다.

인코텀즈는 계약당사자에게 공통적으로 적용될 수 있는 합리적인 국제규칙을 제공함으로써 각국에서 일반적으로 사용되고 있는 정형거래조건에 대한 상이한 해석으로 인한 오해(misunderstanding)와 분쟁(disputes), 기타 위험요인을 제거 또는 경감하여 신속함과 경제성을 추로써는 국제상거래 상인에게 시간과 금전상의 낭비를 막아주는 것을 목적으로 하고 있다.

정형거래조건이란 물품이 매도인으로부터 매수인에게 이르는 운송 및 통관을 비롯한 모든 비용과 위험 부담의 당사자를 구분해 주는 국제매매계약의 주요소를 말한다. 계약당사자는 최초 무역계약서를 작성할 때 정형거래조건 중 특정 조건을 선택하면 이에 따라 운송 및 통관을 비롯한 제반 비용이 자동 결정된다. 그러므로 계약당사자는 계약시 거래물품 자체에 관한 상세조건 뿐 아니라 운송 및 통관을 다루는 정형거래조건을 충실히 이해하여야 한다.

정형거래조건은 각 조건별로 운송수단, 보험계약, 통관절차, 통지의무 등의 내용을 수출상으로부터 수입상에 이르는 방법으로 규정하고 있다. 따라서 계약당사자는 계약 물품의 특성과 구체적인 운송방법과 수단 등의 내용을 반영하여 적합한 정형거래조건을 올바로 선택하지 못하여 분쟁이 발생한다면 예기치 못한 큰 손실을 입을 수 있게 되므로 특별히 주의를 하여야 한다.

2. 정형거래조건 선택시 주의 사항

INCOTERMS 2000에서는 13가지 조건을 인도방식에 따라 4가지 그룹으로 구분하고, 각각의 조건에서 수출상과 수입상의 권리와 의무를 각각 10개 항으로 나누어 규정하였다. 최근 개정된 INCOTERMS 2010에서는 이를 11가지로 개정하였다. 정형거래조건에서 규정하고 있는 계약당사자의 의무 중 특별히 주요한 내용은 위험부담, 비용부담, 서류제공 등이 있는데 이를 살펴보면 다음과 같다.

첫째, 인코텀즈는 조건별로 위험부담의 분기점(critical point)을 규정하고 있다. 이는 정형거래조건 중 각 조건별로 당사자가 위험을 부담하고 상대방에게 위험이 이전되는 시기가 다르다는 것을 의미한다. 따라서 거래물품의 특성이나 관행을 반영하지 못하고 부적합한 정형거래조건을 선택하여 물품의 멸실(loss)이나 손상(damage)이 발생하였을 경우 계약당사자는 의도하지 않은 결과에 대하여 책임을 져야 한다.

둘째, 인코텀즈는 조건별로 계약당사자가 부담해야할 비용부담의 분기점을 규정하고 있다. 이러한 비용은 거래물품 자체의 원가, 이익개념과 함께 가격으로 상대방에게 이전된다. 따라서 정형거래조건을 선택하면 물품의 생산지에서 최종 목적지에 이를 때 까지 발생하는 여러 가지 비용 가운데 어느 장소 어느 시점 이전에 발생하는 비용은 매도인이 부담하고 그 이후의 비용은 매수인이 부담할 것인지의 구분이 명확해진다.

INCOTERMS(2000)에서는 C 그룹 조건을 제외하고 비용부담의 분기점과 위험부담의 분기점은 동일하게 규정하고 있음을 주의하여야 한다. 그러므로 계약당사자가 비용부담의 분기점을 잘못 이해하고 있다면 자신이 부담하지 않아도 되는 비용을 자신에게 전가되더라도 그 잘못을 인식하지도 못하고 거래를 종결하게 될 수도 있다.

셋째, 국제무역은 격지자간 거래이므로 일반적으로 수출상은 계약이행완료를 입증하는 서류를 상대방에게 제시하여 증명한다. 이러한 서류를 통상 선적서류라고 부르고 주로 화환어음(documentary bill)에 의한 결제를 이용한다.

수출상이 수입상에게 제공하여야할 서류의 종류와 요건은 필수적인 서류와 임의적인 서류로 구분하고 있다. 필수적인 서류는 수출상이 자신의 위험과 비용부담으로 계약을 이행하였음을 증명하는 서류이고, 임의적인 서류는 수입상의 요청에 따라 수입상의 위험과 비용부담으로 제공하는 형태의 서류를 의미한다.

그러므로 수입상이 요구하는 서류를 수출상이 제공하지 못할 경우 계약 불이행 요건으로 될 수도 있다. 이때 수입상이 요구하는 서류가 통상의 거래에서 요구하는 서류라면 문제가 없으나 경우에 따라 악의적인 수입상이 계약서상 독소조항을 포함시켜 수출상이 획득하기 어렵거나 사실상 불가능한 서류를 요구하여 의도적인 클레임으로 연결되는 경우도 있을 수 있다. 이러한 경우 정상적인 물품을 선적한 이후 단순한 서류의 하자를 이유로 수입상은 대금지급을 거부하거나 의도적으로 지연하는 방법을 사용하기도 한다. 따라서 수출상은 수입상에게 제공하여야할 서류의 목록을 계약 이전에 상대방에게 확인하는 것이 바람직하다.

거래조건별 당사자 의무조항

A. 매도인의 의무	B. 매수인의 의무
A1 계약에 일치한 물품의 제공	B1 대금의 지급
A2 허가, 승인 또는 통관절차	B2 허가, 승인 또는 통관절차
A3 운송 및 보험계약	B3 운송 및 보험계약
A4 인도	B4 인도의 수령
A5 위험의 이전	B5 위험의 이전
A6 비용의 분담	B6 비용의 분담
A7 매수인에 대한 통지	B7 매도인에 대한 통지
A8 인도증거, 운송서류 또는 동등한 전자통신문	B8 인도증거, 운송서류 또는 동등한 전자통신문
A9 점검 포장 화인	B9 물품의 검사
A10 기타의 의무	B10 기타의 의무

II. 정형거래조건의 의의

1. 정형거래조건의 개념

국제물품매매계약은 계약당사자의 권리 의무, 즉 매도인과 매수인의 의무로 구성된다. 그 계약에서 물품의 인도장소와 인도방법 운송, 보험계약, 수출입통관 및 위험과 비용의 부담 등에 관하여 전통적으로 확립된 관습을 그 성격에 따라 부호화하여 사용하고, 각 부호가 함축하고 있는 계약내용을 국제규칙으로 정하므로 매매당사자는 인도에 따른 계약내용을 계약서에 명기하지 않고 단지 이들 부호를 선택하므로 자신들의 계약내용을 간단하고 명료하게 확정할 수 있다. 이러한 부호를 정형거래조건(trade terms)이라 한다.

만약 계약당사자간 이들 정형거래조건에 대한 이해가 다를 경우 오해와 분쟁이 일어날 수도 있으므로 국제상업회의소(International Chamber of Commerce; ICC)가 "정형거래조건의 해석에 관한 국제규칙"(International Rules for the Interpretation of Trade Terms)을 1936년에 제정하여 현재는 INCOTERMS 2010을 사용하고 있다.

2. 정형거래조건의 목적

정형거래조건의 기능은 크게 2가지로 나눌 수 있다. 첫째는 가격조건 기능이다. 예를 들어 FOB가격조건은 매수인이 매수인에게 제시하는 가격에 포함되는 구성비용은 물품이 본선에 인도되기까지 소요되는 모든 비용을 합친 것이다. 둘째는 인도조건 기능이다. FOB조건이라고 하면 매매당사자간의 권리의무, 즉, 인도장소, 위험이전, 운송 및 보험계약의 의무, 수출입통관의무 등을 나타낸다. 따라서 통상 당사자간의 계약시 가격조건에 표시되는 정형거래조건은 위의 2가지 측면이 동시에 포함된다.

정형거래조건은 당사자가 이행할 계약내용이 함축되어 있기 때문에 묵시조건

(Implied terms)의 성격을 지니고 있다. 이것은 계약의 명시조건(Express terms)을 보완하는 기능과 거래관습의 통일된 해석기준을 제시한다. 따라서 각 국에서 사용하던 정형거래조건의 내용을 통일시켜 무역거래의 계약당사자들 사이에 발생할 수 있는 무역분쟁을 예방하고 해석의 차이로 인한 불확실성을 최소화시키는데 궁극적으로는 시간과 금전상의 낭비를 방지하는데 INCOTERMS의 제정목적을 두고 있다.

3. INCOTERMS 2000

INCOTERMS 2000에 규정된 정형거래조건은 13가지이며 그 성격에 따라 E. F, C, D의 4개 4군으로 구성된다.

첫째, "E"군은 출하지(departure)인도조건으로 매도인이 자신의 영업장구내에서 매수인에게 물품을 인도하는 조건이다.

둘째, "F"군은 주운송비미지급(main carriage unpaid)조건으로 매도인은 적출지에서 매수인이 지정한 운송인에게 물품을 인도하지만 목적지까지의 주운송비는 지급하지 않는 조건이다. 여기에는 FCA, FAS, FOB 등이 있다. 이 중에 FAS조건의 수출통관의무와 FCA의 인도방법이 INCOTERMS 2000에서 크게 바뀌었다.

셋째, "C"군은 주운송비지급(main carriage paid)조건으로 매도인은 목적지까지 운송 및/또는 보험계약을 체결하고 주운송비를 지급하지만 적출후의 위험과 추가비용은 부담하지 않는다. 이에 해당하는 것은 CFR, CIF, CPT, CIP 등이 있다.

넷째, "D"군은 도착지(arrival)인도조건으로 매도인은 목적지까지 물품을 운송하는데 따른 모든 위험과 비용을 부담하는 조건이다. 여기에 해당하는 것은 DAF, DES, DEQ, DDU, DDP 등이 있으며 INCOTERMS 2000에서는 DEQ의 수입통관의무에 큰 변화가 있었다.

한편 INCOTERMS 2000 각 조건별 매도인과 매수인간의 비용부담의 한계를 보면 다음과 같다.

INCOTERMS 2000의 구조

E Departure	EXW	Ex Works(공장인도)
F Main carriage Unpaid	FCA FAS FOB	Free Carrier (운송인인도) Free Alongside Ship (선측인도) Free on Board (본선인도)
C Main Carriage Paid	CFR CIF CPT CIP	Cost and Freight (운임포함인도) Cost, Insurance and Freight (운임 보험료포함인도) Carriage Paid to (운송비지급인도) Carriage and Insurance Paid to (운송비 보험료지급인도)
D Arrival	DAF DES DEQ DDU DDP	Delivered at Frontier (국경인도) Delivered Ex Ship (착선인도) Delivered Ex Quay (부두인도) Delivered Duty Unpaid (관세미지급인도) Delivered Duty Paid (관세지급인도)

거래조건별 비용부담의 한계

O-매도인부담 X-매수인부담		제조원가	포장검사	반출운송	수출허가	수출통관	운송비	보험료	수입허가	수입통관	반입운송
E조건군	EXW	o	o	x	x	x	x	x	x	x	x
F조건군	FCA	o	o	o	o	o	x	x	x	x	x
	FAS	o	o	o	o	o	x	x	x	x	x
	FOB	o	o	o	o	o	x	x	x	x	x
C 조건군	CFR	o	o	o	o	o	[o]	x	x	x	x
	CIF	o	o	o	o	o	[o]	[o]	x	x	x
	CPT	o	o	o	o	o	[o]	x	x	x	x
	CIP	o	o	o	o	o	[o]	[o]	x	x	x
D 조건군	DAF	o	o	o	o	o	o	o	x	x	x
	DES	o	o	o	o	o	o	o	x	x	x
	DEQ	o	o	o	o	o	o	o	x	x	x
	DDU	o	o	o	o	o	o	o	x	x	o
	DDP	o	o	o	o	o	o	o	o	o	o

※ 위의 [o] 부분은 매도인이 주운송비와 최소담보 보험료만을 부담한다는 의미이다.

또한 INCOTERMS 2000에서는 각 조건별로 매도인과 매수인의 각 상대방에 대한 의무를 각 10개 조항으로 대칭되게 분류하여 이들을 각각 매도인의 의무와 매수인의 의무로 배열하고 있다. 특히 INCOTERMS 1990부터는 전자통신문의 사용증가에 대비하여 전자통신물도 인도증빙 또는 운송서류와 동등한 효력이 있는 문서로 인정하고 있다.

4. 개정미국외국무역정의

전통적인 정형거래조건은 해상운송을 통하여 무역을 해온 영국을 중심으로 발달되어 왔다. 그러나 미국은 지리적 특수성 때문에 인접국과의 거래에서 선박을 사용하지 않는 육상운송을 이용한 거래가 많아짐에 따라 1919년 "전미국무역회의"

(National Foreign Trade Convention)에서 '수출가격조건의 정의'(Definitions of Export Quotations)를 채택하였다.

그 후 미국이 세계무역의 주도적 입장에 서게 되자 '개정미국외국무역정의'(Revised American Foreign Trade Definitions, 1941)가 제정되었다. 1941년 이후 무역관습이나 절차의 변화를 감안하여 각 조건의 명칭변경과 매매당사자의 새로운 의무를 추가하게 되었는데 이것이 "Revised American Foreign Trade Definitions, 1990"이다.

1990년 개정규칙의 각 조건은 다음과 같다.

① EXW(Ex works … named place)

② FOB

(i) FOB(named inland carrier at named inland point of departure)(지정된 내륙 출하지점에서 지정된 내륙운송인에게 인도): 매도인이 수출국내 출하지에서 매수인이 지정한 내륙운송인에게 물품을 인도하는 조건이다.

(ii) FOB(named inland carrier at named inland point of departure)Freight Prepaid to (named point of exportation)(지정된 내륙출하지점에서 지정된 내륙운송인에게 인도) (지정된 수출지점까지 운임선지급): 매도인이 수출국내 출하지에서 매수인이 지정하는 운송인에게 물품을 인도하되 해상운송출발지까지의 운임을 매도인이 부담하는 조건이다.

(iii) FOB(named inland carrier at named inland point of departure) Freight Allowed to (named point) (지정된 내륙출하지점에서 지정된 내륙운송인에게 인도) (지정된 지점까지 운임공제): 매도인은 수출국내 출하지에서 매수인이 지정한 운송인에게 물품을 인도하되 물품가격에 해상운송출발지까지의 운임을 공제하는 조건이다. 이 조건에서 운임은 해상운송출발지에서 지급되고 그 금액만큼이 송장에서 공제되므로 매도인의 운임부담은 실제로는 (ii)의 경우와 같다.

(iv) FOB(named inland carrier at named inland point of exportation)(지정된 수출지점에서 지정된 내륙운송인에게 인도) : 매도인은 자신의 비용부담으로 해상운송출발지까지 물품을 운송하여 매수인이 지정한 운송인에게 인도하는 조건이다.

(v) FOB vessel(named port of shipment) (지정선적항에서 본선적재인도) : 매도

인은 지정된 선적항에서 매수인이 지정한 본선에 물품을 적재하여 인도하는 조건이다.

(vi) FOB (named inland point in the country of importation) (수입국내의 지정된 내륙지점에서 인도) : 매도인이 물품을 수출국과 수입국에서 각각 수출통관 및 수입통관 절차를 이행하고 수입국내의 지정지점에서 인도하는 조건이다.

III. INCOTERMS 2000

1. EXW (Ex Works; 공장인도)

(1) 인도의무의 이행

'공장인도'라 함은 매도인이 물품을 수출통관하지 아니하고 어떤 수거용 차량에 적재하지 아니한 상태로 자신의 영업장구내 또는 기타 지정된 장소에서 매수인의 임의 처분하에 두었을 때 매도인의 인도의무가 완료된다.

이 조건은 매도인의 최소의무(minimum obligation)를 나타낸다. 이 조건을 영국에서는 Loco, on spot라 부르고 미국에서는 "Ex ...point of origin", "FOB Factory"라고 부른다.

(2) 위험 비용부담의 분기

EXW조건에 위험 및 비용부담의 분기점은 인도시점이다. 이 조건에서 매도인은 자신의 영업장구내에서 물품을 인도할 때까지의 부대비용을 가산한 요소비용과 이때까지의 위험을 부담한다. 그 후에 물품을 수거용 차량에 적재하고 수입국의 목적지까지 운반하는데 따른 일체의 위험과 비용을 매수인이 부담한다.

2. FCA (Free Carrier; 운송인 인도)

(1) 인도의무의 이행

'운송인인도'라 함은 매도인이 물품을 수출통관하여 지정된 장소에서 매수인에 의하여 지정된 운송인에게 인도하는 것을 의미한다. 따라서 매수인은 물품의 인도지점을 정확히 지정하여야 하며 매수인이 이를 지정하지 아니한 경우에는 매도인은 지정된 장소 내에서 자신의 목적에 가장 적합한 지점을 선택할 권리가 있다. 인도가 매도인의 영업장구내에서 이루어지는 경우 매도인은 적재의 의무를 부담하지만 기타의 장소인 경우 즉 cargo terminal인 경우 매도인은 양하책임을 부담하지 않는다.

이 조건은 복합운송을 포함하여 운송방식에 관계없이 사용될 수 있다.

(2) 위험 비용부담의 분기점

FCA조건에서 위험 비용부담의 분기점은 매도인이 합의된 시기에 지정된 장소에서 지정된 운송인에게 인도시점이다. FCA조건의 인도는 매도인의 영업창구내인 경우와 기타 장소가 있다.

전자의 경우에는 물품이 매도인의 영업장구내에서 운송인이나 그 대리인이 제공한 운송수단에 적재한 때부터 물품에 대한 위험과 비용은 매수인이 부담한다. 후자의 경우에는 물품이 지정된 장소에서 매도인의 운송수단에서 양하되지 아니하고 운송인이나 그 대리인의 처분하에 놓여진 때부터 물품에 대한 위험과 비용은 매수인에게 이전한다.

3. FAS (Free Alongside Ship; 선측인도)

(1) 인도의무의 이행

'선측인도'라 함은 매도인이 물품을 지정된 선적항에서 수출통관을 완료 후 본선의 선측에 놓았을 때 매도인의 인도의무를 이행하는 것을 의미한다. 즉 이는 매수인이 인도시로부터 물품에 대한 모든 비용과 위험을 부담하는 것을 의미한다. 위에서의 '선측'은 선박이 부두에 접안했을 경우에는 부두가 되고 선박이 내항에 정박했을 때에는 부선 내가 된다. 부두와 부선의 구체적인 인도지점은 본선이 사용하는 양하기(tackle)나 다른 선적용구가 도달할 수 있는 장소를 의미한다.

(2) 위험 비용의 분기점

FAS조건에서 위험 비용부담의 분기점은 선측인도시점이다. 한편 매수인은 물품이 선측에 놓여진 이후 모든 위험과 비용을 부담한다. 특히 비용항목을 보면 선적전 검사비(PSI), 본선적재비(loading charge), 창내적부 정돈비(stowage and trimming charge), 해상운임(freight), 해상보험료(marine insurance premium), 목적항에서의 양륙비(unloading charge), 수입통관비 등을 부담하여야 한다.

4. FOB (Free on Board; 본선인도)

(1) 인도의무의 이행

'본선인도'란 물품이 지정된 선적항에서 본선의 난간을 통과할 때 매도인의 인도의무가 이행된다. 매수인은 이때부터 물품에 대한 위험과 비용을 부담한다. FOB조건은 단지 해상운송 또는 내수로운송에만 사용될 수 있다. FOB조건은 CIF조건과 함께 국제무역에서 가장 오래되었고 가장 많이 사용되고 있는 조건이다.

(2) 위험 비용부담의 분기점

FOB조건에서 위험 비용부담의 분기점은 물품이 본선의 난간을 통과한 시점이다. 즉, 매도인은 본선에 장치된 양하기 등의 선적장치에 의하여 물품이 본선의 난간을 통과할 때까지 모든 위험과 비용을 부담하며, 반대로 매수인은 물품이 본선의 난간을 통과한 후 발생하는 모든 비용과 위험을 부담하여야 한다. 즉 여기에는 물품의 창내적부 정돈비(stowage ad trimming charge)등을 포함하여 목적지까지의 운임과 보험료, 수입관련의 비용일체를 브담하여야 한다.

(3) 고유의미의 FOB와 추가의무부 FOB

고유의미의 FOB계약은 매도인이 매수인에 의하여 지정된 본선에서 물품을 인도하고 인도후의 위험과 비용은 매수인이 부담하는 계약이다. 고유의미의 FOB계약에 그 본질을 3가지로 설명할 수 있다.

첫째, FOB계약은 선적지매매계약이다. 물품은 선적지의 본선에서 인도되지만 매수인이 직접 인도수령을 할 수 없기 때문에 운송인이 매수인의 수탁자로서 이를 수령한다.

둘째 FOB계약은 해상매매계약이다. FOB계약은 해상운송을 전제로 하고 선적지 해상의 출발지에 정박한 본선에서 인도가 이루어진다. 따라서 "Free On Board"의 "Board"는 선내의 뜻으로 갑판을 가리킨다. 그렇지만 FOB조건은 육상운송에도 사용하고 있는 미국에서는 "Board"의 의미를 철도나 화물자동차의 내부의뜻으로 해석된다.

셋째, FOB계약은 현실적 인도(actual delivery)계약이다. ct 계약에서는 매도인이 물품인도의무를 이행하매도자신의 인도의무가 완성된다. 현실적 인도이기 때문에 물품의 인도와 대금의 지급이 동시이행조건(concurrent condition)이다. 그렇지만 실제로는 매도인과 매수인 서로 멀리 떨어져 있기 때문에 동시이행조건의 이행이 불가능하다. 그러므로 매도인은 현물이 아닌 서류와 환어음을 첨부하여 대금을 회수하는 관행을 화환특약부 FOB라고 부른다.

또한 서류에는 물품에 대한 권리증권(document of title)인 선화증권이 포함되어 있다. FOB조건에서는 매수인이 운송계약의 당사자이기 때문에 운송계약의 증빙서류인 선화증권을 매수인이 취득하여야 하지만 매도인이 화환어음으로 대금을 회부하기 위해서는 담보물권을 제공하여야 하기 때문에 매도인이 선화증권을 발급받게 된다. FOB조건이 이러한 형태로 바뀌게 된 것은 운송특약부 FOB라 부른다.

따라서 고유의미의 FOB나 INCOTERMS의 FOB도 운송특약과 화환특약이라는 매도인의 추가의무(additional duties)의 방법에 따라 실무적으로 사용되고 있다.

5. CFR (Cost and Freight; 운임포함인도)

(1) 인도의무의 이행

'운임포함인도'라 함은 물품이 선적항에서 본선의 난간을 통과하는 때에 매도인의 인도의무가 이행되는 것을 의미한다. 이 조건에서는 매도인이 목적항까지 물품운송에 필요한 운임을 부담하지만 물품에 대한 위험과 추가적인 비용은 물품이 선적항에서 본선의 난간을 통과 할 때 이전하기 때문에 위험부담의 이전시기와 비용부담의 이전시기가 불일치한다. CFR조건은 매도인이 목적항까지 보험료를 부담하지 아니한다는 점에서 CIF조건과는 다르지만 지정된 목적항까지의 운임이 포함된 복합가격을 형성하고 또 서류에 의한 상징적 인도(symbolic delivery)조건이란 점에서 CIF조건과 본질적으로 같다.

(2) 위험 비용부담의 분기점

CFR 조건에서 매도인은 물품이 지정된 선적항에서 본선의 난간을 통과한 때까지 물품의 손해에 따른 모든 위험을 부담하기 때문에 위험의 분기점은 FOB나 CIF와 같이 본선 난간의 통과시점이다. 또한 매도인은 선적항에서 물품을 본선에 인도할 때까지의 모든 비용에 목적항까지의 운임을 부담하여야 한다. 결국 CFR조건에서 매도인은 자신의 위험부담구간의 비용과 매수인의 위험부담구간의 비용 중 운임을 부담하기 때문에 복합가격이라고 할 수 있다.

6. CIF (Cost, Insurance and Freight; 운임 보험료 포함인도)

(1) 인도의무의 이행

"운임 보험료포함인도"란 매도인이 목적항까지 물품의 운송에 필요한 비용을 지급하지만 물품에 대한 위험은 물픔이 선적항에서 본선의 난간을 통과할 때 매수인에게 이전하는 조건이다.

CIF조건에서는 해상운송 중의 위험을 매수인이 부담하는 반면 매도인이 보험계약을 체결하고 보험료를 지급하여야 하기 때문에 양자간 보험에 관한 분쟁이 발생할 가능성이 있다. 따라서 INCOTERMS에서는 반대의 명시적 합의가 없는 한 매도인은 협회적하약관(Institute Cargo Clauses)이나 이에 준하는 약관의 최저담보조건으로 부담할 것과 매도인이 수출통관의무를 이행할 것을 규정하고 있다. 이 조건은 해상운송이나 내수로 운송에만 사용될 수 있음을 유의하여야 한다.

(2) 위험 비용부담의 분기점

CIF조건도 CFR조건과 같이 위험과 비용의 분기점이 일치하지 않는다. 매도인은 물품이 선적항의 본선난간을 통과할 때까지 물품손해에 따른 위험을 부담하며 그 후 물품에 대한 모든 위험은 매수인이 부담한다.

그렇지만 매도인은 선적항에서 물품을 본선에 인도할 때까지의 모든 관련 비용에 목적항까지의 운임과 보험료를 추가하여 부담하여야 한다. 반면에 매수인은 목적항까지의 운임과 보험료를 제외하고 물품이 선적항에서 본선에 인도된 때부터 그 물품에 관련된 추가비용을 부담하여야 한다.

(3) CIF 계약의 특성

CIF조건은 19세기 초 영국에서 생성된 것으로 본질면에서 여러 가지 특성을 지니고 있다.

첫째, CIF계약은 FOB나 CFR 조건과 같이 해상운송만을 전제로 하기 때문에 해상매매계약에 속한다.

둘째, CIF 계약은 물품이 선적항의 본선난간을 통과할 때 매도인의 인도의무가 이행되는 선적지 매매조건이다. 따라서 매도인은 선적후 물품이 멸실되어 목적항에 도착하지 아니하더라도 선적항에서 계약에 일치한 물품의 선적을 입증하는 서류를 제공하는 한 대금지급을 받을 수 있다.

셋째, CIF 계약은 현물매매와 서류인도라는 특수한 계약적 성격을 지니고 있다. 즉, 매도인은 계약에 일치하는 물품을 인도하고 서류를 제공하므로 자신의 인도의무가 이행되는 복합적 성격을 지닌 계약이다. 당사자간의 매매의 본질은 물품이지만 대금지급은 선적서류에 의하여 이루어지므로 상징적 인도(symbolic delivery)의 성격을 지니고 있다. 즉, 매매의 본질은 물품이지만 인도의 이행방법은 서류이기 때문에 인도와 관련하여 매도인은 중복된 인도의무를 지닌 것으로 보아야 한다. 결국 CIF는 서류인도로 이행되는 물품매매계약이라고 할 수 있다.

넷째, CIF가격은 매도인의 위험부담구간의 비용인 "C"와 매수인의 위험부담구간의 비용인 "I+F"를 합하여 매도인이 부담하기 때문에 복합가격이라고 할 수 있다.

7. CPT (Carriage Paid To; 운송비지급인도)

(1) 인도의무의 이행

"운송비지급인도"라 함은 매도인이 스스로 지정한 운송인에게 물품을 인도하되 지정된 목적지까지 물품을 운반하는데 필요한 운송비를 추가로 지급하여야 한다.

여기서 "운송인"(Carrier)이라 함은 운송계약에 따라 철도 도로 해상 항공 내수로 또는 복합운송을 이행하거나 또는 그러한 이행을 조달할 것을 약정하는 모든 자를 의미한다. 따라서 목적지까지 여러 운송인에 의하여 운송될 경우에는 최초의 운송인에게 물품이 인도될 때 매도인의 인도의무가 종료된다.

CPT조건은 FCA조건과 같이 매도인이 수출통관의무를 이행하여야 하며 또한 이 조건은 복합운송을 포함하여 모든 운송방식에 사용될 수 있다. 또한 이 조건은 매도인이 목적지까지 운송계약을 체결하고 운송비를 지급한다는 점에서는 CFR과 유사하지만 CFR은 해상운송을 전제로 하는데 반하여 CPT조건은 해상운송을 포함하여 모든 운송에 사용될 수 있다.

(2) 위험 비용부담의 분기점

이 조건도 선적지 인도조건으로 매도인은 자신이 지정한 운송인에게 물품을 인도하면 자신의 인도의무가 이행되어 위험부담이 매수인에게 이전되지만 비용 중 운송비는 목적지까지 매도인이 부담하므로 위험과 비용의 분기점이 일치하지 않는다.

즉 매도인은 물품을 운송인에게 인도하기까지의 일체의 비용에 물품의 적재비를 포함하여 목적지까지의 운송계약에 따른 비용과 운반비, 그리고 운송계약 체결시 목적지에서의 양하비가 운송비에 포함될 경우 이러한 비용을 부담하여야 한다.

8. CIP (Carriage and Insurance Paid to; 운송비보험료지급인도)

(1) 인도의무의 이행

"운송비 보험료지급인도"란 매도인이 선적지에서 자신이 지정한 운송인에게 물품을 인도하되 지정된 목적지까지 운송계약과 보험계약을 체결하고 운송비(carriage)와 보험료(insurance premium)를 지급하는 조건이다. 이때 매도인은 최저담보조건으로 부보하는 것으로 충분하고, 매수인이 보다 큰 담보를 원한다면 사전에 매도인과 명시적인 합의가 필요하다.

여기서 "운송인"이라 함은 운송계약에 있어서 철도, 도로, 항공, 해상, 내수로 또는 이들의 복합방식에 의한 운송을 이행하거나 또는 이행을 조달할 것을 약정하는 모든 자를 의미한다. CIP조건은 매도인이 운송계약과 보험계약을 체결한다는 점에서 CIF와 같지만 CIF조건에서의 인도는 해상운송인에게 한정된다는 점이 차이이다.

(2) 위험 비용부담의 분기점

CIP조건도 CPT 조건과 같이 위험과 비용의 분기점이 일치하지 않는다. 위험은 선적지에서 매도인이 스스로 지정한 운송인에게 물품인도시 이전되지만 비용은 인도시까지 발생하는 모든 비용에 목적지까지의 운송비와 보험료를 추가하여 부담하여야 한다.

물론 목적지에서의 양하비가 포함된 경우 이것도 부담하여야 한다. 반면 매수인은 목적지까지 운송비와 보험료를 제외하고 물품이 운송인에게 인도된 때로부터 그 물품에 관련된 모든 비용을 부담하여야 한다.

9. DAF (Delivered at Frontier; 국경인도)

(1) 인도의무의 이행

"국경인도"라 함은 매도인이 물품을 수출통관하여 수입통관되지 아니하고 양하하지 않은 상태로 인접국가(adjoining country)의 관세선을 넘기 전에 국경의 지정된 지점과 장소에 도착하는 운송수단 상에서 매수인의 임의처분에 적치된 때에 매도인의 인도의무가 이행되는 것을 의미한다.

여기서 "국경"(frontier)이라는 용어는 수출국가의 국경을 포함하여 모든 국가의 일반적인 국경을 의미한다. 따라서 DAF조건에서는 항상 국경의 구체적인 지점과 장소를 지정하여 해당되는 국경을 명확히 하는 것이 중요하다.

(2) 위험 비용부담의 분기점

DAF 조건은 매도인이 물품을 인접국가의 관세선을 넘기 전 국경의 지정된 지점에 도착하는 운송수단 상에서 매수인의 임의처분하에 두었을 때 자신의 인도의무를 이행하며 그때까지 위험과 비용을 부담한다. 그 후부터 물품에 대하여 발생하는 모든 위험과 비용은 매수인이 부담하여야 한다. 즉, 매도인은 지정된 국경의 인도장소까지 운송비(carriage), 수출허가와 수출통관 및 제3국으로의 사전통과를 위한 모든 통관절차와 비용, 관세, 조세 등을 부담하여야 한다.

10. DES (Delivered Ex Ship; 착선인도)

(1) 인도의무의 이행

"착선인도"란 매도인이 물품을 수입통관하지 않고 지정된 목적항의 본선의 갑판상에서 매수인의 임의처분하에 두었을 때 매도인의 인도의무가 이행된다.

DES 조건은 현실적으로 매도인이 목적항까지 운송계약과 보험계약(의무는 아님)을 체결한다는 점에서 CIF 조건과 유사하다. 그러나 CIF조건은 서류인도로 매도인이 인도의무를 이행하지만 DES조건은 현물인도조건이다. 그리고 CIF 조건은 매도인이 매수인을 위하여 부보하는데 반하여 DES 조건은 매도인이 부보한다면 자신의 피보험이익을 보호받기 위함이다. 양자를 비교하면 다음과 같다.

CIF와 DES 조건의 비교

	인도장소	위험 분기점	비용 분기점	보험계약	인도방식
CIF	선적항의 본선상	선적항 본선	목적항까지 운임 보험료	매수인을 위하여 매도인이 부보	서류인도
DES	목적항의 본선상	목적항의 본선상	목적항의 본선상	매도인 자신을 위하여 부보	현물인도

(2) 위험 비용부담의 분기점

DES조건에서 매도인이 목적항의 본선상에서 물품을 매수인의 임의처분하에 두었을 때까지 모든 위험과 비용을 매도인이 부담한다. 반대로 물품이 본선의 갑판상에서 매수인의 임의처분에 놓인 때부터 모든 위험과 비용은 매수인이 부담한다.

따라서 매도인은 선적항에서의 수출허가와 수출통관, 본선적재비, 창내적부 정돈비(stowage and trimming charge)는 물론 목적항까지 해상운송계약이나 복합운송계약에 따른 운임이나 운송비 및 보험료를 부담하여야 한다.

반면 매수인은 목적항에서의 수입허가와 통관비, 목적항의 본선상에서 양하기나 양하장비에 의한 양륙비(discharging costs)와 부두사용료, 최종목적지까지의 반입운송비(on-carriage), 수입당국이 요구하는 선적전검사의 비용, 기타 물품의 수령불이행 또는 매도인에 대한 통지급이행으로 인한 비용 등을 부담하여야 한다.

11. DEQ (Delivered Ex Quay; 부두인도)

(1) 인도의무의 이행

"부두인도"라 함은 매도인이 물품을 통관하지 않은 채 지정된 목적항의 부두(quay 또는 wharf)에서 매수인의 임의처분하에 두었을 때 매도인의 인도의무가 이행된다.

이 조건은 "Ex Wharf", "Ex Pier" 등으로 칭하여지기도 하며, 개정미국외국무역정의(1990)에서의 "Ex quay delivered"와 비교되는 것으로 해상운송이나 내수로 운송에만 사용되는 도착지 인도조건이다.

DEQ 조건에서 매도인은 물품이 지정된 목적항의 부두에 양륙하기까지 위험과 비용을 부담하지만 수입통관과 수입관세 및 기타 비용은 매수인이 부담한다. INCOTERMS 1990 에서는 수입통관과 관세지급의무를 매도인에게 부과했으나 통관절차의 사정을 잘 아는 관련국가의 거주자인 매수인이 이를 부담하는 것이 적절하다고 판단되어 INCOTERMS 2000에서는 이를 매수인의 의무로 규정하였다.

(2) 위험 비용부담의 분기점

DEQ 조건에서 매도인은 지정된 목적항에 도착한 물품을 부두상에서 매수인의 임의처분하에 두었을 때까지 물품에 대한 모든 위험과, 운임 보험료를 비롯한 모든 비용을 부담하고, 매수인은 그 이후의 모든 위험과 비용을 부담하여야 한다.

예컨대 매도인은 선적항에서의 수출허가와 수출통관비, 본선적재비와 창내적부정돈비 목적항까지의 운임 및 보험료, 목적항에서의 양륙비를 부담하여야 한다.

한편 매수인은 목적항에서의 수입허가와 수입통관비, 부두상에서 자신의 임의처분하에 인도된 물품의 각종 부두사용료(wharfage), 최종목적지까지의 반입운송비, 수입국 당국이 요구하는 선적전검사의 비용, 기타 물품의 수령불이행이나 매도인에 대한 통지급이행으로 인하여 발생한 추가비용 등을 부담하여야 한다.

12. DDU (Delivered Duty Unpaid; 관세미지급인도)

(1) 인도의무의 이행

"관세미지급인도"란 매도인이 물품을 수입통관하지 아니하고, 지정된 목적지에 도착한 운송수단으로부터 물품을 양하하지 아니한 상태로 매수인에게 인도하는 것을 의미한다. 이 조건에서 "관세"란 수입통관의 책임과 위험, 및 절차, 관세, 조세 및 기타 부과금의 지급 등을 포함한다.

따라서 DDU 조건에서는 최종목적지까지의 운송책임은 매도인에게 있으나 수입통관과 관세납부책임은 매수인에게 있다. 만약 매수인이 적기에 수입통관의무를 이행하지 않아서 발생하는 추가적인 비용과 위험은 매수인이 부담하여야 한다. 만약 당사자들간에 매도인이 수입통관절차를 이행하고 이에 따른 비용을 부담하고자 한다면 매매계약서에 그러한 취지를 명시하여야 한다.

(2) 위험 비용부담의 분기점

DDU 조건에서 물품에 대한 위험과 비용부담의 분기점은 물품이 합의된 시기에 지정된 목적지에서 운송수단으로부터 양하되지 아니하고 매수인의 임의처분에 놓여졌을 때이다. 다만 수입통관절차의 모든 비용과 위험은 매수인의 부담에 속한다.

즉, 매도인은 수입통관절차의 위험과 비용을 제외하고 물품을 목적지에서 매수인에게 인도할 때까지의 모든 위험과 비용을 부담하여야 하며, 매수인은 그 물품이 인도된 때부터 모든 위험과 비용을 부담한다.

구체적으로 매도인은 수출허가와 수출통관비, 적재비와 창내적부 정돈비, 수입지까지의 국제운송계약에 따른 주운송비(main carriage)와 보험료는 물론이며 수입지에서의 양하비와 수입국내의 최종목적지까지의 반입운송비(on-carriage)를 부담하여야 한다.

반면 매수인은 수입지에서의 수입허가와 통관비, 수입관세, 최종목적지에서 물품이 자신의 임의처분하에 맡겨진 후 운송수단으로부터 물품의 양하비, 창고료, 수입국 당국이 요구하는 선적전 검사의 비용, 기타 물품의 수입통관의 불이행 또는 매도인에 대한 통지급이행으로 인한 추가비용 등을 부담하여야 한다.

13. DDP (Delivered Duty Paid; 관세지급인도)

(1) 인도의무의 이행

"관세지급인도"란 매도인이 물품을 수입통관하여 최종목적지까지 운반한 후 운송수단으로부터 양하하지 아니한 상태로 매수인에게 인도하는 조건이다.

DDP 조건은 매도인이 수입허가를 취득하고 수입통관의 절차와 이에 따른 관세, 조세 및 부과금을 부담하고 물품을 지정된 목적지까지 운반하여 매수인에게 인도하여야 한다. 따라서 EXW 조건이 13가지 정형거래조건 중에서 매도인의 최소의무를 나타낸다면 DDP 조건은 매도인의 최대의무를 나타낸다고 볼 수 있다.

그렇지만 DDP 조건은 매도인이 수입지에서 직접 또는 간접적으로 수입허가와 수입통관절차를 이행할 수 있는 경우 즉, 자신의 지점이나 대리점을 수입지에 두고 있는 경우에 사용하기에 적합하다. 그렇지만 매수인이 수입통관과 관세를 부담한다면 DDU조건을 사용하여야 한다.

(2) 위험 비용부담의 분기점

DDP 조건에서 물품에 대한 위험과 비용부담의 분기점도 물품이 합의된 시기에 지정된 목적지에서 운송수단으로브터 양하하지 아니한 채 매수인의 임의처분에 두었을 때이다.

즉, 매도인은 수입통관절차의 비용과 위험을 포함하여 물품을 목적지에서 매수인에게 인도할 때까지의 모든 위험과 비용을 부담하여야 하며, 그 물품이 인도된 때부터의 모든 위험과 비용은 매수인이 부담한다. 예컨대 매도인은 선적지에서의 수출허가와 통관비, 적재비와 창내적부 정돈비, 수입지까지의 운송계약에 따른 운송비와 보험료, 수입지에서의 양하비(discharging costs), 수입허가와 통관비, 수입국내의 최종목적지까지의 반입운송비(on-carriage)를 모두 부담하여야 한다.

반면 매수인은 최종목적지에서 물품이 자신의 임의처분하에 놓여진 후 운송수단으로부터의 양하비, 창고료, 수입국 당국이 요구하는 선적전검사비용, 기타 목적지에서 물품의 수령불이행 또는 매도인에 대한 통지급이행으로 인한 추가비용 등을 부담하여야 한다.

인코텀즈의 제정 및 개정조건 비교

Incoterms 2000	Incoterms 1990	Incoterms 1980	Supplement 1976	Montreal Rules 1967	Incoterms 1953	Incoterms 1936	Trade Terms 2nd ed. 1929	Trade Terms Defintiion 1923
EXW	EXW	EXW	⇤	⇤	Ex Works	Ex Works		
FCA	FCA	FRC				Free…		
	↕	FOR/FOT	⇤	⇤	FOR/FOT	FOR/FOT	FOR/FOT	FOR/FOT
	↕	FOA	FOB Airport					
FAS	FAS	FAS	⇤	⇤	FAS	FAS	FAS	
FOB	FOB	FOB	⇤	⇤	FOB	FOB	FOB	FOB
CFR	CFR	CFR	⇤	⇤	C&F	C&F	C&F	
CIF	CIF	CIF	⇤	⇤	CIF	CIF	CIF	CIF
CPT	CPT	DCP	⇤	⇤	DCP*	DCP*		
CIP	CIP	CIP						
DAF	DAF	DAF	⇤	DAF*				
DES	DES	EXS	⇤	⇤	Ex Ship	Ex Ship		
DEQ	DEQ	EXQ	⇤	⇤	Ex Quay	Ex Quay		
DDU	DDU							
DDP	DDP	DDP	⇤	DDP*		Free or Free Delivered	Free Delivered	Free Delivered

Ⅳ. INCOTERMS 2010

1. INCOTERMS 2010의 개요

INCOTERMS 2010은 종전과 같이 3개의 문자가 기본단위로 구성되어 있고 무역계약에서 매도인으로부터 매수인에게 계약물품을 인도과정에서 발생하는 계약의무, 위험, 비용부담에 관한 국제적인 상관습이다. 따라서 INCOTERMS 2010은 다음과 같은 사항에 유의하여 활용하여야 할 것이다.

(1) 매매계약서상에 반드시 ' NCOTERMS 2010'으로 표기

매매계약에서 반드시 'INCOTERMS 2010'로 표기하여야 한다. 왜냐하면 동일한 정형거래조건의 형태가 기존의 INCOTERNS에서도 존재하고 있기 때문에 정확한 버전을 표시하지 않을 경우에는 계약당사자간에 부담해야할 비용과 위험의 분기점에 관하여 오해와 분쟁이 발생할 수 있기 때문이다. 예컨대, FOB Busan port (INCOTERMS 2010)이라고 버전을 명시하는 것이 분쟁을 사전에 예방할 수 있다.

(2) 적절한 INCOTERMS 조건 채택

매매계약의 당사자는 계약에서 자신이 의도하고 있는 모든 내용을 분명히 하여 계약의 이행과정에서 발생하는 추가의무의 설정과 같은 내용이 오해가 없도록 하여야 한다. 예컨대 INCOTERMS 상에서는 계약물품의 인도의무, 위험, 비용부담 및 보험에 관한 의무가 매도인과 매수인 중 어느 쪽에서 부담하여야 할 것인지를 규정하고 있으므로 이를 반영하여 적절한 INCOTERMS 정형거래조건을 채택하여야 한다. 이에 INCOTERMS상의 가이드에서는 INCOTERMS의 각 정형거래조건을 어떤 기준으로 결정해야하는지 기준을 제시하고 있다.

(3) 물품인도 장소 구체적 명시

무역계약에서 계약당사자가 물품을 인도하기로 결정한 장소가 항구이거나 또는 내륙의 어느 지점이거나 이에 대하여 최대한 상세히 인도장소를 명시하여야 한다.[4)]예컨대,

(4) INCOTERM의 적용범위

INCOTERMS는 매매계약 이외의 운송, 보험 및 지급계약 등에 대하여는 적용되지 아니하며, 매매계약에 있어서도 소유권의 이전, 계약위반과 권리규제 또는 의무면제의 사유 등에 관하여는 전혀 다루지 아니한다는 점을 유의하여야 한다. 이러한 문제들은 매매계약상의 다른 규정과 그 준거법에 의하여 해결되어야 하기 때문에 계약시에 국제물품매매계약에 관한 유엔협약(CISG) 등과 같이 당해 거래에 적용이 가능한 준거법(governing law)을 명시적으로 합의해 두는 것이 중요하다. 또한 INCOTERMS는 국제적인 통일법이나 조약과 같은 강행력을 갖지 못하고 각국에서 이를 공식적으로 채택하거나 법률에 의하여 적용되어지는 것이 아니라, 계약당사자들간의 합의에 따라 적용되는 임의규범이라는 사실을 유의하여야 한다.

2. INCOTERMS 2010의 주요개정 내용

(1) 정형거래조건의 구분변경 및 감소

기존의 INCOTERMS 2000에서는 13가지 조건을 E, F, C, D 4개 Group으로 분류하였으나 INCOTERMS 2010에서는 이를 복합운송조건과 수상운송전용조건으로 구분방법을 변경하였다.[5)]

---

4) 예컨대, FCA 38 Cours Albert 1er, Paris, France INCOTERMS 2010

5) 이는 실무상 컨테이너화물의 경우에는 복합운송조건을 사용하는 것이 바람직한데도 불구하고 적절하게 사용하지 못하는 것을 바로잡고자 INCOTERMS 2010에서는 복합운송조건을 전면에 배치하였다.

복합운송조건은 하나 또는 하나 이상의 운송방식이 결합된 운송방식으로 운송방식에 상관없이 모든 운송조건에 적용될 수 있다.

수상운송전용조건은 전통적으로 사용 활용도가 대단히 높은 조건으로 대부분의 국제무역에서 활용하고 있다. 수상운송전용조건 중 FOB, CFR, CIF조건에서 위험이전시점을 기존의 'ship's rail' 대신에 'on board'(the vessel)(본선적재)라는 기준을 채택하였다.[6)]

INCOTERMS 2010에서는 기존 정형거래조건의 DAF, DES, DEQ, DDU 조건이 삭제되고 DAT와 DAP조건이 신설되었다. DAF, DEQ, DDU는 DAP로 흡수되었고 DES가 DAT로 변경되었다. 따라서 정형거래조건이 기존 13개에서 11개로 감소되었다. INCOTERMS 2010의 정형거래조건의 구분변경 및 감소는 표를 참조한다.

---

6) 본선난간(ship's rail)이라는 가상의 수직선이라는 관념상의 기준을 본선적재(on board the vessel)라는 기준을 채택함으로 매도인과 매수인간의 위험이전시점에 관한 안정성을 제고하여 분쟁의 여지를 제거하고자 하는 취지이다.

INCOTERMS 2000과 2010의 비교

<table>
<tr><th colspan="2">INCOTERMS 2000</th><th colspan="2">INCOTERMS 2010</th></tr>
<tr><td>E조건</td><td>• EXW(EX Work)</td><td rowspan="2">복합
운송</td><td rowspan="2">•EXW(EX Works)
•FCA(Free Carrier)
•CPT(Carriage paid to)
•CIP(Carriage and Insurance paid to)
•DAT(Delivered At Terminal)
• DAP(Delivered At Place)
• DDP(Delivered Duty Paid)</td></tr>
<tr><td>F조건</td><td>•FCA(Free Carrier)
•FAS(Free Alongside Ship)
•FOB(Free On Board)</td></tr>
<tr><td>C조건</td><td>•CFR(Cost and Freight)
•CIF(Cost, Insurance and Freight)
•CPT(Carriage paid to)
•CIP(Carriage and Insurance paid to)</td><td rowspan="2">해상
운송</td><td rowspan="2">•FAS(Free Alongside Ship)
•FOB(Free On Board)
•CFR(Cost and Freight)
•CIF(Cost, Insurance and Freight)</td></tr>
<tr><td>D조건</td><td>•DAF(Delivered At Frontier)
•DES(Delivered Ex Ship)
•DEQ(Delivered Ex Quay)
•DDU(Delivery Duty Unpaid)
•DDP((Delivery Duty Paid)</td></tr>
</table>

(2) 국제거래 뿐만 아니라 국내거래 사용 공식화

INCOTERMS는 국제매매계약에 주로 사용하였으나 INCOTERMS 2010은 국제거래 뿐만 아니라 국내매매계약에도 적용하기 위하여 기존의 공식명칭을 " International Rules for the Interpretation of the Trade Terms에서 "ICC rule for the use of Domestice and International trade terms"으로 변경하였다.

INCOTERMS의 공식명칭의 변경은 최근 국제무역환경의 새로운 경향은 블록화와 FTA 등이 확산되는 추세이고 특히 EU와 같은 경제권으로 변화됨에 따라서 국경의 의미가 퇴색하는 경향을 보이고 있기 때문에 국내거래와 국제거래의 차이점이 감소하고 있기 때문이다.

이러한 공식명칭의 변경은 실무상 국내매매계약에서 흔히 INCOTERMS가 사용되고, 또한 미국에서도 기존의 미국통일상법전(Uniform Commercial Code; UCC)의 정형거래조건 대신 INCOTEMRS를 사용하는 경향이 증가하고 있다는 점을 반영한 것이다.

(3) 전자적 통신에 관한 규정 개정 및 신설

기존의 INCOTERMS 2000에서는 EDI 전자서류를 대체할 수 있는 서류를 인도의 증거 또는 운송서류로 특정하였다. 하지만 INCOTEMRS 2010에서는 계약당사자가 합의하고 관행이 있는 경우에 전자서류도 허용됨을 보다 명확히 하였다.[7)]

(4) 보완에 관한 규정 신설

보완에 관한 규정의 신설은 최근 물품자체의 특성 이외의 문제로 인명과 기타 물품에 위협이 되지 않도록 확인을 요구하는 물품에 대한 보안검색이 증가하는 추세를 반영하였다.

INCOTERMS 2010의 각 정형거래조건의 A2/B2에 통관의무에 보안에 관한 사항이 포함됨을 명확히 하였고, A10/B10에서는 상대방에게 통관에 필요한 보안에 관한 정보를 제공하거나 그 취득에 협력을 제공하여야 할 의무를 규정하였다. 따라서 INCOTERMS 2010에서는 매도인 또는 매수인은 보안에 관련된 의무를 부담하여야 한다.

(5) THC에 관련된 규정 추가

CPT, CIP, CFR, CIF, DAT, DAP, DDP조건에서는 매도인이 매수인과 합의한 목적지까지 물품을 운송하기 위한 운송수배를 하여야 하고 운송비를 부담하여야 한다. 전술한 정형거래조건에서 운송비는 매도인이 지급하지만, 운송비는 매도인이 제시

---

7) INCOTERM 2010에서는 각 정형거래조건 A1/B1 규정에 "Any documents referred to in (A1-A10)(B1-B10) may be equivalent electronic record or procedure if agreed between the parties or customary"라는 규정을 추가하였다.

한 가격에 포함된 것으로 실제 운송비는 매수인이 지급하는 것이다. 이러한 운송비에는 항구나 컨테이너 터미널 내에서 물품취급하고 운반하는 비용을 포함하고 있는 경우도 있다. 하지만 부두 또는 컨테이너 터미널에서 운송인이나 터미널 운영자들이 항구내에서 또는 컨테이너 터미널내에서 물품의 취급하거나 운반하는 비용을 즉, THC비용(Terminal Handling Charges)을 매수인에게 부과하는 경우가 있다.

이 경우에 매도인은 이미 운송비를 선지급하였음에도 불구하고 매수인에게도 동일한 비용이 중복청구되는 경우가 발생할 수 있으므로 이러한 오해를 제거하기 위하여 INCOTERMS 2010에서는 A6/B6 규정을 통하여 이를 분명히 하였다.

(6) 전매(string sales)에 관한 규정 신설

제조물이 아닌 곡물 또는 광물 등의 매매의 경우에는 운송 중에 여러 차례 전매 될 수 있다. 2차 매도인으로서 운송 중 물품을 인도하는 매도인은 자신이 직접 물품을 선적하여 인도하지 않고, 선적되어 운송 중인 물품을 조달(procure)하여 계약물품의 인도를 이행하게 된다. INCOTERMS 2010에서는 매도인을 물품을 선적하거나 또는 선적된 물품을 조달하여 인도하는 것도 계약물품을 인도한 것으로 규정하고 있다.

(7) INCOTERMS 조건의 변형

매도인과 매수인은 INCOTEMRS규정에 조건을 추가하거나 그 조건을 변경하여 사용할 수 있다. 단, 기존조건의 변경으로 계약당사자의 의무와 권리를 표시하는 것에 오해가 발생하지 않도록 특별히 조심하여 그 내용을 분명히 표시하여야 한다고 규정하고 있다. 왜냐하면 INCOTERMS 2010에서는 그 조건의 변형을 금지하지 않지만 변형으로 인하여 위험이 존재하기 때문이다.

3. INCOTERMS 2010의 각 거래조건

INCOTERMS 2010은 복합운송조건과 수상운송전용조건으로 나눌 수 있다.

(1) 복합운송조건

1) EXW(EX WORKS; 공장인도조건)

EXW (insert named place of delivery; 인도지정장소 명시) Incoterms® 2010

EXW는 선택된 운송수단의 종류와 관계없이 사용될 수 있고, 그리고 한 개 또는 그 이상의 운송수단이 적용되는 곳에서 또한 사용될 수 있다.

EXW는 매도인의 구내영업장 또는 다른 지정된 장소(예컨대, 작업장, 공장, 창고 등)에서 매수인의 임의처분상태로 물품을 두었을 때를 인도라고 의미한다. 이 때 수출통관은 매수인의 의무이다.

EXW에서 인도장소의 지점을 최대한 정확히 명시하여야 한다. 왜냐하면 그 지점까지의 위험과 비용은 매도인에게 있기 때문이다. 합의된 인도 지정장소가 있다면 매수인은 그 지점에서 물품을 인수하는 것을 포함한 모든 비용과 위험을 부담한다. 본 조건에서는 위험과 비용의 분기점이 동일하다.

EXW는 무역계약에서 매도인의 최소의무를 의미한다. EXW를 사용할 경우에는 다음과 같은 사항을 유의하여야 한다.

첫째, 매도인이 물품을 적재하는데 매수인인 보다 더 유리한 위치에 있더라도 그렇게 하는 것은 매도인에게 물품 적재의 의무가 없다. 매도인이 물품을 적재하는 경우에는 매도인의 위험과 비용으로 한다.

실무적으로 매도인이 물품을 적재하기 위하여 더 유리한 위치에 있는 경우에는 매도인에게 그러한 위험과 비용을 부담하는 FCA조건을 사용하는 것이 더 적절하다.

둘째, 매수인이 수출을 위하여 매도인으로부터 EXW로 물품을 구매할 경우는 매도인은 수출이행을 위한 단순한 협조의 의무만 있고 수출통관의 의무가 없다. 그러므로 매수인이 직접 또는 간접적으로 수출통관을 할 수 없다면 EXW가 아닌 FCA를 사용하여야 한다.

셋째, 매도인의 필요에 따라 매수인에게 요구하는 경우에도 매수인은 약정물품의 수출에 대하여 매도인에게 한정된 최소한의 정보만 제공한다. 왜냐하면 매도인은 세금(조세) 또는 기타 보고의 목적으로 물품의 수출에 관한 정보가 필요할 수 있기 때문이다.

2) FCA

Free Carrier(FCA; 운송인 인도조건)

FCA (insert named place of delivery; 인도지정 장소 명시) Incoterms® 2010

FCA는 운송수단의 종류와 상관없이 사용될 수 있고 그리고 한 개 또는 그 이상의 운송수단이 적용되는 곳에서 또한 사용되어질 수 있다.

FCA는 매도인이 매도인의 구내 또는 그 밖의 지정된 장소에서 매수인에 의하여 지정된 운송인 또는 제3자에게 물품을 인도하여야 한다.

계약 당사자들은 인도 지정된 장소내에서 그 지점을 가능한 정확하게 명시하여야 한다. 왜냐하면 그 지점에서 매수인에게 위험이 이전되기 때문이다.

FCA에서는 선택되어진 인도장소에 따라 물품적재 및 양하의 의무가 달라진다. 인도장소가 매도인의 구내인 경우에는 매도인은 매수인이 제공한 운송수단에 물품을 적재하여야 하고 그 밖의 지정된 장소일 경우에는 매도인은 운송수단에 적재되어 있는 상태로 매수인이 지명한 운송인 또는 제3자에게 처분하에 두면 된다.

FCA에서 매도인은 물품 수출통관 의무가 있다. 하지만 매도인에게 물품 수입통관, 수입관세 부담 등의 의무는 없다.

3) CPT

CARRIAGE PAID TO(CPT; 운송비지급 인도조건)

CPT (insert named place of destination; 지정 목적지 명시) Incoterms® 2010

CPT는 운송수단의 종류와 관계없이 사용될 수 있고 그리고 하나 이상의 운송수단이 적용되는 곳에서 사용할 수 있다.

CPT에서는 매도인은 자신이 지정한 운송인이나 제3자에게 합의된 장소(당사자간 장소가 합의된 경우)에서 물품을 인도하고, 매도인은 지정된 목적지까지 물품을 운송하는데 필요한 운송계약을 체결하고 운송비를 지급하여야 한다. CPT에서 매도인 인도의무는 물품이 목적지에 도착하였을 때가 아니라 물품을 운송인에게 전달하였을 때 인도의무를 이행한 것이다.

CPT에서는 위험과 비용의 분기점이 상이함으로 당사자들은 매매계약에서 인도장소와 매도인이 운송비를 부담하는 지정 목적지를 최대한 정확하게 지정하여야 한다.

만약 합의된 목적지까지 물품을 운송하기 위하여 다수의 운송인이 개입되고, 당사자가 특정한 인도지점에 대한 합의를 하지 않았을 경우에는, 매도인이 선택한 최초의 운송인에게 물품을 인도한 지점에서 위험이 이전된다. 하지만 그 이후 단계에서 위험의 이전을 원하는 경우, 예컨대 항구나 공항에서 하고자 하는 경우에는 계약당사자는 매매계약서에 위험의 인도지점을 자세히 명시하는 것이 바람직하다. 그리고 만약 매도인이 운송계약에서 목적지에서 하역비용을 부담하는 경우에도 계약당사자 사이에 별도의 합의가 없다면, 매도인은 매수인에게 하역비용을 청구할 수 없다.

CPT는 매도인에게 수출통관의 의무가 있다. 그러나 매도인이 수입통관, 수입관세 지급, 수입세관 절차를 진행할 의무가 없다.

4) CIP

CARRIAGE AND INSURANCE PAID TO(CIP; 운송비보험료지급인도조건)

CIP (insert named place of destination) Incoterms® 2010

CIP는 운송수단의 종류와 관계없이 사용될 수 있고, 하나 이상의 운송수단이 적용되는 곳에서 사용할 수 있다.

CIP는 매도인은 자신이 지정한 운송인이나 제3자에게 합의된 장소(당사자간 장소가 합의된 경우)에서 물품을 인도하고, 매도인은 지정된 목적지까지 물품을 운송하는데 필요한 운송계약을 체결하고 운송비를 지급하여야 하고, 또한 매도인은 운송 중 발생할 수 있는 물품의 멸실 또는 손상에 대한 보험계약을 체결하여야 한다. CIP 조건에서 매도인은 최소한의 담보조건으로만 보험계약을 체결한다. 만일 매수인이 보다 더 큰 담보조건으로 보험계약을 원하는 경우에는 매도인과 이에 대하여 명시적으로 합의하거나 스스로 별도의 보험 약정을 체결하여야 한다.

CIP에서 매도인 인도의무는 물품이 목적지에 도착하였을 때가 아니라 물품을 운송인에게 전달하였을 때 인도의무를 이행한 것이다.

CIP에서 위험과 비용의 분기점이 상이함으로 당사자들은 매매계약에서 인도장소와 매도인이 운송비를 부담하는 지정 목적지를 최대한 정확하게 지정하여야 한다.

만약 합의된 목적지까지 물품을 운송하기 위하여 다수의 운송인이 개입되고, 당사자가 특정한 인도지점에 대한 합의를 하지 않았을 경우에는, 매도인이 선택한 최초의 운송인에게 물품을 인도한 지점에서 위험이 이전된다. 하지만 그 이후 단계에서 위험의 이전을 원하는 경우, 예컨대 항구나 공항에서 하고자 하는 경우에는 계약당사자는 매매계약서에 위험의 인도지점을 자세히 명시하는 것이 바람직하다. 그리고 만약 매도인이 운송계약에서 목적지에서 하역비용을 부담하는 경우에도 계약당사자 사이에 별도의 합의가 없다면, 매도인은 매수인에게 하역비용을 청구할 수 없다.

CIP는 매도인에게 수출통관의 의무가 있다. 그러나 매도인이 수입통관, 수입관세 지급, 수입세관 절차를 진행할 의무가 없다.

5) DAT

DELIVERED AT TERMINAL(DAT; 터미널인도조건)

DAT (Insert named terminal at port or place of destination) Incoterms® 2010

DAT는 운송수단의 종류와 관계없이 사용될 수 있고, 하나 이상의 운송수단이 적용되는 곳에서 사용할 수 있다.

DAT는 지정된 항구 또는 목적지의 지정된 터미널에서 도착운송수단으로부터 양하된 물품을 매수인의 임의처분 상태로 놓아두었을 때 인도된다. "터미널"은 부두, 창고, CY(Container Yard) 또는 도로, 철로 또는 공항화물터미널과 같이 지붕의 유무와 상관없이 모든 장소를 포함한다. DAT에서 매도인은 지정된 항구 또는 목적지까지 물품을 운송하기 위한 운송계약 체결을 하고 운송비를 부담하여야 한다.

DAT에서 매도인은 지정된 항구 또는 목적지까지 물품을 운반하여 양하까지의 모든 위험을 부담한다. 따라서 당사자들은 지정된 항구 또는 목적지 장소의 터미널, 가능하다면 터미널 내에 특정 지점을 최대한 정확히 명시하여야 한다.

만약 당사자들이 터미널에서 다른 장소로의 물품 운송과 처리에 대한 위험과 비용을 매도인의 부담으로 하기를 원할 경우에는 DAT조건 대신 DAP 또는 DDP 조건을 사용하여야 한다.

DAT에서 매도인은 물품의 수출통관의 의무가 있다. 하지만 매도인은 물품의 수입통관, 수입관세 지급이나 수입세관 절차를 진행할 의무가 없다.

6) DAP

DELIVERED AT PLACE(DAP; 목적지인도조건)

DAP (Insert named place of destination) Incoterms® 2010

DAP는 운송수단의 종류와 관계없이 사용될 수 있고, 하나 이상의 운송수단이 적용되는 곳에서 사용할 수 있다.

DAP는 매도인이 물품이 목적지의 지정된 장소에 도착되는 운송수단으로부터 양하준비 상태로 매수인이 임의처분상태로 놓아두었을 때 인도된다.

DAP에서 매도인은 지정된 목적지까지 물품을 운송하기 위한 운송계약 체결 및 운송비를 부담하고, 목적지 지정장소까지 운송하는데 관련된 모든 위험을 부담하기 때문에 당사자들은 인도장소의 지점을 최대한 정확히 명시하여야 한다.

만약 당사자 간에 별도의 합의가 없으면 매도인에게 물품의 양하비용이 발생하였더라도 매도인은 매수인으로부터 양하비용을 돌려받을 수 없다.

DAT조건은 매도인이 수출통관을 부담한다. 하지만, 매도인에게는 물품수입을 위한 수입관세 또는 수입통관 절차이행의 의무가 없다. 만약 매도인이 물품수입을 위한 수입통관, 수입관세 지급이나, 수입세관 절차 이행을 원할 경우에는 DDP조건을 사용하여야 한다.

7) DDP

DELIVERED DUTY PAID(DDP; 관세지급인도조건)

DDP (Insert named place of destination) Incoterms® 2010

DDP는 선택된 운송형태와 관계없이 사용될 수 있고, 하나 이상의 운송수단이 적용되는 곳에서 사용할 수 있다.

DDP는 매도인이 계약물품을 수입통관하고 지정된 목적지에 도착하는 모든 운송수단으로부터 양하 준비를 마친 상태로 매수인의 임의처분 상태로 인도한다.

매도인은 지정된 목적지까지 운송계약을 체결하여야 하고 운송과 관련된 모든 비용과 위험을 부담하며 물품의 수출통관 뿐만 아니라 수입 통관의 의무를 지며, 모든 관세를 지급한다. 따라서 매도인 측면에서 DDP는 정형거래조건 중 매도인의 최대 의무를 나타낸다.

DDP에서 당사자들은 인도장소의 지점을 최대한 정확히 명시하여야 한다. 왜냐하면 해당 지점까지의 위험은 매도인의 부담이기 때문이다.

당사자 간에 합의되지 않은 상황에서 매도인에게 물품의 양하비용이 발생하였더라도 매도인은 매수인으로부터 양하비용을 돌려받을 수 없다.

매도인이 직접 또는 간접적으로 수입통관을 할 수 없는 경우에는 DDP 조건을 사용해서는 안 된다. 만약 당사자들이 매수인이 수입통관의 비용과 위험을 부담하기를 원한다면 DAP조건을 사용하여야 한다.

(2) 해상운송조건

1) FAS

Free Alongside Ship(FAS; 선측인도조건)

FAS (Insert named port of shipment) Incoterms® 2010

FAS는 해상운송과 내수로 운송에만 사용할 수 있다. FAS란 매도인이 선적항에서 매수인이 지정한 본선의 선측(예컨대, 부두 또는 바지선)에 인도하는 것을 의미한다.

물품이 본선 선측에 인도될 때 물품에 대한 멸실과 손상의 위험이 매도인으로부터 매수인에게 이전된다. 그리고 나아가 매수인은 그 시점부터 모든 비용을 부담한다.

계약당사자는 지정선적항의 선적지점을 가능한 세밀하게 명시하여야 한다. 왜냐하면 인도지점까지 물품에 대한 위험과 비용이 매도인의 책임이고, 이러한 비용과 관련 수수료는 해당 항구의 관습에 따라 변경될 수 있기 때문이다.

FAS는 매도인은 지정선적항에서 매수인이 지정한 본선의 선측에 물품을 인도하거나 또는 이미 그렇게 인도된 물품을 조달(procure)하여 매수인에 대한 물품인도의무를 이행한다.

이때 'procure'의 의미는 전매(string sales)를 의미하는 것으로 전매는 제조물이 아닌 곡물이나 광물 등 "commodity"매매에서 일반적으로 발생한다.

컨테이너 운송의 경우에는 매도인은 물품을 컨테이너 터미널에서 운송인에게 인도하는 것이 일반적이다. 따라서 이 경우에는 FAS 조건을 사용하는 것은 적합하지 않기 때문에 FCA를 사용하여야 한다.

FAS 조건은 매도인이 수출통관을 이행하여야 한다. 하지만, 수입통관과 수입관세의 비용부담 의무는 없다.

2) FOB

Free on Board(FOB; 본선인도조건)

FOB (Insert named port of shipment) Incoterms® 2010

FOB는 해상운송과 내수로 운송에만 사용할 수 있다.

FOB란 매도인이 지정된 선적항에서 매수인이 지정한 본선상에 계약물품을 인도하거나, 이미 그렇게 인도된 물품을 조달하면 된다. 물품의 멸실 또는 손상에 대한 위험은 물품이 본선적재 되었을 때 이전된다. 그리고 나아가 매수인은 그 순간부터 모든 비용을 부담한다.

매도인은 계약물품을 본선적재하거나 선적을 위해 인도된 물품을 조달(procure)하여 매수인에 대한 물품인도의무를 이행한다. 이때 'procure' 의 의미는 전매(string sales)를 의미하는 것으로 전매는 제조물이 아닌 곡물이나 광물 등 "commodity"매매에서 일반적으로 발생한다.

FOB는 물품이 선박적재되기 전에 운송인에게 넘겨지는 경우에는 적절하지 않다. 예컨대 컨테이너 운송의 경우에는 매도인은 물품을 컨테이너 터미널에서 운송인에게 인도하는 것이 일반적이다. 따라서 이 경우에는 FOB를 사용하는 것은 적합하지 않기 때문에 FCA를 사용하여야 한다.

FOB는 매도인이 수출통관을 이행하지만, 수입지에서 수입통관과 수입관세의 비용부담 의무는 없다.

3) CFR

Cost and Freight(CFR; 운임포함조건)

CFR (Insert named port of destination) Incoterms® 2010

CFR은 해상운송과 내수로 운송에만 사용할 수 있다.

CFR은 매도인은 물품을 본선에 적재하여 인도하거나 이미 그렇게 인도된 물품을 조달하면 된다. 물품의 멸실 또는 손상에 대한 위험은 물품이 본선적재 되었을 때 이전된다.

매도인은 지정된 목적항까지 물품을 운송하기 위하여 필요한 운임과 비용을 지급하고 그리고 운송계약을 체결하여야 한다.

CFR의 중요한 특징은 위험의 이전시점과 비용의 분기점이 불일치하는 것이다. 매도인은 물품이 선적항의 본선에 적재 할 때까지의 물품의 멸실 또는 손상에 대한 위험을 부담하지만 선적항의 본선적재시까지의 비용에 목적항까지의 운임을 추가하여 부담하여야 한다.[8)]

운송계약하에서 매도인이 목적항의 특정한 지점에서 양하비용을 부담한다면, 당사자간에 별도의 합의가 없을 경우에는 매도인은 매수인으로부터 그러한 비용을 회수할 권리가 없다.

매도인은 계약물품을 본선적재하거나 선적을 위해 인도된 물품을 조달(procure)하여 매수인에 대한 물품인도의무를 이행한다. 이때 'procure'의 의미는 전매(string sales)를 의미하는 것으로 전매는 제조물이 아닌 곡물이나 광물 등 "commodity"매매에서 일반적으로 발생한다.

CFR은 물품이 선박적재되기 전에 운송인에게 넘겨지는 경우에는 적절하지 않다. 예컨대 컨테이너 운송의 경우에는 매도인은 물품을 컨테이너 터미널에서 운송인에게 인도하는 것이 일반적이다. 따라서 이 경우에는 CFR을 사용하는 것은 적합하지 않기 때문에 CPT를 사용하여야 한다.

CFR는 매도인이 수출통관을 이행하여야 한다. 하지만, 매도인에게 수입통관과 수입관세 비용부담 의무는 없다.

4) CIF

Cost Insurance and Freight(CIF; 운임·보험료 포함조건)

CIF (Insert named port of destination) Incoterms® 2010

CIF는 해상운송과 내수로 운송에만 사용할 수 있다.

CIF는 매도인은 물품을 본선에 적재하여 인도하거나 이미 그렇게 인도된 물품을 조달하면 된다. 물품의 멸실 또는 손상에 대한 위험은 물품이 본선적재 되었을 때 이

---

8) 매수인은 물품이 본선적재 된 이후의 모든 위험과 물품이 본선적재 된 이후 해상운임을 제외한 모든 추가비용을 부담하여야 한다.

전된다.

매도인은 지정된 목적항까지 물품을 운송하기 위하여 필요한 운임과 비용을 지급하고 그리고 운송계약을 체결하여야 한다. 그리고 매도인은 또한 운송중 물품에 대한 멸실 또는 손실의 매수인 위험에 대하여 보험계약에 체결하여야 한다.

CIF에서 매도인이 별도의 합의가 없으면 최소담보로 보험을 부보하면 된다. 만약 매수인이 보다 높은 담보조건으로 보험계약을 원하는 경우에는 매수인은 명시적으로 매도인에게 동의하거나 자신이 추가 보험계약을 체결하여야 한다.

CIF의 중요한 특징은 위험의 이전시점과 비용의 분기점이 불일치하는 것이다. 매도인은 물품이 선적항의 본선에 적재 할 때까지의 물품의 멸실 또는 손상에 대한 위험을 부담하지만 선적항의 본선적재시까지의 비용에 목적항까지의 운임과 보험료를 추가하여 부담하여야 한다.

운송계약하에서 매도인이 목적항의 특정한 지점에서 양하비용을 부담한다면, 당사자간에 별도의 합의가 없을 경우에는 매도인은 매수인으로부터 그러한 비용을 회수할 권리가 없다.

매도인은 계약물품을 본선적재하거나 선적을 위해 인도된 물품을 조달(procure)하여 매수인에 대한 물품인도의무를 이행한다. 이때 'procure' 의 의미는 전매(string sales)를 의미하는 것으로 전매는 제조물이 아닌 곡물이나 광물 등 "commodity"매매에서 일반적으로 발생한다.

CIF는 물품이 선박적재되기 전에 운송인에게 넘겨지는 경우에는 적절하지 않다. 예컨대 컨테이너 운송의 경우에는 매도인은 물품을 컨테이너 터미널에서 운송인에게 인도하는 것이 일반적이다. 따라서 이 경우에는 CIF를 사용하는 것은 적합하지 않기 때문에 CIP를 사용하여야 한다.

CIF는 매도인이 수출통관을 이행하여야 한다. 하지만, 매도인에게 수입통관과 수입관세 비용부담 의무는 없다.

4. INCOTERMS 2010에서의 계약 당사자의 의무

INCOTERMS 2010에서도 INCOTERMS 2000과 마찬가지로 각 상대방에 대한 의무사항을 아래와 같이 10개 조항씩 대칭시켜 규정하고 있다.

(1) 매매당사자의 일반적 의무

INCOTERMS 2010 A1과 B1에서는 매도인과 매수인의 일반적 의무를 규정하고 있다. A1에서 매도인은 계약에 일치하는 물품을 제공하여야 한다. 그리고 B1에서는 매수인은 물품대금 지급의무를 규정하고 있다. INCOTMERS 2010의 각 정형거래조건에 동일한 매도인과 매수인의 일반의무를 규정하고 있다.

매도인의 일반의무로 매도인은 매매계약에 일치한 물품, 상업송장 그리고 계약에서 요구하는 기타 모든 증명서류를 일치하게 제공해야 한다.

당사자 간 합의가 있거나 관습적으로 허용이 되는 경우에는 매도인의 의무(A1-A10)로 요구하는 모든 서류를 전자기록이나 전자적절차로 대체할 수 있다.

(2) 허가, 승인, 보안통관 및 기타 절차

INCOTERMS 2010에서 A2와 B2에서는 매도인과 매수인의 허가, 승인, 보안통관 및 기타 절차(licences, authorization, security clearance and other formalities)에 관한 의무를 규정하고 있다. A2와 B2는 통관의무의 내용에 보안(security)에 관한 사항을 포함하였다.

실무적으로는 무역거래에서 해당국에 거주하는 당사자가 수출 또는 수입통관 절차를 이행하는 것이 유리하기 때문에 INCOTERMS 2010은 기본적으로 이러한 입장을 취하고 있다.

다만, EXW의 경우에는 매도인의 최소의무이기 때문에 수출통관절차는 매수인이 하여야 하지만 적용 가능한 경우 매도인은 매수인의 요청에 따라 매수인의 위험과 비용으로 물품의 수출에 필요한 수출허가 또는 기타 공적 승인을 취득하는데 협조하여야 한다. 또한 매도인은 매수인의 위험 및 비용부담으로 물품 보안통관에 필요한 모든 정보를 제공하여야 한다.

(3) 운송 및 보험계약의 의무

INCOTERM 2010상 A3와 B3에서는 무역거래 당사자의 운송 및 보험계약의 의무를 규정하고 있다. 각 조건별로 매도인과 매수인의 운송 및 보험계약 의무를 살펴보자.

EXW에서는 매도인과 매수인은 운송 및 보험계약의 의무가 없다. 하지만 매수인의 요청이 있을 경우에는 매도인은 매수인의 위험과 비용으로 보험을 취득하는데 필요한 정보를 제공하여야 한다.

FCA에서는 매도인은 운송계약의 의무가 없다. 단, 매수인의 요청이 있거나 상관행인 경우에는 매도인은 매수인의 위험과 비용으로 운송계약을 체결할 수 있다. 실무상 유의하여야 할 것은 매도인은 이때 운송계약의 체결을 거절할 수 있으며, 그러한 경우에는 매수인에게 즉시 통지해야 한다. 또한 매도인은 보험계약의 의무가 없다. 단, 매수인의 요청이 있을 경우에는 매수인의 위험과 비용으로 보험을 취득하는데 필요한 정보를 제공하여야 한다. 매수인은 운송계약의 의무가 있다. 하지만 보험계약의 의무는 없다.

CPT에서는 매도인은 운송계약의 의무가 있다. 하지만 보험계약의 의무는 없다. 단, 매수인의 요청이 있을 경우에 FCA조건과 같이 매수인의 위험과 비용으로 보험을 취득하는데 필요한 정보를 제공하여야 한다. 매수인에게는 운송 및 보험계약 의무가 없다. 하지만 매수인은 매도인의 요청이 있을 경우에는 매도인의 보험계약 의무의 이행을 위한 정보 제공의 의무가 있다.

CIP에서는 매도인은 운송 및 보험계약의 의무가 있다. 매수인은 매도인의 요청이 있을 경우 매드인의 추가 보험을 계약을 체결에 필요한 정보를 제공하여야 한다.

DAT, DAP, DDP에서 매도인은 운송계약의 의무가 있지만 보험계약의 의무는 없다. 단, 매수인의 요청이 있을 경우 매수인의 위험과 비용으로 보험계약체결에 필요한 정보를 제공하여야 한다. 매수인은 운송 및 보험 계약의 의무는 없다. 단, 매도인의 요청이 있을 경우에 매도인의 비용으로 보험계약체결에 필요한 정보를 제공하여야 한다.

FAS와 FOB는 매도인에게 운송계약의 의무는 없다. 단, 매수인의 요청이 있거나 상관행인 경우에는 매도인은 매수인의 위험과 비용으로 운송계약을 체결할 수 있다. 실무상 유의하여야 할 것은 매도인은 이때 운송계약의 체결을 거절할 수 있으며, 그러한 경우에는 매수인에게 즉시 통지해야 한다. 또한 매도인은 보험계약의 의무가 없다. 단, 매수인의 요청이 있을 경우에는 매수인의 위험과 비용으로 매수인의 보험계약 체결에 필요한 정보를 제공하여야 한다. 매수인은 운송계약 의무가 있다. 하지만 보험계약 의무는 없다.

CFR은 매도인은 운송계약 의무가 있다. 하지만 보험계약 의무는 없다. 단, 매수인의 요청이 있을 경우에는 매수인의 위험과 비용으로 매수인의 보험계약 체결에 필요한 정보를 제공하여야 하는 의무가 있다.

CIF은 매도인에게 운송계약 및 보험계약의 의무가 있다. 매수인에게는 운송계약 및 보험계약의 의무가 없다. 단, 매도인의 요청이 있을 경우 매도인의 추가 보험을 계약을 체결에 필요한 정보를 제공하여야 한다.

(4) 매도인의 인도와 매수인의 인수

무역거래에서 매도인은 계약조건에 일치하는 물품을 인도하여야 하고 매수인은 해당 물품을 인수하여야 한다. INCOTERMS 2010 A4과 B4에서는 물품 인도와 인수 의무를 규정하고 있다.

INCOTERMS 2010에서 물품의 인도는 물품이 매수인의 처분에 둔 경우나 운송인 또는 제3자에게 인도될 경우이다.

EXW에서는 매도인이 지정된 인도장에서 매수인의 처분에 둘 때 인도된다. 매수인은 그 장소에서 물품을 인수한다.

FCA에서는 매도인은 매수인이 지명한 운송인 또는 제3자에게 계약물품을 인도하여야 한다. 이 때 인도장소가 매도인의 영업소 구내일 경우에는 매수인에 의하여 지명된 집하차량에 적재하여야 하고, 그 밖의 장소일 경우에는 매도인의 운송수단에 양하하지 않은 상태로 인도하면 된다. 매수인은 그 장소에서 물품을 인수한다.

CPT와 CIP에서는 매도인은 지정일 또는 지정기간내에 운송인에게 인도하여야 하고, 매수인은 운송인으로부터 지정된 목적지에서 물품을 인수하여야 한다.

DAT는 지정된 목적항 또는 목적지 지정터미널에 도착한 운송수단에서 물품을 양하하여 매수인의 임의처분 상태로 놓아 둘 때 인도된다. 매수인은 인도된 물품을 그 장소에서 수령하여야 한다.

DAP와 DDP에는 지정된 목적지의 합의된 지점에서 도착운송수단에서 물품을 양하할 준비를 하여 매수인의 임의처분 상태로 놓아둘 때 인도된다. 매수인은 인도된 물품을 그 장소에서 수령하여야 한다.

FAS는 매도인은 지정선적항에서 매수인이 지명한 본선선측에 인도하거나 그렇게 인도된 물품을 조달하면 된다. 매수인은 인도된 물품을 그 장소에서 수령하여야 한다.

FOB는 매도인은 지정선적항에서 매수인이 지명한 본선에 적재하거나 그렇게 인도된 물품을 조달하면 된다. 매수인은 인도된 물품을 그 장소에서 수령하여야 한다.

CFR와 CIF는 본선상에 적재하거나 그렇게 인도된 물품을 조달하면 된다. 매수인은 인도된 물품을 수리하고 지정된 목적항에서 운송인으로부터 물품을 인수한다.

(5) 위험의 이전

매도인의 위험은 INCOTERMS 2010 상의 매도인의 인도의무(A4)에 따라 매수인에게 이전된다.

위험이전과 관련하여 중요한 변화는 기존 INCOTERMS 2000에서 FOB, CFR, CIF에서 위험의 이전은 "ship rail"에서 INCOTERMS 2010에서는 "on board the vessel"라는 기준으로 변경되었다.

EXW에서는 지정 인도장소에서 매수인의 임의처분에 놓여질 때 위험이 이전된다. FCA에서는 매수인이 지정한 운송인 또는 제3자에게 물품이 인도된 때 위험이 이전된다. CPT와 CIP는 운송인에게 인도된 때 위험이 이전된다. DAT는 지정된 목적항 또는 목적지 지정터미널에 도착한 운송수단에서 물품을 양하하여 매수인의 임의처분 상태로 놓아 둘 때 위험이 이전된다. DAP와 DDP에는 지정된 목적지의 합의된 지점에서 도착운송수단에서 물품을 양하 할 준비를 하여 매수인의 임의처분 상태로 놓아둘 때 위험이 이전된다. FAS는 매도인은 지정선적항에서 매수인이 지명한 본선 선측에 인도하거나 그렇게 인도된 물품을 조달할 때 위험이 이전된다. FOB는 매도인은 지정선적항에서 매수인이 지명한 본선에 적재하거나 그렇게 인도된 물품을 조달하면 위험이 이전된다. CFR과 CIF는 본선상에 적재하거나 그렇게 인도된 물품을 조달하면 위험이 이전된다.

(6) 비용의 분배

INCOTERMS 2010 A6과 B6에서는 매도인과 매수인의 비용의 배분을 규정하고 있다.

EXW에서 매도인의 경우에는 물품이 인도될 때 까지 물품에 관련된 모든 비용을 지급하여야 하고, 그 외의 비용은 B6에 따라 매수인이 지급하여야 한다.

매수인의 경우에는 다음과 같은 비용을 지급하여야 한다.

a. A4에 따라 물품을 수령하였을 때부터 발생하는 모든 비용을 지급하여야 한다.

b. 매수인이 B7에 따라 통지를 하지 않거나 B2에 따른 자신의 의무를 이행하지 않았다면 매도인에게 발생한 추가비용을 지급하여야 한다. 다만, 계약물품은 명확하게 특정되어야 한다.

c. 매수인은 적용 가능한 경우 수출통관 절차의 이행비용과 모든 관세, 조세 및 기타비용을 지급하여야 한다.

d. 매수인은 A2 따라 매도인이 협조를 제공하는데 발생한 모든 공과금을 상환하여야 한다.

FCA에서 매도인은 다음과 같은 비용을 지급하여야 한다.

a) A4에 따라 인도될 때까지 물품과 관련된 모든 비용 단, B6에 따라 매수인이 지급하여야 하는 비용은 제외
b) 적용할 수 있을 경우에는 매도인은 수출시 지급하여야 하는 통관절차 비용뿐만 아니라 수출시 지급하여야 하는 모든 관세, 조세 및 기타 부과금을 지급하

여야 한다.

매수인의 경우에는 다음과 같은 비용을 지급하여야 한다.

a. A4에 따라 물품을 수령하였을 때부터 발생하는 모든 비용을 지급하여야 한다. 적용 가능할 경우에는 다만, A6 b)에 따라 수출시 지급해야하는 통관절차비용, 모든 관세, 조세 및 다른 공과금은 매수인이 부담하지 않는다.

b. 매도인의 약정물품이 특정되었을 경우에 다음의 추가비용을 부담한다.

(i) A4에 따라 매수인이 운송인이나 제3자를 지정하지 못한 경우

(ii) A4에 따라 매수인이 지정한 운송인이나 제3자가 물품을 인수하지 못한 경우

(iii) B7에 따라 매수인이 적절하게 통지를 하지 않은 경우

c. 적용 가능한 경우 수입시 지급되어야 하는 모든 관세, 조세 및 기타부과금, 통관절차 진행 비용과 제3국으로의 통과를 위한 비용을 지급하여야 한다.

CPT에서 대도인의 경우에는 다음의 비용을 부담한다.

a) B6 따라 매수인이 지급하는 비용을 제외하고, A4에 따라 물품이 인도되기 이전의 모든 비용.

b) A3의 매도인의 운송 및 보험계약 의무의 결과로 발생하는 모든 운송과 다른 비용, 물품의 적재비 및 운송계약에 따라 목적지에서의 양하시 발생하는 모든 비용.

c) 수출통관절차의 비용뿐만 아니라 모든 관세, 조세 및 기타 부과금, 운송계약에 따라 매도인의 부담으로 제3국을 통과하는 비용.

매수인은 A3에 따라 다음과 같은 비용을 지급한다.

a) A4에 따라 물품이 인도된 때로부터 발생하는 물품에 대한 모든 비용.

b) 운송계약상 매도인이 부담하지 않는 비용으로서 물품이 목적지에 도착할 때까지 발생한 모든 비용과 부과금.

c) 운송계약상 매도인이 부담하지 않는 양하비용.

d) 매수인이 B7조에 따라 통지를 하지 않아 합의된 물품 인도일 또는 인도기간의

만기일로부터 발생되는 추가 비용. 단, 물품은 계약물품으로서 명확히 특정되어야 한다.

e) 운송계약에 포함되지 않은 모든 관세, 조세 및 다른 공과금과 수입시 발생되는 통관절차 비용과 제3국을 통과하는 비용.

CIP에서 매도인은 다음의 비용을 부담한다.

a) B6에 따라 매수인이 지급하는 비용을 제외하고, A4에 따라 물품이 인도되기 이전의 모든 비용.

b) A3의 결과로 발생하는 운송과 모든 다른 비용, 물품의 적재비 및 운송계약에 따라 매도인의 부담인 목적지에서의 양하시 발생하는 모든 비용.

c) 매도인의 보험계약체결에서 발생하는 비용.

d) 수출시 지급하여야 하는 통관비용과 모든 관세, 조세 및 기타 부과금, 운송계약에 따라 매도인의 부담으로 제3국을 통과하는 비용.

매수인은 A3 a) 규정에 따라 다음과 같은 비용을 지급한다.

a) A4에 따라 물품이 인도된 때로부터 발생하는 물품에 대한 모든 비용.

b) 운송계약상 매도인이 부담하지 않는 비용으로서 물품이 목적지에 도착할 때까지 발생한 모든 비용과 부과금.

c) 운송계약상 매도인이 부담하지 않는 한 양하비용.

d) 매수인이 B7에 따라 통지를 하지 않아 합의된 물품 인도일 또는 인도기간의 만기일로부터 발생되는 추가 비용. 단, 물품은 계약물품으로서 명확히 특정되어야 한다.

e) 운송계약에 포함되지 않은 모든 관세, 조세 및 기타 부과금과 수입시 발생되는 통관절차 비용과 제3국으로의 통과 비용

f) 매수인의 요청으로 추가되는 모든 추가보험의 비용

DAT에서 매도인은 다음과 같은 비용을 부담한다.

a) A3 a)에 따른 비용과 B6에 따라 매수인이 지급하여야 하는 비용을 제외한 물

품이 인도되기까지의 모든 비용.

b) 적용 가능한 경우 A4에 따라 인도하기 이전에 수출통관절차의 비용뿐만 아니라 수출시 지급하여야 하는 모든 관세, 조세 및 기타 부과금, 제3국으로의 통과비용.

매수인은 다음과 같은 비용을 부담한다.

a) A4에 따라 매도인이 인도의무를 완료한때부터 발생하는 물품에 대한 모든 비용.

b) 매수인이 B2에 따라 의무를 이행하기 않거나 B7에 따라 통지를 하지 않았을 때 매도인에게 발생한 추가비용. 단, 물품은 계약물품으로서 명확히 특정되어야 한다.

c) 적용가능한 경우 물품 수입시 지급하여야 하는 통관절차 비용과 모든 관세, 조세 및 기타 부과금.

DAP에서 매도인은 다음과 같은 비용을 부담하여야 한다.

a) A3 a)에 따른 비용에 추가로 B6에 따라 매수인이 지급하여야 하는 비용을 제외한 A4에 따라 물품이 인도되기 이전의 모든 비용.

b) 운송계약하에서 목적장소에서의 양하비용은 매수인의 비용.

c) 적용 가능한 경우 A4에 따라 인도하기 이전에 수출통관절차의 비용뿐만 아니라 수출시 지급하여야 하는 모든 관세, 조세 및 기타 부과금, 제3국으로의 통과비용.

매수인은 다음과 같은 비용을 부담하여야 한다.

a) A4에 따라 물품이 인되었을 때부터 발생하는 모든 비용

b) 운송계약상에 매도인이 부담으로 지정되지 않았을 경우에 지정된 목적지에서 도착 운송수단으로부터 물품의 인수에 필요한 모든 양하비용.

c) 매수인이 B2에 따라 의무를 이행하기 않거나 B7에 따라 통지를 하지 않았을 때 매도인에게 발생한 추가비용. 단, 물품은 계약물품으로서 명확히 특정되어

야 한다.

d) 적용 가능한 경우 물품 수입시 지급하여야 하는 통관절차 비용과 모든 관세, 조세 및 다른 공과금

DDP에서 매도인은 다음과 같은 비용을 부담하여야 한다.

a) A3 a)에 따른 비용에 추가로 B6에 따라 매수인이 지급하여야 하는 비용을 제외한 A4에 따라 물품이 인도되기 이전의 모든 비용.
b) 운송계약하에서 목적장소에서의 양하비용은 매도인의 비용.
c) 적용 가능한 경우 A4에 따라 인도하기 이전에 수출 및 수입통관 절차의 비용뿐만 아니라 물품의 수출입에 따른 지급하여야 하는 모든 관세, 조세 및 기타 부과금, 제3국으로의 통과 비용.

매수인은 다음과 같은 비용을 부담하여야 한다.

a) A4에 따라 물품이 인되었을 때부터 발생하는 모든 비용
b) 운송계약상에 매도인이 부담으로 지정되지 않았을 경우에 지정된 목적지에서 도착한 운송수단으로부터 물품의 인수에 필요한 모든 양하비용.
c) B2에 따라 의무를 이행하기 않거나 B7에 따라 통지를 하지 않았을 때 발생한 추가비용. 단, 물품은 계약물품으로서 명확히 특정되어야 한다.

FAS에서 매도인은 다음과 같은 비용을 부담하여야 한다.

a) A4에 따라 인도될 때까지 물품과 관련된 모든 비용 단, B6에 따라 매수인이 지급하여야 하는 비용은 제외
b) 적용할 수 있을 경우에는 매도인은 수출시 지급하여야 하는 통관절차 비용뿐만 아니라 수출시 지급하여야 하는 모든 관세, 조세 및 기타 부과금을 지급하여야 한다.

매수인은 다음과 같은 비용을 부담하여야 한다.

a) A4에 따라 물품을 수령하였을 때부터 발생하는 모든 비용을 지급하여야 한다.

적용 가능할 경우에는 다만, A6 b)에 따라 수출시 지급해야하는 통관절차비용, 모든 관세, 조세 및 다른 공과금은 매수인이 부담하지 않는다.

b) 매도인의 약정물품이 특정되었을 경우에 다음의 추가비용을 부담한다.

i) B7에 따라 매수인이 통지의무를 이행하지 않아 발생하는 모든 비용

ii) 매수인이 지정한 선박이 정시에 도착하지 않아 물품을 수령하지 못하였거나, 매수인의 통지일보다 일질 화물을 마감하여 계약물품을 수령하지 못하여 발생한 모든 비용

c) 적용 가능한 경우 수입통관 절차의 비용뿐만 아니라 물품의 수입에 따른 지급하여야 하는 모든 관세, 조세 및 기타 부과금, 제3국으로의 통과 비용.

FOB에서 매도인은 다음과 같은 비용을 부담하여야 한다.

a) A4에 따라 인도될 때까지 물품과 관련된 모든 비용 단, B6에 따라 매수인이 지급하여야 하는 비용은 제외

b) 적용할 수 있을 경우에는 매도인은 수출시 지급하여야 하는 통관절차 비용뿐만 아니라 수출시 지급하여야 하는 모든 관세, 조세 및 기타 부과금을 지급하여야 한다.

매수인은 다음과 같은 비용을 부담하여야 한다.

a) A4에 따라 물품을 수령하였을 때부터 발생하는 모든 비용을 지급하여야 한다. 적용 가능할 경우에는 다만, A6 b)에 따라 수출시 지급해야하는 통관절차비용, 모든 관세, 조세 및 다른 공과금은 매수인이 부담하지 않는다.

b) 매도인의 약정물품이 특정되었을 경우에 다음의 추가비용을 부담한다.

i) B7에 따라 매수인이 통지의무를 이행하지 않아 발생하는 모든 비용

ii) 매수인이 지정한 선박이 정시에 도착하지 않아 물품을 수령하지 못하였거나, 매수인의 통지일보다 일질 화물을 마감하여 계약물품을 수령하지 못하여 발생한 모든 비용

c) 적용 가능한 경우 수입통관 절차의 비용뿐만 아니라 물품의 수입에 따른 지급하여야 하는 모든 관세, 조세 및 기타 부과금, 제3국으로의 통과 비용.

CFR에서 매도인은 다음과 같은 비용을 부담하여야 한다.

a) B6 따라 매수인이 지급하는 비용을 제외하고, A4에 따라 물품이 인도되기 이전의 모든 비용.

b) A3의 매도인의 운송 및 보험계약 의무의 결과로 발생하는 모든 운송과 다른 비용, 물품의 적재비 및 운송계약에 따라 목적지에서의 양하시 발생하는 모든 비용.

c) 적용 가능한 경우 수출통관절차의 비용뿐만 아니라 수출시 지급하여야 하는 모든 관세, 조세 그리고 기타 부과금, 운송계약에 따라 매도인의 부담으로 제3국을 통과하는 비용.

매수인은 다음과 같은 비용을 부담하여야 한다.

매수인은 A3 a) 규정에 따라 다음과 같은 비용을 지급한다.

a) A4에 따라 물품이 인도된 때로부터 발생하는 물품에 대한 모든 비용.

b) 운송계약상 매도인이 부담하지 않는 비용으로서 물품이 목적지에 도착할 때까지 발생한 모든 비용과 부과금.

c) 운송계약상 매도인이 부담하지 않는 양하비용.

d) 매수인이 B7조에 따라 통지를 하지 않아 합의된 물품 인도일 또는 인도기간의 만기일로부터 발생되는 추가 비용. 단, 물품은 계약물품으로서 명확히 특정되어야 한다.

e) 운송계약에 포함되지 않은 모든 관세, 조세 및 다른 공과금과 수입시 발생되는 통관절차 비용과 제3국을 통과하는 비용.

CIF에서 매도인은 다음과 같은 비용을 부담하여야 한다.

a) B6에 따라 매수인이 지급하는 비용을 제외하고, A4에 따라 물품이 인도되기 이전의 모든 비용.

b) A3의 결과로 발생하는 모든 운송과 다른 비용, 물품의 적재비 및 운송계약에 따라 목적지에서의 양하시 발생하는 모든 비용

.b) A3의 매도인의 운송 및 보험계약 의무의 결과로 발생하는 운송과 모든 다른

비용, 물품의 적재비 및 운송계약에 따라 목적지에서의 양하시 발생하는 모든 비용.

c) 매도인의 보험계약체결에서 발생하는 비용.

d) 수출시 지급하여야 하는 통관비용과 모든 관세, 조세 및 기타 부과금, 운송계약에 따라 매도인의 부담으로 제3국을 통과하는 비용.

매수인은 A3 a) 규정에 따라 다음과 같은 비용을 지급한다.

a) A4에 따라 물품이 인도된 때로부터 발생하는 물품에 대한 모든 비용.

b) 운송계약상 매도인이 부담하지 않는 비용으로서 물품이 목적지에 도착할 때까지 발생한 모든 비용과 부과금.

c) 운송계약상 매도인이 부담하지 않는 한 양하비용.

d) 매수인이 B7에 따라 통지를 하지 않아 합의된 물품 인도일 또는 인도기간의 만기일로부터 발생되는 추가 비용. 단, 물품은 계약물품으로서 명확히 특정되어야 한다.

e) 운송계약에 포함되지 않은 모든 관세, 조세 및 기타 부과금과 수입시 발생되는 통관절차 비용과 제3국으로의 통과 비용

f) 매수인의 요청으로 추가되는 모든 추가보험의 비용

(7) 매도인과 매수인의 통지의무

INCOTERMS 2010의 A7과 B7은 매도인과 매수인의 통지의무에 관한 규정을 한 조항이다.

EXW에서 매도인은 매수인이 물품을 수령하는데 필요한 통지를 하여야 하고, 매수인이 합의된 기간 내에 물품 인수시기 및/또는 지정된 장소의 인수지점을 결정하여야 할 경우에는 매도인에게 충분한 통지를 하여야 한다.

FCA에서 매도인은 매수인의 위험과 비용으로 A4에 따라 물품이 인도되었다는 것을 또는, 매수인에 의하여 지정된 운송인 또는 제3자가 합의된 기간 내에 물품을 인수하지 못한 경우라도 매수인에게 충분히 그 사실을 통지하여야 하고, 매수인은 매

도인에게 다음과 상황에 대한 통지를 해야 한다.

a) A4에 따라 지정된 운송인이나 제3자의 이름을 충분한 시간 내 매도인에게 통지하여 매도인이 약정기간 내 물품을 인도.
b) 필요할 경우, 지정된 운송인이나 제3자가 물품을 인수할 합의된 기간 내 정해진 시간.
c) 지정된 제3자가 이용하는 운송수단.
d) 지정장소 내의 인도 지점.

CPT와 CIP는 매도인은 다음과 같은 사실을 통지하여야 한다.

a) A4에 따라 물품이 인도되었다는 것.
b) 매수인이 물품의 인수에 통상 필요한 조치를 취하기 위해서 요구되는 사항.

매수인이 합의된 기간 내에 물품 인수시기 및/또는 지정된 장소의 인수지점을 결정하여야 할 경우에는 매도인에게 충분한 통지를 하여야 한다.

DAT, DAP 그리고 DDP에서는 매도인은 매수인이 물품의 인수를 위하여 통상적으로 필요한 조치를 취할 수 있게 모든 통지를 한다. 매수인에게 합의된 기간내에 물품인수의 시기 및/또는 터미널을 결정할 권한이 주어진 경우에는 이에 대하여 매도인에게 충분한 통지를 하여야 한다.

FAS와 FOB에서는 매도인은 매수인의 위험과 비용으로 A4에 따라 물품이 정히 인도 되었거나 합의한 기간 내 매수인이 본선에 물품을 인수하지 못하였음을 통지하여야 하고, 매수인은 선박명, 선적항, 합의된 기간내 선택되어진 시간에 대하여 매도인에게 충분히 통지하여야 한다.

CFR과 CIF는 매도인은 매수인이 물품의 인수를 위하여 통상적으로 필요한 조치를 취할 수 있게 모든 통지를 하여야 한다. 매수인이 물품인도의 선적 시기 및/또는 목적지의 지정항에서 물품의 인수 장소를 결정하여야 할 때에는 이에 대하여 매도인에게 충분한 통지를 하여야 한다.

(8) 인도서류 및 인도증명

INCOTERMS 2010의 A8과 B8은 매도인과 매수인의 통지의무에 관한 규정을 한 조항이다.

INCOTERMS 2010에서 EXW를 제외하고는 각 A8에서 매도인은 매수인이 물품을 인수하는 데 필요한 서류를 제공하여야 한다고 규정하고 있다. 반면에 B8에서는 매수인은 매도인이 제공한 서류를 수리하여야한다고 규정하고 있다.

FCA에서는 매도인은 매도인의 비용으로 A4에 따라 매수인에게 물품이 인도되었다는 통상적인 증거를 제공 하여야 한다. 매도인은 매수인의 요청에 따라 매수인의 위험과 비용으로 운송서류를 취득하는데 협조를 제공하여야 한다.

CPT와 CIP에서는 관습으로 또는 매수인의 요청이 있는 경우, 매도인의 비용부담으로 매도인은 A3에 따라 체결된 운송을 위한 통상적인 운송서류를 매수인에게 제공하여야 한다.

매도인이 제공하는 운송서류가 유통가능한 형태의 복수의 원본으로 발행되었다면 매도인은 원본 전통(full set of originals)을 매수인에게 제공하여야 한다.

DAT, DAP 그리고 DDP에서는 매도인은 본인의 비용으로 A4/B4에 따라 매수인이 물품을 수령하는데 필요한 서류를 제공하여야 한다.

FAS와 FOB에서는 매도인은 매도인의 비용으로 A4에 따라 매수인에게 물품이 인도되었다는 통상적인 증거를 제공 하여야 한다. 이러한 증거서류가 운송서류가 아닌 경우에는 매수인의 요청시 매수인의 비용과 위험으로 운송서류를 취득하는데 필요한 협조를 하여야 한다. 매수인은 매도인에 제시한 운송서류가 계약에 일치하는 경우에는 운송서류를 수리하여야 한다.

CFR와 CIF에서는 매도인은 자신의 비용으로 합의한 목적항에 대한 통상적 운송서류를 매수인에게 지체 없이 제공하여야 한다.

매도인이 제공하는 운송서류는 합의한 선적기일 이내에 발행되어져야 하고, 매수인이 운송 중 전매를 하지 않는 한 목적항에서 매수인에게 물품에 대한 청구권이 인정되는 것이어야 한다. 매도인이 제공하는 운송서류가 유통가능한 형태의 복수의 원본으로 발행되었다면 매도인은 원본 전통을 매수인에게 제공하여야 한다.

매수인은 매도인에 제시한 운송서류가 계약에 일치하는 경우에는 운송서류를 수리하여야 한다.

(9) 검사·포장·화인과 물품의 검사

INCOTERMS 2010의 A9은 매도인의 물품검사, 포장 및 화인에 관한 의무, B9에서는 물품검사에 대한 매수인의 의무를 규정하고 있다.

매도인은 A4에 따라 물품을 인도하기 위해서 필요한 검사업무(예컨대, 품질, 용적, 중량, 수량의 점검)에 수반되는 비용 및 수출국가의 당국에 의해 규정하는 선적전검사(PSI; pre-shipment inspection)을 지급하여야 한다.[9)]

매도인은 자신의 비용으로 물품운송에 필요한 포장을 하여야 한다. 다만 관습적으로 포장을 하지 않는 물품인 경우에는 매도인에게 포장의 의무는 없다. 그리고 포장에는 적절한 화인을 하여야 한다.

(10) 정보 및 관련 비용의 지원

INCOTERMS 2010의 A10과 B10은 매도인과 매수인의 정보 및 관련 비용의 지원에 관하여 규정을 한 조항이다.

매도인과 매수인은 상대방의 요청에 따라 통관 등을 위하여 필요한 정보 등의 협조 의무 및 그 비용의 부담을 규정하고 있다.

---

9) EXW에서는 예외적으로 수출국 당국에 의한 선적전검사비용의 매수인이 부담한다. 왜냐하면 EWX에서 수출허가 및 수출통관 등 모든 수출업무가 매수인의 책임이기 때문이다.

Incoterms® 2010
Entry into force: 1 January 2011

ICC

FOREWORD

By Rajat Gupta, ICC Chairman

The global economy has given businesses broader access than ever before to markets all over the world. Goods are sold in more countries, in larger quantities, and in greater variety. But as the volume and complexity of global sales increase, so do possibilities for misunderstandings and costly disputes when sale contracts are not adequately drafted.

The Incoterms® rules, the ICC rules on the use of domestic and international trade terms, facilitate the conduct of global trade. Reference to an Incoterms® 2010 rule in a sale contract clearly defines the parties' respective obligations and reduces the risk of legal complications.

Since the creation of the Incoterms rules by ICC in 1936, this globally accepted contractual standard has been regularly updated to keep pace with the development of international trade. The Incoterms® 2010 rules take account of the continued spread of customs-free zones, the increased use of electronic communications in business transactions, heightened concern about security in the movement of goods and changes in transport practices. Incoterms® 2010 updates and consolidates the 'delivered' rules, reducing the total number of rules from 13 to 11, and offers a simpler and clearer presentation of all the rules. Incoterms® 2010 is also the first version of the Incoterms rules to make all references to buyers and sellers gender-neutral.

The broad expertise of ICC's Commission on Commercial Law and Practice, whose membership is drawn from all parts of the world and all trade sectors, ensures that the Incoterms® 2010 rules respond to business needs everywhere.

ICC would like to express its gratitude to the members of the Commission, chaired by Fabio Bortolotti (Italy), to the Drafting Group, which comprised Charles Debattista (Co-Chair, UK), Christoph Martin Radtke (Co-Chair, France), Jens Bredow (Germany), Johnny Herre (Sweden), David Lowe (UK), Lauri Railas (Finland), Frank Reynolds (US), and Miroslav Subert (Czech Republic), and to Asko Raty (Finland) for assistance with the images depicting the 11 rules.

INTRODUCTION

The Incoterms®[10] rules explain a set of three-letter trade terms reflecting business-to-business practice in contracts for the sale of goods. The Incoterms rules describe mainly the tasks, costs and risks involved in the delivery of goods from sellers to buyers.

How to use the Incoterms® 2010 rules

1. Incorporate the Incoterms® 2010 rules into your contract of sale

If you want the Incoterms® 2010 rules to apply to your contract, you should make this clear in the contract, through such words as, "[*the chosen Incoterms rule including the named place, followed by*] Incoterms® 2010".

2. Choose the appropriate Incoterms rule

The chosen Incoterms rule needs to be appropriate to the goods, to the means of their transport, and above all to whether the parties intend to put additional obligations, for example such as the obligation to organize carriage or insurance, on the seller or on the buyer. The Guidance Note to each Incoterms rule contains information that is particularly helpful when making this choice. Whichever Incoterms rule is chosen, the parties should be aware that the interpretation of their contract may well be influenced by customs particular to the port or place being used.

3. Specify your place or port as precisely as possible

The chosen Incoterms rule can work only if the parties name a place or port, and will work best if the parties specify the place or port as precisely as possible.

A good example of such precision would be:

"CA 38 Cours Albert 1er, Paris, France Incoterms® 2010"

Under the Incoterms rules Ex Works (EXW), Free Carrier (FCA), Delivered at Terminal

---

10) "Incoterms" is a registered trademark of the International Chamber of Commerce.

(DAT), Delivered at Place (DAP), Delivered Duty Paid (DDP), Free Alongside Ship (FAS), and Free on Board (FOB), the named place is the place where delivery takes place and where risk passes from the seller to the buyer. Under the Incoterms rules Carriage Paid To (CPT), Carriage and Insurance Paid To (CIP), Cost and Freibut (CFR) and Cost, Insurance and Freibut (CIF), the named place differs from the place of delivery. Under these four Incoterms rules, the named place is the place of destination to which carriage is paid. Indications as to place or destination can helpfully be further specified by stating a precise poiB),in that place or destination in order tce void doubt or argument.

4. Remember that Incoterms rules do not give you a complete contract of sale

Incoterms rules do say which party to the sale contract has the obligation to make carriage or insurance arrangements, when the seller delivers the goods to the buyer, and which costs each party is responsible for. Incoterms rules, however, say nothing about the price to be paid or the method of its payment. Neither do they deal with the transfer of ownership of the goods, or the consequences of a breach of contract. These matters are normally dealt with through express terms in the contract of sale or in the law governing that contract. The parties should be aware that mandatory local law may override any aspect of the sale contract, including the chosen Incoterms rule.

Main features of the Incoterms® 2010 rules

1. Two new Incoterms rules – DAT and DAP – have replaced the Incoterms 2000 rules DAF, DES, DEQ and DDU

The number of Incoterms rules has been reduced from 13 to 11. This has been achieved by substituting two new rules that may be used irrespective of the agreed mode of transport – DAT, Delivered at Terminal, and DAP, Delivered at Place – for the Incoterms 2000 rules DAF, DES, DEQ and DDU.

Under both new rules, delivery occurs at a named destination: in DAT, at the buyer's disposal unloaded from the arriving vehicle (as under the former DEQ rule); in DAP, likewise at the buyer's disposal, but ready for unloading (as under the former DAF, DES and DDU rules).

The new rules make the Incoterms 2000 rules DES and DEQ superfluous. The named terminal in DAT may well be in a port, and DAT can therefore safely be used in cases where the Incoterms 2000 rule DEQ once was. Likewise, the arriving "vehicle" under DAP may well be a ship and the named place of destination may well be a port: consequently, DAP can safely be used in cases where the Incoterms 2000 rule DES once was. These new rules, like their predecessors, are "delivered", with the seller bearing all the costs (other than those related to import clearance, where applicable) and risks involved in bringing the goods to the named place of destination.

2. Classification of the 11 Incoterms® 2010 rules

The 11 Incoterms® 2010 rules are presented in two distinct classes:

RULES FOR ANY MODE OR MODES OF TRANSPORT

EXW EX WORKS

FCA FREE CARRIER

CPT CARRIAGE PAID TO
CIP CARRIAGE AND INSURANCE PAID TO

DAT DELIVERED AT TERMINAL
DAP DELIVERED AT PLACE
DDP DELIVERED DUTY PAID

RULES FOR SEA AND INLAND WATERWAY TRANSPORT

FAS FREE ALONGSIDE SHIP
FOB FREE ON BOARD

CFR COST AND FREIGHT
CIF COST INSURANCE AND FREIGHT

The first class includes the seven Incoterms® 2010 rules that can be used irrespective of the mode of transport selected and irrespective of whether one or more than one mode of transport is employed. EXW, FCA, CPT, CIP, DAT, DAP and DDP belong to this class. They can be used even when there is no maritime transport at all. It is important to remember, however, that these rules can be used in cases where a ship is used for part of the carriage.

In the second class of Incoterms® 2010 rules, the point of delivery and the place to which the goods are carried to the buyer are both ports, hence the label "sea and inland waterway" rules. FAS, FOB, CFR and CIF belong to this class. Under the last three Incoterms rules, all mention of the ship's rail as the point of delivery has been omitted in preference for the goods being delivered when they are "on board" the vessel. This more closely reflects modern commercial reality and avoids the rather dated image of the risk swinging to and fro across an imaginary perpendicular line.

3. Rules for domestic and international trade

Incoterms rules have traditionally been used in international sale contracts where goods pass across national borders. In various areas of the world, however, trade blocs, like the European Union, have made border formalities between different countries less significant. Consequently, the subtitle of the Incoterms® 2010 rules formally recognizes that they are available for application to both international and domestic sale contracts. As a result, the Incoterms® 2010 rules clearly state in a number of places that the obligation to comply with export/import formalities exists only where applicable.

Two developments have persuaded ICC that a movement in this direction is timely. Firstly, traders commonly use Incoterms rules for purely domestic sale contracts. The second reason is the greater willingness in the United States to use Incoterms rules in domestic trade rather than the former Uniform Commercial Code shipment and delivery terms.

4. Guidance Notes

Before each Incoterms® 2010 rule you will find a Guidance Note. The Guidance Notes explain the fundamentals of each Incoterms rule, such as when it should be used, when risk passes, and how costs are allocated between seller and buyer. The Guidance Notes are not part of the actual Incoterms® 2010 rules, but are intended to help the user accurately and efficiently steer towards the appropriate Incoterms rule for a particular transaction.

5. Electronic communication

Previous versions of Incoterms rules have specified those documents that could be replaced by EDI messages. Articles A1/B1 of the Incoterms® 2010 rules, however, now give electronic means of communication the same effect as paper communication, as long as the parties so agree or where customary. This formulation facilitates the evolution of new electronic procedures throughout the lifetime of the Incoterms® 2010 rules.

6. Insurance cover

The Incoterms® 2010 rules are the first version of the Incoterms rules since the revision of the Institute Cargo Clauses and take account of alterations made to those clauses. The Incoterms® 2010 rules place information duties relating to insurance in articles A3/B3, which deal with contracts of carriage and insurance. These provisions have been moved from the more generic articles found in articles A10/B10 of the Incoterms 2000 rules. The language in articles A3/B3 relating to insurance has also been altered with a view to clarifying the parties' obligations in this regard.

7. Security-related clearances and information required for such clearances

There is heightened concern nowadays about security in the movement of goods, requiring verification that the goods do not pose a threat to life or property for reasons other than their inherent nature. Therefore, the Incoterms® 2010 rules have allocated obligations between the buyer and seller to obtain or to render assistance in obtaining security-related clearances, such as chain-of-custody information, in articles A2/B2 and A10/B10 of various Incoterms rules.

8. Terminal handling charges

Under Incoterms rules CPT, CIP, CFR, CIF, DAT, DAP, and DDP, the seller must make arrangements for the carriage of the goods to the agreed destination. While the freight is paid by the seller, it is actually paid for by the buyer as freight costs are normally included by the seller in the total selling price. The carriage costs will sometimes include the costs of handling and moving the goods within port or container terminal facilities and the carrier or terminal operator may well charge these costs to the buyer who receives the goods. In these circumstances, the buyer will want to avoid paying for the same service twice: once to the seller as part of the total selling price and once independently to the carrier or the terminal operator. The Incoterms® 2010 rules seek to avoid this happening by clearly allocating such costs in articles A6/B6 of the relevant Incoterms rules.

9. String sales

In the sale of commodities, as opposed to the sale of manufactured goods, cargo is frequently sold several times during transit "down a string". When this happens, a seller in the middle of the string does ring"ship" the goods because these have alse dy been shipped by the first seller in the string. The seller in the middle of the string teller in performs itshe string teltowards itshbuyer ringby shipping the goods,hbungby "s bcuring" goods t midhave been shipped. For clariler in thpurposes,hIncoterms® 2010 rules include the e ligation to "procure goods shipped" as an alternative to the obligation to ship goods in the relevant Incoterms rules.

Variants of Incoterms rules

Sometimes the parties want to alter an Incoterms rule. The Incoterms® 2010 rules do not prohibit such alteration, but there are dangers in so doing. In order to avoid any unwelcome surprises, the parties would need to make the intended effect of such alterations extremely clear in their contract. Thus, for example, if the allocation of costs in the Incoterms® 2010 rules is altered in the contract, the parties should also clearly state whether they intend to vary the point at which the risk passes from seller to buyer.

Status of this introduction

This introduction gives general information on the use and interpretation of the Incoterms® 2010 rules, but does not form part of those rules.

Explanation of terms used in the Incoterms® 2010 rules

As in the Incoterms 2000 rules, the seller's and buyer's obligations are presented in mirror fashion, reflecting under column A the seller's obligations and under column B the buyer's obligations. These obligations can be carried out personally by the seller or the buyer or sometimes, subject to terms in the contract or the applicable law, through intermediaries such as carriers, freight forwarders or other persons nominated by the seller or the buyer for a specific purpose.

The text of the Incoterms® 2010 rules is meant to be self-explanatory. However, in order to assist users the following text sets out guidance as to the sense in which selected terms are used throughout the document.

Carrier: For the purposes of the Incoterms® 2010 rules, the carrier is the party with whom carriage is contracted.

Customs formalities: These are requirements to be met in order to comply with any applicable customs regulations and may include documentary, security, information or physical inspection obligations.

Delivery: This concept has multiple meanings in trade law and practice, but in the Incoterms® 2010 rules, it is used to indicate where the risk of loss of or damage to the goods passes from the seller to the buyer.

Delivery document: This phrase is now used as the heading to article A8. It means a document used to prove that delivery has occurred. For many of the Incoterms® 2010 rules, the delivery document is a transport document or corresponding electronic record. However, with EXW, FCA, FAS and FOB, the delivery document may simply be a receipt. A delivery document may also have other functions, for example as part of the mechanism for payment.

Electronic record or procedure: A set of information constituted of one or more electronic messages and, where applicable, being functionally equivalent with the corresponding paper document.

Packaging: This word is used for different purposes:

1. The packaging of the goods to comply with any requirements under the contract of sale.
2. The packaging of the goods so that they are fit for transportation.
3. The stowage of the packaged goods within a container or other means of transport.

In the Incoterms® 2010 rules, packaging means both the first and second of the above. The Incoterms® 2010 rules do not deal with the parties' obligations for stowage within a container and therefore, where relevant, the parties should deal with this in the sale contract.

RULES FOR ANY MODE OR MODES OF TRANSPORT

EXW
EX WORKS
EXW (insert named place of delivery) Incoterms® 2010

GUIDANCE NOTE

This rule may be used irrespective of the mode of transport selected and may also be used where more than one mode of transport is employed. It is suitable for domestic trade, while FCA is usually more appropriate for international trade.

"Ex Works" means that the seller delivers when it places the goods at the disposal of the buyer at the seller's premises or at another named place (i.e., works, factory, warehouse, etc.). The seller does not need to load the goods on any collecting vehicle, nor does it need to clear the goods for export, where such clearance is applicable.

The parties are well advised to specify as clearly as possible the point within the named place of delivery, as the costs and risks to that point are for the account of the seller. The buyer bears all costs and risks involved in taking the goods from the agreed point, if any, at the named place of delivery.

EXW represents the minimum obligation for the seller. The rule should be used with care as:

a) The seller has no obligation to the buyer to load the goods, even though in practice the seller may be in a better position to do so. If the seller does load the goods, it does so at the buyer's risk and expense. In cases where the seller is in a better position to load the goods, FCA, which obliges the seller to do so at its own risk and expense, is usually more appropriate.
b) A buyer who buys from a seller on an EXW basis for export needs to be aware that the

seller has an obligation to provide only such assistance as the buyer may require to effect that export: the seller is not bound to organize the export clearance. Buyers are therefore well advised not to use EXW if they cannot directly or indirectly obtain export clearance.

c) The buyer has limited obligations to provide to the seller any information regarding the export of the goods. However, the seller may need this information for, e.g., taxation or reporting purposes.

A THE SELLER' OBLIGATIONS

A1 General obligations of the seller

The seller must provide the goods and the commercial invoice in conformity with the contract of sale and any other evidence of conformity that may be required by the contract.

Any document referred to in A1–A10 may be an equivalent electronic record or procedure if agreed between the parties or customary.

A2 Licences, authorizations, security clearances and other formalities

Where applicable, the seller must provide the buyer, at the buyer's request, risk and expense, assistance in obtaining any export licence, or other official authorization necessary for the export of the goods.

Where applicable, the seller must provide, at the buyer's request, risk and expense, any information in the possession of the seller that is required for the security clearance of the goods.

A3 Contracts of carriage and insurance

a) Contract of carriage

The seller has no obligation to the buyer to make a contract of carriage.

b) Contract of insurance

The seller has no obligation to the buyer to make a contract of insurance. However, the seller must provide the buyer, at the buyer's request, risk and expense (if any), with information that the buyer needs for obtaining insurance.

A4 Delivery

The seller must deliver the goods by placing them at the disposal of the buyer at the agreed point, if any, at the named place of delivery, not loaded on any collecting vehicle.

If no specific point has been agreed within the named place of delivery, and if there are several points available, the seller may select the point that best suits its purpose. The seller must deliver the goods on the agreed date or within the agreed period.

A5 Transfer of risks

The seller bears all risks of loss of or damage to the goods until they have been delivered in accordance with A4 with the exception of loss or damage in the circumstances described in B5.

A6 Allocation of costs

The seller must pay all costs relating to the goods until they have been delivered in accordance with A4, other than those payable by the buyer as envisaged in B6.

A7 Notices to the buyer

The seller must give the buyer any notice needed to enable the buyer to take delivery of the goods.

A8 Delivery document

The seller has no obligation to the buyer.

A9 Checking – packaging – marking

The seller must pay the costs of those checking operations (such as checking quality, measuring, weighing, counting) that are necessary for the purpose of delivering the goods in accordance with A4.

The seller must, at its own expense, package the goods, unless it is usual for the particular trade to transport the type of goods sold unpackaged. The seller may package the goods in the manner appropriate for their transport, unless the buyer has notified the seller of specific packaging requirements before the contract of sale is concluded. Packaging is to be marked appropriately.

A10 Assistance with information and related costs

The seller must, where applicable, in a timely manner, provide to or render assistance in obtaining for the buyer, at the buyer's request, risk and expense, any documents and information,

including security-related information, that the buyer needs for the export and/or import of the goods and/or for their transport to the final destination.

B THE BUYER' OBLIGATIONS

B1 General obligations of the buyer

The buyer must pay the price of the goods as provided in the contract of sale.

Any document referred to in B1–B10 may be an equivalent electronic record or procedure if agreed between the parties or customary.

B2 Licences, authorizations, security clearances and other formalities

Where applicable, it is up to the buyer to obtain, at its own risk and expense, any export and import licence or other official authorization and carry out all customs formalities for the export of the goods.

B3 Contracts of carriage and insurance

a) Contract of carriage

The buyer has no obligation to the seller to make a contract of carriage.

b) Contract of insurance

The buyer has no obligation to the seller to make a contract of insurance.

B4 Taking delivery

The buyer must take delivery of the goods when A4 and A7 have been complied with.

B5 Transfer of risks

The buyer bears all risks of loss of or damage to the goods from the time they have been delivered as envisaged in A4.

If the buyer fails to give notice in accordance with B7, then the buyer bears all risks of loss of or damage to the goods from the agreed date or the expiry date of the agreed period for delivery, provided that the goods have been clearly identified as the contract goods.

B6 Allocation of costs

The buyer must:

a) pay all costs relating to the goods from the time they have been delivered as envisaged in A4;

b) pay any additional costs incurred by failing either to take delivery of the goods when they have been placed at its disposal or to give appropriate notice in accordance with B7, provided that the goods have been clearly identified as the contract goods;

c) pay, where applicable, all duties, taxes and other charges, as well as the costs of carrying out customs formalities payable upon export; and

d) reimburse all costs and charges incurred by the seller in providing assistance as envisaged in A2.

B7 Notices to the seller

The buyer must, whenever it is entitled to determine the time within an agreed period and/or the point of taking delivery within the named place, give the seller sufficient notice thereof.

B8 Proof of delivery

The buyer must provide the seller with appropriate evidence of having taken delivery.

B9 Inspection of goods

The buyer must pay the costs of any mandatory pre-shipment inspection, including inspection mandated by the authorities of the country of export.

B10 Assistance with information and related costs

The buyer must, in a timely manner advise the seller of any security information requirements so that the seller may comply with A10.

The buyer must reimburse the seller for all costs and charges incurred by the seller in providing or rendering assistance in obtaining documents and information as envisaged in A10.

FCA

Free Carrier

FCA (insert named place of delivery) Incoterms® 2010

GUIDANCE NOTE

This rule may be used irrespective of the mode of transport selected and may also be used where more than one mode of transport is employed.

"Free Carrier" means that the seller delivers the goods to the carrier or another person nominated by the buyer at the seller's premises or another named place. The parties are well advised to specify as clearly as possible the point within the named place of delivery, as the risk passes to the buyer at that point.

If the parties intend to deliver the goods at the seller's premises, they should identify the address of those premises as the named place of delivery. If, on the other hand, the parties intend the goods to be delivered at another place, they must identify a different specific place of delivery.

FCA requires the seller to clear the goods for export, where applicable. However, the seller has no obligation to clear the goods for import, pay any import duty or carry out any import customs formalities.

A THE SELLER' OBLIGATIONS

A1 General obligations of the seller

The seller must provide the goods and the commercial invoice in conformity with the contract of sale and any other evidence of conformity that may be required by the contract.

Any document referred to in A1–A10 may be an equivalent electronic record or procedure if agreed between the parties or customary.

A2 Licences, authorizations, security clearances and other formalities

Where applicable, the seller must obtain, at its own risk and expense, any export licence or other official authorization and carry out all customs formalities necessary for the export of the goods.

A3 Contracts of carriage and insurance

a) Contract of carriage

The seller has no obligation to the buyer to make a contract of carriage. However, if requested by the buyer or if it is commercial practice and the buyer does not give an instruction to the contrary in due time, the seller may contract for carriage on usual terms at the buyer's risk and expense. In either case, the seller may decline to make the contract of carriage and, if it does, shall promptly notify the buyer.

b) Contract of insurance

The seller has no obligation to the buyer to make a contract of insurance. However, the seller must provide the buyer, at the buyer's request, risk, and expense (if any), with information that the buyer needs for obtaining insurance.

A4 Delivery

The seller must deliver the goods to the carrier or another person nominated by the buyer at the agreed pdsnt, if any, at the named place on the agreed date or within the agreed period.

Delivery is completed:

a) If the named place is the seller's premises, when the goods have been loaded on the means of transport provided by the buyer.

b) In any other case, when the goods are placed at the disposal of the carrier or another person nominated by the buyer on the seller's means of transport ready for unloading.

If no specific point has been notified by the buyer under B7 d) within the named place of delivery, and if there are several points available, the seller may select the point that best suits its purpose.

Unless the buyer notifies the seller otherwise, the seller may deliver the goods for carriage in such a manner as the quantity and/or nature of the goods may require.

A5 Transfer of risks

The seller bears all risks of loss of or damage to the goods until they have been delivered in accordance with A4, with the exception of loss or damage in the circumstances described in B5.

A6 Allocation of costs

The seller must pay

a) all costs relating to the goods until they have been delivered in accordance with A4, other than those payable by the buyer as envisaged in B6; and

b) where applicable, the costs of customs formalities necessary for export, as well as all duties, taxes, and other charges payable upon export.

A7 Notices to the buyer

The seller must, at the buyer's risk and expense, give the buyer sufficient notice either that the goods have been delivered in accordance with A4 or that the carrier or another person nominated by the buyer has failed to take the goods within the time agreed.

A8 Delivery document

The seller must provide the buyer, at the seller's expense, with the usual proof that the goods have been delivered in accordance with A4.

The seller must provide assistance to the buyer, at the buyer's request, risk and expense, in obtaining a transport document.

A9 Checking - packaging - marking

The seller must pay the costs of those checking operations (such as checking quality, measuring, weighing, counting) that are necessary for the purpose of delivering the goods in accordance with A4, as well as the costs of any pre-shipment inspection mandated by the authority of the country of export.

The seller must, at its own expense, package the goods, unless it is usual for the particular trade to transport the type of goods sold unpackaged. The seller may package the goods in the manner appropriate for their transport, unless the buyer has notified the seller of specific packaging requirements before the contract of sale is concluded. Packaging is to be marked appropriately.

A10 Assistance with information and related costs

The seller must, where applicable, in a timely manner, provide to or render assistance in obtaining for the buyer, at the buyer's request, risk and expense, any documents and information, including security-related information, that the buyer needs for the import of the goods and/or for their transport to the final destination.

The seller must reimburse the buyer for all costs and charges incurred by the buyer in providing or rendering assistance in obtaining documents and information as envisaged in B10.

B THE BUYER' OBLIGATIONS

B1 General obligations of the buyer

The buyer must pay the price of the goods as provided in the contract of sale.

Any document referred to in B1-B10 may be an equivalent electronic record or procedure if agreed between the parties or customary.

B2 Licences, authorizations, security clearances and other formalities

Where applicable, it is up to the buyer to obtain, at its own risk and expense, any import licence or other official authorization and carry out all customs formalities for the import of the goods and for their transport through any country.

B3 Contracts of carriage and insurance

a) Contract of carriage

The buyer must contract at its own expense for the carriage of the goods from the named place of delivery, except when the contract of carriage is made by the seller as provided for in A3 a).

b) Contract of insurance

The buyer has no obligation to the seller to make a contract of insurance.

B5 Transfer of risks

The buyer bears all risks of loss of or damage to the goods from the time they have been delivered as envisaged in A4.

If

a) the buyer fails in accordance with B7 to notify the nomination of a carrier or another person as envisaged in A4 or to give notice; or

b) the carrier or person nominated by the buyer as envisaged in A4 fails to take the goods into its charge,

then, the buyer bears all risks of loss of or damage to the goods:

(i) from the agreed date, or in the absence of an agreed date,

(ii) from the date notified by the seller under A7 within the agreed period; or, if no such date has been notified,

(iii) from the expiry date of any agreed period for delivery,

provided that the goods have been clearly identified as the contract goods.

B6 Allocation of costs

The buyer must pay

a) all costs relating to the goods from the time they have been delivered as envisaged in A4, except, where applicable, the costs of customs formalities necessary for export, as well as all duties, taxes, and other charges payable upon export as referred to in A6 b);

b) any additional costs incurred, either because:

(i) the buyer fails to nominate a carrier or another person as envisaged in A4, or

(ii) the carrier or person nominated by the buyer as envisaged in A4 fails to take the goods into its charge, or

(iii) the buyer has failed to give appropriate notice in accordance with B7,

provided that the goods have been clearly identified as the contract goods; and

c) where applicable, all duties, taxes and other charges as well as the costs of carrying out customs formalities payable upon import of the goods and the costs for their transport through any country.

B7 Notices to the seller

The buyer must notify the seller of

a) the name of the carrier or another person nominated as envisaged in A4 within sufficient time as to enable the seller to deliver the goods in accordance with that article;

b) where necessary, the selected time within the period agreed for delivery when the carrier or person nominated will take the goods;

c) the mode of transport to be used by the person nominated; and

d) the point of taking delivery within the named place.

B8 Proof of delivery

The buyer must accept the proof of delivery provided as envisaged in A8.

B9 Inspection of goods

The buyer must pay the costs of any mandatory pre-shipment inspection, except when such inspection is mandated by the authorities of the country of export.

B10 Assistance with information and related costs

The buyer must, in a timely manner, advise the seller of any security information requirements so that the seller may comply with A10.

The buyer must reimburse the seller for all costs and charges incurred by the seller in providing or rendering assistance in obtaining documents and information as envisaged in A10.

The buyer must, where applicable, in a timely manner, provide to or render assistance in obtaining for the seller, at the seller's request, risk and expense, any documents and information, including security-related information, that the seller needs for the transport and export of the goods and for their transport through any country.

CPT
CARRIAGE PAID TO
CPT (insert named place of destination) Incoterms® 2010

GUIDANCE NOTE

This rule may be used irrespective of the mode of transport selected and may also be used where more than one mode of transport is employed.

"Carriage Paid To" means that the seller delivers the goods to the carrier or another person nominated by the seller at an agreed place (if any such place is agreed between the parties) and that the seller must contract for and pay the costs of carriage necessary to bring the goods to the named place of destination.

When CPT, CIP, CFR or CIF are used, the seller fulfils its obligation to deliver when it hands the goods over to the carrier and not when the goods reach the place of destination.

This rule has two critical points, because risk passes and costs are transferred at different places. The parties are well advised to identify as precisely as possible in the contract both the place of delivery, where the risk passes to the buyer, and the named place of destination to which the seller must contract for the carriage. If several carriers are used for the carriage to the agreed destination and the parties do not agree on a specific point of delivery, the default position is that risk passes when the goods have been delivered to the first carrier at a point entirely of the seller's choosing and over which the buyer has no control. Should the parties wish the risk to pass at a later stage (e.g., at an ocean port or airport), they need to specify this in their contract of sale.

The parties are also well advised to identify as precisely as possible the point within the agreed place of destination, as the costs to that point are for the account of the seller. The seller is advised to procure contracts of carriage that match this choice precisely. If the seller incurs costs under its contract of carriage related to unloading at the named place of destination, the seller is not entitled to recover such costs from the buyer unless otherwise agreed between the parties.

CPT requires the seller to clear the goods for export, where applicable. However, the seller has no obligation to clear the goods for import, pay any import duty or carry out any import customs formalities.

A THE SELLER' OBLIGATIONS

A1 General obligations of the seller

The seller must provide the goods and the commercial invoice in conformity with the contract of sale and any other evidence of conformity that may be required by the contract.

Any document referred to in A1–A10 may be an equivalent electronic record or procedure if agreed between the parties or customary.

A2 Licences, authorizations, security clearances and other formalities

Where applicable, the seller must obtain, at its own risk and expense, any export licence or other official authorization and carry out all customs formalities necessary for the export of the goods, and for their transport through any country prior to delivery.

A3 Contracts of carriage and insurance

a) Contract of carriage

The seller must contract or procure a contract for the carriage of the goods from the agreed point of delivery, if any, at the place of delivery to the named place of destination or, if agreed, any point at that place. The contract of carriage must be made on usual terms at the seller's expense and provide for carriage by the usual route and in a customary manner. If a specific point is not agreed or is not determined by practice, the seller may select the point of delivery and the point at the named place of destination that best suit its purpose.

b) Contract of insurance

The seller has no obligation to the buyer to make a contract of insurance. However, the seller must provide the buyer, at the buyer's request, risk, and expense (if any), with information that the buyer needs for obtaining insurance.

A4 Delivery

The seller must deliver the goods by handing them over to the carrier contracted in accordance with A3 on the agreed date or within the agreed period.

A5 Transfer of risks

The seller bears all risks of loss of or damage to the goods until they have been delivered in accordance with A4, with the exception of loss or damage in the circumstances described in B5.

A6 Allocation of costs

The seller must pay

a) all costs relating to the goods until they have been delivered in accordance with A4, other than those payable by the buyer as envisaged in B6;

b) the freight and all other costs resulting from A3 a), including the costs of loading the goods and any charges for unloading at the place of destination that were for the seller's account under the contract of carriage; and

c) where applicable, the costs of customs formalities necessary for export, as well as all duties, taxes and other charges payable upon export, and the costs for their transport through any country that were for the seller's account under the contract of carriage.

A7 Notices to the buyer

The seller must notify the buyer that the goods have been delivered in accordance with A4.

The seller must give the buyer any notice needed in order to allow the buyer to take measures that are normally necessary to enable the buyer to take the goods.

A8 Delivery document

If customary or at the buyer's request, the seller must provide the buyer, at the seller's expense, with the usual transport document[s] for the transport contracted in accordance with A3.

This transport document must cover the contract goods and be dated within the period agreed for shipment. If agreed or customary, the document must also enable the buyer to claim the goods from the carrier at the named place of destination and enable the buyer to sell the goods in transit by the transfer of the document to a subsequent buyer or by notification to the carrier.

When such a transport document is issued in negotiable form and in several originals, a full set of originals must be presented to the buyer.

A9 Checking – packaging – marking

The seller must pay the costs of those checking operations (such as checking quality, measuring, weighing, counting) that are necessary for the purpose of delivering the goods in accordance with A4, as well as the costs of any pre-shipment inspection mandated by the authority of the country of export.

The seller must, at its own expense, package the goods, unless it is usual for the particular trade to transport the type of goods sold unpackaged. The seller may package the goods in the manner appropriate for their transport, unless the buyer has notified the seller of specific packaging requirements before the contract of sale is concluded. Packaging is to be marked appropriately.

A10 Assistance with information and related costs

The seller must, where applicable, in a timely manner, provide to or render assistance in obtaining for the buyer, at the buyer's request, risk and expense, any documents and information, including security-related information, that the buyer needs for the import of the goods and/or for their transport to the final destination.

The seller must reimburse the buyer for all costs and charges incurred by the buyer in providing or rendering assistance in obtaining documents and information as envisaged in B10.

B THE BUYER' OBLIGATIONS

B1 General obligations of the buyer

The buyer must pay the price of the goods as provided in the contract of sale.

Any document referred to in B1–B10 may be an equivalent electronic record or procedure if agreed between the parties or customary.

B2 Licences, authorizations, security clearances and other formalities

Where applicable, it is up to the buyer to obtain, at its own risk and expense, any import licence or other official authorization and carry out all customs formalities for the import of the goods and for their transport through any country.

B3 Contracts of carriage and insurance

a) Contract of carriage

The buyer has no obligation to the seller to make a contract of carriage.

b) Contract of insurance

The buyer has no obligation to the seller to make a contract of insurance. However, the buyer must provide the seller, upon request, with the necessary information for obtaining insurance.

B4 Taking delivery

The buyer must take delivery of the goods when they have been delivered as envisaged in A4 and receive them from the carrier at the named place of destination.

B5 Transfer of risks

The buyer bears all risks of loss of or damage to the goods from the time they have been delivered as envisaged in A4.

If the buyer fails to give notice in accordance with B7, it must bear all risks of loss of or damage to the goods from the agreed date or the expiry date of the agreed period for delivery, provided that the goods have been clearly identified as the contract goods.

B6 Allocation of costs

The buyer must, subject to the provisions of A3 a), pay

a) all costs relating to the goods from the time they have been delivered as envisaged in A4, except, where applicable, the costs of customs formalities necessary for export, as well as all duties, taxes, and other charges payable upon export as referred to in A6 c);

b) all costs and charges relating to the goods while in transit until their arrival at the agreed place of destination, unless such costs and charges were for the seller's account under the contract of carriage;

c) unloading costs, unless such costs were for the seller's account under the contract of carriage;

d) any additional costs incurred if the buyer fails to give notice in accordance with B7, from the agreed date or the expiry date of the agreed period for dispatch, provided that the goods have been clearly identified as the contract goods; and

e) where applicable, all duties, taxes and other charges, as well as the costs of carrying out customs formalities payable upon import of the goods and the costs for their transport through any country, unless included within the cost of the contract of carriage.

B7 Notices to the seller

The buyer must, whenever it is entitled to determine the time for dispatching the goods and/or the named place of destination or the point of receiving the goods within that place, give the seller sufficient notice thereof.

B8 Proof of delivery

The buyer must accept the transport document provided as envisaged in A8 if it is in conformity with the contract.

B9 Inspection of goods

The buyer must pay the costs of any mandatory pre-shipment inspection, except when such inspection is mandated by the authorities of the country of export.

B10 Assistance with information and related costs

The buyer must, in a timely manner, advise the seller of any security information requirements so that the seller may comply with A10.

The buyer must reimburse the seller for all costs and charges incurred by the seller in providing or rendering assistance in obtaining documents and information as envisaged in A10.

The buyer must, where applicable, in a timely manner, provide to or render assistance in obtaining for the seller, at the seller's request, risk and expensand ny documents and information, including security-related information, that the seller needs for the transport and export of the goods and for their transport through any country.

CIP
CARRIAGE AND INSURANCE PAID TO
CIP (insert named place of destination) Incoterms® 2010

GUIDANCE NOTE

This rule may be used irrespective of the mode of transport selected and may also be used where more than one mode of transport is employed.

"Carriage and Insurance Paid to" means that the seller delivers the goods to the carrier or another person nominated by the seller at an agreed place (if any such place is agreed between the parties) and that the seller must contract for and pay the costs of carriage necessary to bring the goods to the named place of destination.

The seller also contracts for insurance cover against the buyer's risk of loss of or damage to the goods during the carriage. The buyer should note that under CIP the seller is required to obtain insurance only on minimum cover. Should the buyer wish to have more insurance protection, it will need either to agree as much expressly with the seller or to make its own extra insurance arrangements.

When CPT, CIP, CFR or CIF are used, the seller fulfils its obligation to deliver when it hands the goods over to the carrier and not when the goods reach the place of destination.

This rule has two critical points, because risk passes and costs are transferred at different places. The parties are well advised to identify as precisely as possible in the contract both the place of delivery, where the risk passes to the buyer, and the named place of destination to which the seller must contract for carriage. If several carriers are used for the carriage to the agreed destination and the parties do not agree on a specific point of delivery, the default position is that risk passes when the goods have been delivered to the first carrier at a point entirely of the seller's choosing and over which the buyer has no control. Should the parties wish the risk to pass at a later stage (e.g., at an ocean port or an airport), they need to specify this in their contract of sale.

The parties are also well advised to identify as precisely as possible the point within the agreed place of destination, as the costs to that point are for the account of the seller. The seller is advised to procure contracts of carriage that match this choice precisely. If the seller incurs costs under its contract of carriage related to unloading at the named place of destination, the seller is not entitled to recover such costs from the buyer unless otherwise agreed between the parties.

CIP requires the seller to clear the goods for export, where applicable. However, the seller has no obligation to clear the goods for import, pay any import duty or carry out any import customs formalities.

A THE SELLER' OBLIGATIONS

A1 General obligations of the seller

The seller must provide the goods and the commercial invoice in conformity with the contract of sale and any other evidence of conformity that may be required by the contract.

Any document referred to in A1–A10 may be an equivalent electronic record or procedure if agreed between the parties or customary.

A2 Licences, authorizations, security clearances and other formalities

Where applicable, the seller must obtain, at its own risk and expense, any export licence or other official authorization and carry out all customs formalities necessary for the export of the goods and for their transport through any country prior to delivery.

A3 Contracts of carriage and insurance

a) Contract of carriage

The seller must contract or procure a contract for the carriage of the goods from the agreed point of delivery, if any, at the place of delivery to the named place of destination or, if agreed, any point at that place. The contract of carriage must be made on usual terms at the seller's expense and provide for carriage by the usual route and in a customary manner. If a specific point is not agreed or is not determined by practice, the seller may select the point of delivery and the point at the named place of destination that best suit its purpose.

b) Contract of insurance

The seller must obtain at its own expense cargo insurance complying at least with the minimum cover as provided by Clauses (C) of the Institute Cargo Clauses (LMA/IUA) or any similar clauses. The insurance shall be contracted with underwriters or an insurance company of good repute and entitle the buyer, or any other person having an insurable interest in the goods, to claim directly from the insurer.

When required by the buyer, the seller shall, subject to the buyer providing any necessary information requested by the seller, provide at the buyer's expense any additional cover, if procurable, such as cover as provided by Clauses (A) or (B) of the Institute Cargo Clauses (LMA/IUA) or any similar clauses, and/or cover complying with the Institute War Clauses and/or Institute Strikes Clauses (LMA/IUA) or any similar clauses.

The insurance shall cover, at a minimum, the price provided in the contract plus 10% (i.e., 110%) and shall be in the currency of the contract.

The insurance shall cover the goods from the point of delivery set out in A4 and A5 to at least the named place of destination.

The seller must provide the buyer with the insurance policy or other evidence of insurance cover.

Moreover, the seller must provide the buyer, at the buyer's request, risk, and expense (if any), with information that the buyer needs to procure any additional insurance.

A4 Delivery

The seller must deliver the goods by handing them over to the carrier contracted in accordance with A3 on the agreed date or within the agreed period.

A5 Transfer of risks

The seller bears all risks of loss of or damage to the goods until they have been delivered in accordance with A4, with the exception of loss or damage in the circumstances described in B5.

A6 Allocation of costs

The seller must pay

a) all costs relating to the goods until they have been delivered in accordance with A4, other than those payable by the buyer as envisaged in B6;
b) the freight and all other costs resulting from A3 a), including the costs of loading the goods and any charges for unloading at the place of destination that were for the seller's account under the contract of carriage;
c) the costs of insurance resulting from A3 b); and
d) where applicable, the costs of customs formalities necessary for export, as well as all duties, taxes and other charges payable upon export, and the costs for their transport through any country that were for the seller's account under the contract of carriage.

A7 Notices to the buyer

The seller must notify the buyer that the goods have been delivered in accordance with A4.

The seller must give the buyer any notice needed in order to allow the buyer to take measures that are normally necessary to enable the buyer to take the goods.

A8 Delivery document

If customary or at the buyer's request, the seller must provide the buyer, at the seller's expense, with the usual transport document[s] for the transport contracted in accordance with A3.

This transport document must cover the contract goods and be dated within the period agreed for shipment. If agreed or customary, the document must also enable the buyer to claim the goods from the carrier at the named place of destination and enable the buyer to sell the goods in transit by the transfer of the document to a subsequent buyer or by notification to the carrier.

When such a transport document is issued in negotiable form and in several originals, a full set of originals must be presented to the buyer.

A9 Checking – packaging – marking

The seller must pay the costs of those checking operations (such as checking quality,

measuring, weighing, counting) that are necessary for the purpose of delivering the goods in accordance with A4 as well as the costs of any pre-shipment inspection mandated by the authority of the country of export.
The seller must, at its own expense, package the goods, unless it is usual for the particular trade to transport the type of goods sold unpackaged. The seller may package the goods in the manner appropriate for their transport, unless the buyer has notified the seller of specific packaging requirements before the contract of sale is concluded. Packaging is to be marked appropriately.

A10 Assistance with information and related costs
The seller must, where applicable, in a timely manner, provide to or render assistance in obtaining for the buyer, at the buyer's request, risk and expense, any documents and information, including security-related information, that the buyer needs for the import of the goods and/or for their transport to the final destination.
The seller must reimburse the buyer for all costs and charges incurred by the buyer in providing or rendering assistance in obtaining documents and information as envisaged in B10.

B THE BUYER' OBLIGATIONS

B1 General obligations of the buyer
The buyer must pay the price of the goods as provided in the contract of sale.
Any document referred to in B1-B10 may be an equivalent electronic record or procedure if agreed between the parties or customary.

B2 Licences, authorizations, security clearances and other formalities
Where applicable, it is up to the buyer to obtain, at its own risk and expense, any import licence or other official authorization and carry out all customs formalities for the import of the goods and for their transport through any country.

B3 Contracts of carriage and insurance
a) Contract of carriage
The buyer has no obligation to the seller to make a contract of carriage.
b) Contract of insurance
The buyer has no obligation to the seller to make a contract of insurance. However, the buyer must provide the seller, upon request, with any information necessary for the seller

to procure any additional insurance requested by the buyer as envisaged in A3 b).

B4 Taking delivery

The buyer must take delivery of the goods when they have been delivered as envisaged in A4 and receive them from the carrier at the named place of destination.

B5 Transfer of risks

The buyer bears all risks of loss of or damage to the goods from the time they have been delivered as envisaged in A4.

If the buyer fails to give notice in accordance with B7, it must bear all risks of loss of or damage to the goods from the agreed date or the expiry date of the agreed period for delivery, provided that the goods have been clearly identified as the contract goods.

B6 Allocation of costs

The buyer must, subject to the provisions of A3 a), pay

a) all costs relating to the goods from the time they have been delivered as envisaged in A4, except, where applicable, the costs of customs formalities necessary for export, as well as all duties, taxes and other charges payable upon export as referred to in A6 d);

b) all costs and charges relating to the goods while in transit until their arrival at the agreed place of destination, unless such costs and charges were for the seller's account under the contract of carriage;

c) unloading costs, unless such costs were for the seller's account under the contract of carriage;

d) any additional costs incurred if it fails to give notice in accordance with B7, from the agreed date or the expiry date of the agreed period for dispatch, provided that the goods have been clearly identified as the contract goods;

e) where applicable, all duties, taxes and other charges as well as the costs of carrying out customs formalities payable upon import of the goods and the costs for their transport through any country, unless included within the cost of the contract of carriage; and

f) the costs of any additional insurance procured at the buyer's request under A3 and B3.

B7 Notices to the seller

The buyer must, whenever it is entitled to determine the time for dispatching the goods and/or the named place of destination or the point of receiving the goods within that place, give the seller sufficient notice thereof.

B8 Proof of delivery

The buyer must accept the transport document provided as envisaged in A8 if it is in conformity with the contract.

B9 Inspection of goods

The buyer must pay the costs of any mandatory pre-shipment inspection, except when such inspection is mandated by the authorities of the country of export.

B10 Assistance with information and related costs

The buyer must, in a timely manner, advise the seller of any security information requirements so that the seller may comply with A10.

The buyer must reimburse the seller for all costs and charges incurred by the seller in providing or rendering assistance in obtaining documents and information as envisaged in A10.

The buyer must, where applicable, in a timely manner, provide to or render assistance in obtaining for the seller, at the seller's request, risk and expense, any documents and information, including security-related information, that the seller needs for the transport and export of the goods and for their transport through any country.

DAT
DELIVERED AT TERMINAL
DAT (insert named terminal at port or place of destination) Incoterms® 2010

GUIDANCE NOTE

This rule may be used irrespective of the mode of transport selected and may also be used where more than one mode of transport is employed.

"Delivered at Terminal" means that the seller delivers when the goods, once unloaded from the arriving means of transport, are placed at the disposal of the buyer at a named terminal at the named port or place of destination. "Terminal" includes any place, whether covered or not, such as a quay, warehouse, container yard or road, rail or air cargo terminal. The seller bears all risks involved in bringing the goods to and unloading them at the terminal at the named port or place of destination.

The parties are well advised to specify as clearly as possible the terminal and, if possible, a specific point within the terminal at the agreed port or place of destination, as the risks to that point are for the account of the seller. The seller is advised to procure a contract of carriage that matches this choice precisely.

Moreover, if the parties intend the seller to bear the risks and costs involved in transporting and handling the goods from the terminal to another place, then the DAP or DDP rules should be used.

DAT requires the seller to clear the goods for export, where applicable. However, the seller has no obligation to clear the goods for import, pay any import duty or carry out any import customs formalities.

A THE SELLER' OBLIGATIONS

A1 General obligations of the seller

The seller must provide the goods and the commercial invoice in conformity with the contract of sale and any other evidence of conformity that may be required by the contract.

Any document referred to in A1–A10 may be an equivalent electronic record or procedure if agreed between the parties or customary.

A2 Licences, authorizations, security clearances and other formalities

Where applicable, the seller must obtain, at its own risk and expense, any export licence and other official authorization and carry out all customs formalities necessary for the export of the goods and for their transport through any country prior to delivery.

A3 Contracts of carriage and insurance

a) Contract of carriage

The seller must contract at its own expense for the carriage of the goods to the named terminal at the agreed port or place of destination. If a specific terminal is not agreed or is not determined by practice, the seller may select the terminal at the agreed port or place of destination that best suits its purpose.

b) Contract of insurance

The seller has no obligation to the buyer to make a contract of insurance. However, the seller must provide the buyer, at the buyer's request, risk, and expense (if any), with information that
the buyer needs for obtaining insurance.

A4 Delivery

The seller must unload the goods from the arriving means of transport and must then deliver them by placing them at the disposal of the buyer at the named terminal referred to in A3 a) at the port or place of destination on the agreed date or within the agreed period.

A5 Transfer of risks

The seller bears all risks of loss of or damage to the goods until they have been delivered in accordance with A4 with the exception of loss or damage in the circumstances described in B5.

A6 Allocation of costs

The seller must pay

a) in addition to costs resulting from A3 a), all costs relating to the goods until they have been delivered in accordance with A4, other than those payable by the buyer as envisaged in B6; and

b) where applicable, the costs of customs formalities necessary for export as well as all duties, taxes and other charges payable upon export and the costs for their transport through any country, prior to delivery in accordance with A4.

A7 Notices to the buyer

The seller must give the buyer any notice needed in order to allow the buyer to take measures that are normally necessary to enable the buyer to take delivery of the goods.

A8 Delivery document

The seller must provide the buyer, at the seller's expense, with a document enabling the buyer to take delivery of the goods as envisaged in A4/B4.

A9 Checking – packaging – marking

The seller must pay the costs of those checking operations (such as checking quality, measuring, weighing, counting) that are necessary for the purpose of delivering the goods in accordance with A4, as well as the costs of any pre-shipment inspection mandated by the authority of the country of export.

The seller must, at its own expense, package the goods, unless it is usual for the particular trade to transport the type of goods sold unpackaged. The seller may package the goods in the manner appropriate for their transport, unless the buyer has notified the seller of specific packaging requirements before the contract of sale is concluded. Packaging is to be marked appropriately.

A10 Assistance with information and related costs

The seller must, where applicable, in a timely manner, provide to or render assistance in obtaining for the buyer, at the buyer's request, risk and expense, any documents and information, including security-related information, that the buyer needs for the import of the goods and/or for their transport to the final destination.

The seller must reimburse the buyer for all costs and charges incurred by the buyer in providing or rendering assistance in obtaining documents and information as envisaged in B10.

B THE BUYER' OBLIGATIONS

B1 General obligations of the buyer

The buyer must pay the price of the goods as provided in the contract of sale.

Any document referred to in B1-B10 may be an equivalent electronic record or procedure if agreed between the parties or customary.

B2 Licences, authorizations, security clearances and other formalities

Where applicable, the buyer must obtain, at its own risk and expense, any import licence or other official authorization and carry out all customs formalities for the import of the goods.

B3 Contracts of carriage and insurance

a) Contract of carriage

The buyer has no obligation to the seller to make a contract of carriage.

b) Contract of insurance

The buyer has no obligation to the seller to make a contract of insurance. However, the buyer must provide the seller, upon request, with the necessary information for obtaining insurance.

B4 Taking delivery

The buyer must take delivery of the goods when they have been delivered as envisaged in A4.

B5 Transfer of risks

The buyer bears all risks of loss of or damage to the goods from the time they have been delivered as envisaged in A4.

If

a) the buyer fails to fulfil its obligations in accordance with B2, then it bears all resulting risks of loss of or damage to the goods; or

b) the buyer fails to give notice in accordance with B7, then it bears all risks of loss of or damage to the goods from the agreed date or the expiry date of the agreed period for delivery,

provided that the goods have been clearly identified as the contract goods.

B6 Allocation of costs

The buyer must pay

a) all costs relating to the goods from the time they have been delivered as envisaged in A4;

b) any additional costs incurred by the seller if the buyer fails to fulfil its obligations in accordance with B2, or to give notice in accordance with B7, provided that the goods have been clearly identified as the contract goods; and

c) where applicable, the costs of customs formalities as well as all duties, taxes and other charges payable upon import of the goods.

B7 Notices to the seller

The buyer must, whenever it is entitled to determine the time within an agreed period and/or the point of taking delivery at the named terminal, give the seller sufficient notice thereof.

B8 Proof of delivery

The buyer must accept the delivery document provided as envisaged in A8.

B9 Inspection of goods

The buyer must pay the costs of any mandatory pre-shipment inspection, except when such inspection is mandated by the authorities of the country of export.

B10 Assistance with information and related costs

The buyer must, in a timely manner, advise the seller of any security information requirements so that the seller may comply with A10.

The buyer must reimburse the seller for all costs and charges incurred by the seller in providing or rendering assistance in obtaining documents and information as envisaged in A10.

The buyer must, where applicable, in a timely manner, provide to or render assistance in obtaining for the seller, at the seller's request, risk and expense, any documents and information, including security-related information, that the seller needs for the transport and export of the goods and for their transport through any country.

DAP
DELIVERED AT PLACE
DAP (insert named place of destination) Incoterms® 2010

GUIDANCE NOTE

This rule may be used irrespective of the mode of transport selected and may also be used where more than one mode of transport is employed.

"Delivered at Place" means that the seller delivers when the goods are placed at the disposal of the buyer on the arriving means of transport ready for unloading at the named place of destination. The seller bears all risks involved in bringing the goods to the named place.

The parties are well advised to specify as clearly as possible the point within the agreed place of destination, as the risks to that point are for the account of the seller. The seller is advised to procure contracts of carriage that match this choice precisely. If the seller incurs costs under its contract of carriage related to unloading at the place of destination, the seller is not entitled to recover such costs from the buyer unless otherwise agreed between the parties.

DAP requires the seller to clear the goods for export, where applicable. However, the seller has no obligation to clear the goods for import, pay any import duty or carry out any import customs formalities. If the parties wish the seller to clear the goods for import, pay any import duty and carry out any import customs formalities, the DDP term should be used.

A THE SELLER' OBLIGATIONS

A1 General obligations of the seller

The seller must provide the goods and the commercial invoice in conformity with the contract of sale and any other evidence of conformity that may be required by the contract.

Any document referred to in A1–A10 may be an equivalent electronic record or procedure if agreed between the parties or customary.

A2 Licences, authorizations, security clearances and other formalities

Where applicable, the seller must obtain, at its own risk and expense, any export licence and other official authorization and carry out all customs formalities necessary for the export of the goods and for their transport through any country prior to delivery.

A3 Contracts of carriage and insurance

a) Contract of carriage

The seller must contract at its own expense for the carriage of the goods to the named place of destination or to the agreed point, if any, at the named place of destination. If a specific point is not agreed or is not determined by practice, the seller may select the point at the named place of destination that best suits its purpose.

b) Contract of insurance

The seller has no obligation to the buyer to make a contract of insurance. However, the seller must provide the buyer, at the buyer's request, risk, and expense (if any), with information that the buyer needs for obtaining insurance.

A4 Delivery

The seller must deliver the goods by placing them at the disposal of the buyer on the arriving means of transport ready for unloading at the agreed point, if any, at the named place of destination on the agreed date or within the agreed period.

A5 Transfer of risks

The seller bears all risks of loss of or damage to the goods until they have been delivered in accordance with A4, with the exception of loss or damage in the circumstances described in B5.

A6 Allocation of costs

The seller must pay

a) in addition to costs resulting from A3 a), all costs relating to the goods until they have been delivered in accordance with A4, other than those payable by the buyer as envisaged in B6;

b) any charges for unloading at the place of destination that were for the seller's account under the contract of carriage; and

c) where applicable, the costs of customs formalities necessary for export as well as all duties, taxes and other charges payable upon export and the costs for their transport through any country, prior to delivery in accordance with A4.

A7 Notices to the buyer

The seller must give the buyer any notice needed in order to allow the buyer to take measures that are normally necessary to enable the buyer to take delivery of the goods.

A8 Delivery document

The seller must provide the buyer, at the seller's expense, with a document enabling the buyer to take delivery of the goods as envisaged in A4/B4.

A9 Checking – packaging – marking

The seller must pay the costs of those checking operations (such as checking quality, measuring, weighing, counting) that are necessary for the purpose of delivering the goods in accordance with A4, as well as the costs of any pre-shipment inspection mandated by the authority of the country of export.

The seller must, at its own expense, package the goods, unless it is usual for the particular trade to transport the type of goods sold unpackaged. The seller may package the goods in the manner appropriate for their transport, unless the buyer has notified the seller of specific packaging requirements before the contract of sale is concluded. Packaging is to be marked appropriately.

A10 Assistance with information and related costs

The seller must, where applicable, in a timely manner, provide to or render assistance in obtaining for the buyer, at the buyer's request, risk and expense, any documents and information, including security-related information, that the buyer needs for the import of the goods and/or for their transport to the final destination.
The seller must reimburse the buyer for all costs and charges incurred by the buyer in providing or rendering assistance in obtaining documents and information as envisaged in B10.

B THE BUYER' OBLIGATIONS

B1 General obligations of the buyer

The buyer must pay the price of the goods as provided in the contract of sale.
Any document referred to in B1–B10 may be an equivalent electronic record or procedure if agreed between the parties or customary.

B2 Licences, authorizations, security clearances and other formalities

Where applicable, the buyer must obtain, at its own risk and expense, any import licence or other official authorization and carry out all customs formalities for the import of the goods.

B3 Contracts of carriage and insurance

a) Contract of carriage

The buyer has no obligation to the seller to make a contract of carriage.

b) Contract of insurance

The buyer has no obligation to the seller to make a contract of insurance. However, the buyer must provide the seller, upon request, with the necessary information for obtaining insurance.

B4 Taking delivery

The buyer must take delivery of the goods when they have been delivered as envisaged in A4.

B5 Transfer of risks

The buyer bears all risks of loss of or damage to the goods from the time they have been delivered as envisaged in A4.

If

a) the buyer fails to fulfil its obligations in accordance with B2, then it bears all resulting risks of loss of or damage to the goods; or
b) the buyer fails to give notice in accordance with B7, then it bears all risks of loss of or damage to the goods from the agreed date or the expiry date of the agreed period for delivery,

provided that the goods have been clearly identified as the contract goods.

B6 Allocation of costs

The buyer must pay

a) all costs relating to the goods from the time they have been delivered as envisaged in A4;
b) all costs of unloading necessary to take delivery of the goods from the arriving means of transport at the named place of destination, unless such costs were for the seller's account under the contract of carriage;
c) any additional costs incurred by the seller if the buyer fails to fulfil its obligations in accordance with B2 or to give notice in accordance with B7, provided that the goods have been clearly identified as the contract goods; and
d) where applicable, the costs of customs formalities, as well as all duties, taxes and other charges payable upon import of the goods.

B7 Notices to the seller

The buyer must, whenever it is entitled to determine the time within an agreed period and/or the point of taking delivery within the named place of destination, give the seller sufficient notice thereof.

B8 Proof of delivery

The buyer must accept the delivery document provided as envisaged in A8.

B9 Inspection of goods

The buyer must pay the costs of any mandatory pre-shipment inspection, except when such inspection is mandated by the authorities of the country of export.

B10 Assistance with information and related costs

The buyer must, in a timely manner, advise the seller of any security information requirements so that the seller may comply with A10.

The buyer must reimburse the seller for all costs and charges incurred by the seller in providing or rendering assistance in obtaining documents and information as envisaged in A10.

The buyer must, where applicable, in a timely manner, provide to or render assistance in obtaining for the seller, at the seller's request, risk and expense, any documents and information, including security-related information, that the seller needs for the transport and export of the goods and for their transport through any country.

DDP

DELIVERED DUTY PAID

DDP (insert named place of destination) Incoterms® 2010

GUIDANCE NOTE

This rule may be used irrespective of the mode of transport selected and may also be used where more than one mode of transport is employed.

"Delivered Duty Paid" means that the seller delivers the goods when the goods are placed at the disposal of the buyer, cleared for import on the arriving means of transport ready for unloading at the named place of destination. The seller bears all the costs and risks involved in bringing the goods to the place of destination and has an obligation to clear the goods not only for export but also for import, to pay any duty for both export and import and to carry out all customs formalities.

DDP represents the maximum obligation for the seller.

The parties are well advised to specify as clearly as possible the point within the agreed place of destination, as the costs and risks to that point are for the account of the seller.

The seller is advised to procure contracts of carriage that match this choice precisely. If the seller incurs costs under its contract of carriage related to unloading at the place of destination, the seller is not entitled to recover such costs from the buyer unless otherwise agreed between the parties.

The parties are well advised not to use DDP if the seller is unable directly or indirectly to obtain import clearance.

If the parties wish the buyer to bear all risks and costs of import clearance, the DAP rule should be used.

Any VAT or other taxes payable upon import are for the seller's account unless expressly agreed otherwise in the sales contract.

A THE SELLER' OBLIGATIONS

A1 General obligations of the seller

The seller must provide the goods and the commercial invoice in conformity with the contract of sale and any other evidence of conformity that may be required by the contract.

Any document referred to in A1–A10 may be an equivalent electronic record or procedure if agreed between the parties or customary.

A2 Licences, authorizations, security clearances and other formalities

Where applicable, the seller must obtain, at its own risk and expense, any export and import licence and other official authorization and carry out all customs formalities necessary for the export of the goods, for their transport through any country and for their import.

A3 Contracts of carriage and insurance

a) Contract of carriage

The seller must contract at its own expense for the carriage of the goods to the named place of destination or to the agreed point, if any, at the named place of destination. If a specific pointthe plaagreed orthe pladetermined by practice, the seller may select the pointtat the named place of destinat_on that best suits its purpose.

b) Contract of insurance

The seller has no obligation to the buyer to make a contract of insurance. However, the seller must provide the buyer, at the buyer's request, risk, and expense (if any), with information that the buyer needs for obtaining insurance.

A4 Delivery

The seller must deliver the goods by placing them at the disposal of the buyer on the arriving means of transport ready for unloading at the agreed point, if any, at the named place of destination on the agreed date or within the agreed period.

A5 Transfer of risks

The seller bears all risks of loss of or damage to the goods until they have been delivered in accordance with A4, with the exception of loss or damage in the circumstances described in B5.

A6 Allocation of costs

The seller must pay

a) in addition to costs resulting from A3 a), all costs relating to the goods until they have been delivered in accordance with A4, other than those payable by the buyer as envisaged in B6;
b) any charges for unloading at the place of destination that were for the seller's account under the contract of carriage; and
c) where applicable, the costs of customs formalities necessary for export and import as well as all duties, taxes and other charges payable upon export and import of the goods, and the costs for their transport through any country prior to delivery in accordance with A4.

A7 Notices to the buyer

The seller must give the buyer any notice needed in order to allow the buyer to take measures that are normally necessary to enable the buyer to take delivery of the goods.

A8 Delivery document

The seller must provide the buyer, at the seller's expense, with a document enabling the buyer to take delivery of the goods as envisaged in A4/B4.

A9 Checking – packaging – marking

The seller must pay the costs of those checking operations (such as checking quality, measuring, weighing, counting) that are necessary for the purpose of delivering the goods in accordance with A4, as well as the costs of any pre-shipment inspection mandated by

the authority of the country of export or of import.
The seller must, at its own expense, package the goods, unless it is usual for the particular trade to transport the type of goods sold unpackaged. The seller may package the goods in the manner appropriate for their transport, unless the buyer has notified the seller of specific packaging requirements before the contract of sale is concluded. Packaging is to be marked appropriately.

A10 Assistance with information and related costs

The seller must, where applicable, in a timely manner, provide to or render assistance in obtaining for the buyer, at the buyer's request, risk and expense, any documents and information, including security-related information, that the buyer needs for the import of the goods and/or for their transport to the final destination.
The seller must reimburse the buyer for all costs and charges incurred by the buyer in providing or rendering assistance in obtaining documents and information as envisaged in B10.

B THE BUYER' OBLIGATIONS

B1 General obligations of the buyer

The buyer must pay the price of the goods as provided in the contract of sale.
Any document referred to in B1–B10 may be an equivalent electronic record or procedure if agreed between the parties or customary.

B2 Licences, authorizations, security clearances and other formalities

Where applicable, the buyer must provide assistance to the seller, at the seller's request, risk and expense, in obtaining any import licence or other official authorization for the import of the goods.

B3 Contracts of carriage and insurance

a) Contract of carriage

The buyer has no obligation to the seller to make a contract of carriage.

b) Contract of insurance

The buyer has no obligation to the seller to make a contract of insurance. However, the buyer must provide the seller, upon request, with the necessary information for obtaining insurance.

B4 Taking delivery

The buyer must take delivery of the goods when they have been delivered as envisaged in A4.

B5 Transfer of risks

The buyer bears all risks of loss of or damage to the goods from the time they have been delivered as envisaged in A4.

If

a) the buyer fails to fulfil its obligations in accordance with B2, then it bears all resulting risks of loss of or damage to the goods; or

b) the buyer fails to give notice in accordance with B7, then it bears all risks of loss of or damage to the goods from the agreed date or the expiry date of the agreed period for delivery,

provided that the goods have been clearly identified as the contract goods.

B6 Allocation of costs

The buyer must pay

a) all costs relating to the goods from the time they have been delivered as envisaged in A4;

b) all costs of unloading necessary to take delivery of the goods from the arriving means of transport at the named place of destination, unless such costs were for the seller's account under the contract of carriage; and

c) any additional costs incurred if it fails to fulfil its obligations in accordance with B2 or to give notice in accordance with B7,

provided that the goods have been clearly identified as the contract goods.

B7 Notices to the seller

The buyer must, whenever it is entitled to determine the time within an agreed period and/or the point of taking delivery within the named place of destination, give the seller sufficient notice thereof.

B8 Proof of delivery

The buyer must accept the proof of delivery provided as envisaged in A8.

B9 Inspection of goods

The buyer has no obligation to the seller to pay the costs of any mandatory pre-shipment inspection mandated by the authority of the country of export or of import.

B10 Assistance with information and related costs

The buyer must, in a timely manner, advise the seller of any security information requirements so that the seller may comply with A10.

The buyer must reimburse the seller for all costs and charges incurred by the seller in providing or rendering assistance in obtaining documents and information as envisaged in A10.

The buyer must, where applicable, in a timely manner, provide to or render assistance in obtaining for the seller, at the seller's request, risk and expense, any documents and information, including security-related information, that the seller needs for the transport, export and import of the goods and for their transport through any country.

RULES FOR SEA AND IINLAND WATERWAY TRANSPORT

FREE ALONGSIDE SHIP

FAS (insert named port of shipment) Incoterms® 2010

GUIDANCE NOTE

This rule is to be used only for sea or inland waterway transport.

"Free Alongside Ship" means that the seller delivers when the goods are placed alongside the vessel (e.g., on a quay or a barge) nominated by the buyer at the named port of shipment. The risk of loss of or damage to the goods passes when the goods are alongside the ship, and the buyer bears all costs from that moment onwards.

The parties are well advised to specify as clearly as possible the loading point at the named port of shipment, as the costs and risks to that point are for the account of the seller and these costs and associated handling charges may vary according to the practice of the port.

The seller is required either to deliver the goods alongside the ship or to procure goods already so delivered for shipment. The reference to "procure" here caters for multiple sales down a chain ('string sales'), particularly common in the commodity trades.

Where the goods are in containers, it is typical for the seller to hand the goods over to the carrier at a terminal and not alongside the vessel. In such situations, the FAS rule would be inappropriate, and the FCA rule should be used.

FAS requires the seller to clear the goods for export, where applicable. However, the seller has no obligation to clear the goods for import, pay any import duty or carry out any import customs formalities.

A THE SELLER' OBLIGATIONS

A1 General obligations of the seller

The seller must provide the goods and the commercial invoice in conformity with the contract of sale and any other evidence of conformity that may be required by the contract.

Any document referred to in A1–A10 may be an equivalent electronic record or procedure if agreed between the parties or customary.

A2 Licences, authorizations, security clearances and other formalities

Where applicable, the seller must obtain, at its own risk and expense, any export licence or other official authorization and carry out all customs formalities necessary for the export of the
goods.

A3 Contracts of carriage and insurance

a) Contract of carriage

The seller has no obligation to the buyer to make a contract of carriage. However, if requested by the buyer or if it is commercial practice and the buyer does not give an instruction to the contrary in due time, the seller may contract for carriage on usual terms at the buyer's risk and expense. In either case, the seller may decline to make the contract of carriage and, if it does, shall promptly notify the buyer.

b) Contract of insurance

The seller has no obligation to the buyer to make a contract of insurance. However, the seller must provide the buyer, at the buyer's request, risk, and expense (if any), with information that the buyer needs for obtaining insurance.

A4 Delivery

The seller must deliver the goods either by placing them alongside the ship nominated by the buyer at the loading point, if any, indicated by the buyer at the named port of shipment or by procuring the goods so delivered. In either case, the seller must deliver the goods on the agreed date or within the agreed period and in the manner customary at the port.

If no specific loading point has been indicated by the buyer, the seller may select the point within the named port of shipment that best suits its purpose. If the parties have agreed that delivery should take place within a period, the buyer has the option to choose the date within that period.

A5 Transfer of risks

The seller bears all risks of loss of or damage to the goods until they have been delivered in accordance with A4 with the exception of loss or damage in the circumstances described in B5.

A6 Allocation of costs

The seller must pay

a) all costs relating to the goods until they have been delivered in accordance with A4, other than those payable by the buyer as envisaged in B6; and
b) where applicable, the costs of customs formalities necessary for export as well as all duties, taxes and other charges payable upon export.

A7 Notices to the buyer

The seller must, at the buyer's risk and expense, give the buyer sufficient notice either that the goods have been delivered in accordance with A4 or that the vessel has failed to take the goods within the time agreed.

A8 Delivery document

The seller must provide the buyer, at the seller's expense, with the usual proof that the goods have been delivered in accordance with A4.

Unless such proof is a transport document, the seller must provide assistance to the buyer, at the buyer's request, risk and expense, in obtaining a transport document.

A9 Checking – packaging – marking

The seller must pay the costs of those checking operations (such as checking quality, measuring, weighing, counting) that are necessary for the purpose of delivering the goods in accordance with A4, as well as the costs of any pre-shipment inspection mandated by the authority of the country of export.

The seller must, at its own expense, package the goods, unless it is usual for the particular trade to transport the type of goods sold unpackaged. The seller may package the goods in the manner appropriate for their transport, unless the buyer has notified the seller of specific packaging requirements before the contract of sale is concluded. Packaging is to be marked appropriately.

A10 Assistance with information and related costs

The seller must, where applicable, in a timely manner, provide to or render assistance in obtaining for the buyer, at the buyer's request, risk and expense, any documents and information, including security-related information, that the buyer needs for the import of the goods and/or for their transport to the final destination.

The seller must reimburse the buyer for all costs and charges incurred by the buyer in providing or rendering assistance in obtaining documents and information as envisaged in B10.

B THE BUYER' OBLIGATIONS

B1 General obligations of the buyer

The buyer must pay the price of the goods as provided in the contract of sale.

Any document referred to in B1–B10 may be an equivalent electronic record or procedure if agreed between the parties or customary.

B2 Licences, authorizations, security clearances and other formalities

Where applicable, it is up to the buyer to obtain, at its own risk and expense, any import licence or other official authorization and carry out all customs formalities for the import of the goods and for their transport through any country.

B3 Contracts of carriage and insurance

a) Contract of carriage

The buyer must contract, at its own expense for the carriage of the goods from the named port of shipment, except where the contract of carriage is made by the seller as provided for in A3 a).

b) Contract of insurance

The buyer has no obligation to the seller to make a contract of insurance.

B4 Taking delivery

The buyer must take delivery of the goods when they have been delivered as envisaged in A4.

B5 Transfer of risks

The buyer bears all risks of loss of or damage to the goods from the time they have been delivered as envisaged in A4.

If

a) the buyer fails to give notice in accordance with B7; or

b) the vessel nominated by the buyer fails to arrive on time, or fails to take the goods or closes for cargo earlier than the time notified in accordance with B7;

then the buyer bears all risks of loss of or damage to the goods from the agreed date or the expiry date of the agreed period for delivery, provided that the goods have been clearly identified as the contract goods.

B6 Allocation of costs

The buyer must pay

a) all costs relating to the goods from the time they have been delivered as envisaged in A4, except, where applicable, the costs of customs formalities necessary for export as well as all duties, taxes, and other charges payable upon export as referred to in A6 b);

b) any additional costs incurred, either because:

(i) the buyer has failed to give appropriate notice in accordance with B7, or

(ii) the vessel nominated by the buyer fails to arrive on time, is unable to take the goods, or closes for cargo earlier than the time notified in accordance with B7,

provided that the goods have been clearly identified as the contract goods; and

c) where applicable, all duties, taxes and other charges, as well as the costs of carrying out customs formalities payable upon import of the goods and the costs for their transport through any country.

B7 Notices to the seller

The buyer must give the seller sufficient notice of the vessel name, loading point and, where necessary, the selected delivery time within the agreed period.

B8 Proof of delivery

The buyer must accept the proof of delivery provided as envisaged in A8.

B9 Inspection of goods

The buyer must pay the costs of any mandatory pre-shipment inspection, except when such inspection is mandated by the authorities of the country of export.

B10 Assistance with information and related costs

The buyer must, in a timely manner, advise the seller of any security information requirements so that the seller may comply with A10.
The buyer must reimburse the seller for all costs and charges incurred by the seller in providing or rendering assistance in obtaining documents and information as envisaged in A10.
The buyer must, where applicable, in a timely manner, provide to or render assistance in obtaining for the seller, at the seller's request, risk and expense, any documents and information, including security-related information, that the seller needs for the transport and export of the goods and for their transport through any country.

FOB
FREE ON BOARD
FOB (insert named port of shipment) Incoterms® 2010

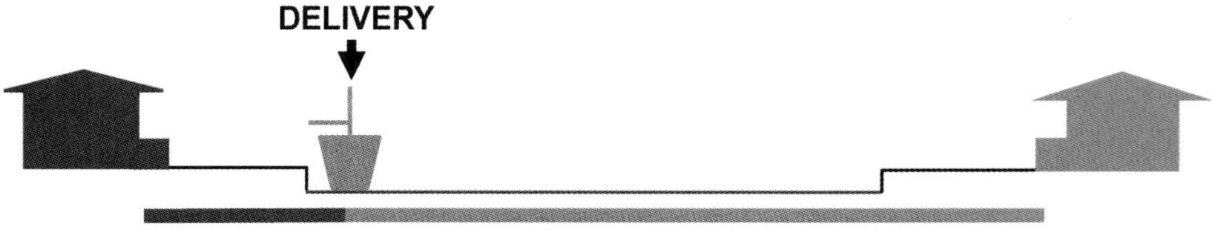

GUIDANCE NOTE

This rule is to be used only for sea or inland waterway transport.

"Free on Board" means that the seller delivers the goods on board the vessel nominated by the buyer at the named port of shipment or procures the goods already so delivered. The risk of loss of or damage to the goods passes when the goods are on board the vessel, and the buyer bears all costs from that moment onwards.

The seller is required either to deliver the goods on board the vessel or to procure goods already so delivered for shipment. The reference to "procure" here caters for multiple sales down a chain ('string sales'), particularly common in the commodity trades.

FOB may not be appropriate where goods are handed over to the carrier before they are on board the vessel, for example goods in containers, which are typically delivered at a terminal. In such situations, the FCA rule should be used.

FOB requires the seller to clear the goods for export, where applicable. However, the seller has no obligation to clear the goods for import, pay any import duty or carry out any import customs formalities.

A THE SELLER' OBLIGATIONS

A1 General obligations of the seller

The seller must provide the goods and the commercial invoice in conformity with the contract of sale and any other evidence of conformity that may be required by the contract.

Any document referred to in A1–A10 may be an equivalent electronic record or procedure if agreed between the parties or customary.

A2 Licences, authorizations, security clearances and other formalities

Where applicable, the seller must obtain, at its own risk and expense, any export licence or other official authorization and carry out all customs formalities necessary for the export of the goods.

A3 Contracts of carriage and insurance

a) Contract of carriage

The seller has no obligation to the buyer to make a contract of carriage. However, if requested by the buyer or if it is commercial practice and the buyer does not give an instruction to the contrary in due time, the seller may contract for carriage on usual terms at the buyer's risk and expense. In either case, the seller may decline to make the contract of carriage and, if it does, shall promptly notify the buyer.

b) Contract of insurance

The seller has no obligation to the buyer to make a contract of insurance. However, the seller must provide the buyer, at the buyer's request, risk, and expense (if any), with information that the buyer needs for obtaining insurance.

A4 Delivery

The seller must deliver the goods either by placing them on board the vessel nominated by the buyer at the loading point, if any, indicated by the buyer at the named port of shipment or by procuring the goods so delivered. In either case, the seller must deliver the goods on the agreed date or within the agreed period and in the manner customary at the port.

If no specific loading point has been indicated by the buyer, the seller may select the point within the named port of shipment that best suits its purpose.

A5 Transfer of risks

The seller bears all risks of loss of or damage to the goods until they have been delivered in accordance with A4 with the exception of loss or damage in the circumstances described in B5.

A6 Allocation of costs

The seller must pay

a) all costs relating to the goods until they have been delivered in accordance with A4, other than those payable by the buyer as envisaged in B6; and

b) where applicable, the costs of customs formalities necessary for export, as well as all duties, taxes and other charges payable upon export.

A7 Notices to the buyer

The seller must, at the buyer's risk and expense, give the buyer sufficient notice either that the goods have been delivered in accordance with A4 or that the vessel has failed to take the goods within the time agreed.

A8 Delivery document

The seller must provide the buyer, at the seller's expense, with the usual proof that the goods have been delivered in accordance with A4.

Unless such proof is a transport document, the seller must provide assistance to the buyer, at the buyer's request, risk and expense, in obtaining a transport document.

A9 Checking – packaging – marking

The seller must pay the costs of those checking operations (such as checking quality, measuring, weighing, counting) that are necessary for the purpose of delivering the goods

in accordance with A4, as well as the costs of any pre-shipment inspection mandated by the authority of the country of export.
The seller must, at its own expense, package the goods, unless it is usual for the particular trade to transport the type of goods sold unpackaged. The seller may package the goods in the manner appropriate for their transport, unless the buyer has notified the seller of specific packaging requirements before the contract of sale is concluded. Packaging is to be marked appropriately.

A10 Assistance with information and related costs

The seller must, where applicable, in a timely manner, provide to or render assistance in obtaining for the buyer, at the buyer's request, risk and expense, any documents and information, including security-related information, that the buyer needs for the import of the goods and/or for their transport to the final destination.
The seller must reimburse the buyer for all costs and charges incurred by the buyer in providing or rendering assistance in obtaining documents and information as envisaged in B10.

B THE BUYER' OBLIGATIONS

B1 General obligations of the buyer

The buyer must pay the price of the goods as provided in the contract of sale.
Any document referred to in B1-B10 may be an equivalent electronic record or procedure if agreed between the parties or customary.

B2 Licences, authorizations, security clearances and other formalities

Where applicable, it is up to the buyer to obtain, at its own risk and expense, any import licence or other official authorization and carry out all customs formalities for the import of the goods and for their transport through any country.

B3 Contracts of carriage and insurance

a) Contract of carriage

The buyer must contract, at its own expense for the carriage of the goods from the named port of shipment, except where the contract of carriage is made by the seller as provided for in A3 a).

b) Contract of insurance

The buyer has no obligation to the seller to make a contract of insurance.

B4 Taking delivery

The buyer must take delivery of the goods when they have been delivered as envisaged in A4.

B5 Transfer of risks

The buyer bears all risks of loss of or damage to the goods from the time they have been delivered as envisaged in A4.

If

a) the buyer fails to notify the nomination of a vessel in accordance with B7; or

b) the vessel nominated by the buyer fails to arrive on time to enable the seller to comply with A4, is unable to take the goods, or closes for cargo earlier than the time notified in accordance with B7;

then, the buyer bears all risks of loss of or damage to the goods:

(i) from the agreed date, or in the absence of an agreed date,

(ii) from the date notified by the seller under A7 within the agreed period, or, if no such date has been notified,

(iii) from the expiry date of any agreed period for delivery,

provided that the goods have been clearly identified as the contract goods.

B6 Allocation of costs

The buyer must pay

a) all costs relating to the goods from the time they have been delivered as envisaged in A4, except, where applicable, the costs of customs formalities necessary for export, as well as all duties, taxes and other charges payable upon export as referred to in A6 b);

b) any additional costs incurred, either because:

(i) the buyer has failed to give appropriate notice in accordance with B7, or

(ii) the vessel nominated by the buyer fails to arrive on time, is unable to take the goods, or closes for cargo earlier than the time notified in accordance with B7,

provided that the goods have been clearly identified as the contract goods; and

c) where applicable, all duties, taxes and other charges, as well as the costs of carrying out customs formalities payable upon import of the goods and the costs for their transport through any country.

B7 Notices to the seller

The buyer must give the seller sufficient notice of the vessel name, loading point and, where necessary, the selected delivery time within the agreed period.

B8 Proof of delivery

The buyer must accept the proof of delivery provided as envisaged in A8.

B9 Inspection of goods

The buyer must pay the costs of any mandatory pre-shipment inspection, except when such inspection is mandated by the authorities of the country of export.

B10 Assistance with information and related costs

The buyer must, in a timely manner, advise the seller of any security information requirements so that the seller may comply with A10.

The buyer must reimburse the seller for all costs and charges incurred by the seller in providing or rendering assistance in obtaining documents and information as envisaged in A10.

The buyer must, where applicable, in a timely manner, provide to or render assistance in obtaining for the seller, at the seller's request, risk and expense, any documents and information, including security-related information, that the seller needs for the transport and export of the goods and for their transport through any country.

CFR
COST AND FREIGHT
CFR (insert named port of destination) Incoterms® 2010

GUIDANCE NOTE

This rule is to be used only for sea or inland waterway transport.

"Cost and Freight" means that the seller delivers the goods on board the vessel or procures the goods already so delivered. The risk of loss of or damage to the goods passes when the goods are on board the vessel. The seller must contract for and pay the costs and freight necessary to bring the goods to the named port of destination.

When CPT, CIP, CFR or CIF are used, the seller fulfils its obligation to deliver when it hands the goods over to the carrier in the manner specified in the chosen rule and not when the goods reach the place of destination.

This rule has two critical points, because risk passes and costs are transferred at different places. While the contract will always specify a destination port, it might not specify the port of shipment, which is where risk passes to the buyer. If the shipment port is of particular interest to the buyer, the parties are well advised to identify it as precisely as possible in the contract.

The parties are well advised to identify as precisely as possible the point at the agreed port of destination, as the costs to that point are for the account of the seller. The seller is advised to procure contracts of carriage that match this choice precisely. If the seller incurs costs under its contract of carriage related to unloading at the specified point at the port of destination, the seller is not entitled to recover such costs from the buyer unless otherwise agreed between the parties.

The seller is required either to deliver the goods on board the vessel or to procure goods already so delivered for shipment to the destination. In addition, the seller is required either to make a contract of carriage or to procure such a contract. The reference to "procure" here caters for multiple sales down a chain ('string sales'), particularly common in the commodity trades.

CFR may not be appropriate where goods are handed over to the carrier before they are on board the vessel, for example goods in containers, which are typically delivered at a terminal. In such circumstances, the CPT rule should be used.

CFR requires the seller to clear the goods for export, where applicable. However, the seller has no obligation to clear the goods for import, pay any import duty or carry out any import customs formalities.

A THE SELLER' OBLIGATIONS

A1 General obligations of the seller

The seller must provide the goods and the commercial invoice in conformity with the contract of sale and any other evidence of conformity that may be required by the contract.

Any document referred to in A1–A10 may be an equivalent electronic record or procedure if agreed between the parties or customary.

A2 Licences, authorizations, security clearances and other formalities

Where applicable, the seller must obtain, at its own risk and expense, any export licence or other official authorization and carry out all customs formalities necessary for the export of the goods.

A3 Contracts of carriage and insurance

a) Contract of carriage

The seller must contract or procure a contract for the carriage of the goods from the agreed point of delivery, if any, at the place of delivery to the named port of destination or, if agreed, any point at that port. The contract of carriage must be made on usual terms at the seller's expense and provide for carriage by the usual route in a vessel of the type normally used for the transport of the type of goods sold.

b) Contract of insurance

The seller has no obligation to the buyer to make a contract of insurance. However, the seller must provide the buyer, at the buyer's request, risk, and expense (if any), with information that the buyer needs for obtaining insurance.

A4 Delivery

The seller must deliver the goods either by placing them on board the vessel or by procuring the goods so delivered. In either case, the seller must deliver the goods on the agreed date or

within the agreed period and in the manner customary at the port.

A5 Transfer of risks

The seller bears all risks of loss of or damage to the goods until they have been delivered in accordance with A4, with the exception of loss or damage in the circumstances described in B5.

A6 Allocation of costs

The seller must pay

a) all costs relating to the goods until they have been delivered in accordance with A4, other than those payable by the buyer as envisaged in B6;

b) the freight and all other costs resulting from A3 a), including the costs of loading the goods on board and any charges for unloading at the agreed port of discharge that were for the seller's account under the contract of carriage; and

c) where applicable, the costs of customs formalities necessary for export as well as all duties, taxes and other charges payable upon export, and the costs for their transport through any country that were for the seller's account under the contract of carriage.

A7 Notices to the buyer

The seller must give the buyer any notice needed in order to allow the buyer to take measures that are normally necessary to enable the buyer to take the goods.

A8 Delivery document

The seller must, at its own expense, provide the buyer without delay with the usual transport document for the agreed port of destination.

This transport document must cover the contract goods, be dated within the period agreed for shipment, enable the buyer to claim the goods from the carrier at the port of destination and, unless otherwise agreed, enable the buyer to sell the goods in transit by the transfer of the document to a subsequent buyer or by notification to the carrier.

When such a transport document is issued in negotiable form and in several originals, a full set of originals must be presented to the buyer.

A9 Checking – packaging – marking

The seller must pay the costs of those checking operations (such as checking quality, measuring, weighing, counting) that are necessary for the purpose of delivering the goods in accordance with A4, as well as the costs of any pre-shipment inspection mandated by the authority of the country of export.

The seller must, at its own expense, package the goods, unless it is usual for the particular trade to transport the type of goods sold unpackaged. The seller may package the goods in the manner appropriate for their transport, unless the buyer has notified the seller of specific packaging requirements before the contract of sale is concluded. Packaging is to be marked appropriately.

A10 Assistance with information and related costs

The seller must, where applicable, in a timely manner, provide to or render assistance in obtaining for the buyer, at the buyer's request, risk and expense, any documents and information, including security-related information, that the buyer needs for the import of the goods and/or for their transport to the final destination.

The seller must reimburse the buyer for all costs and charges incurred by the buyer in providing or rendering assistance in obtaining documents and information as envisaged in B10.

B THE BUYER' OBLIGATIONS

B1 General obligations of the buyer

The buyer must pay the price of the goods as provided in the contract of sale.
Any document referred to in B1–B10 may be an equivalent electronic record or procedure if agreed between the parties or customary.

B2 Licences, authorizations, security clearances and other formalities

Where applicable, it is up to the buyer to obtain, at its own risk and expense, any import licence or other official authorization and carry out all customs formalities for the import of the goods and for their transport through any country.

B3 Contracts of carriage and insurance

a) Contract of carriage

The buyer has no obligation to the seller to make a contract of carriage.

b) Contract of insurance

The buyer has no obligation to the seller to make a contract of insurance. However, the buyer must provide the seller, upon request, with the necessary information for obtaining insurance.

B4 Taking delivery

The buyer must take delivery of the goods when they have been delivered as envisaged in A4 and receive them from the carrier at the named port of destination.

B5 Transfer of risks

The buyer bears all risks of loss of or damage to the goods from the time they have been delivered as envisaged in A4.
If the buyer fails to give notice in accordance with B7, then it bears all risks of loss of or damage to the goods from the agreed date or the expiry date of the agreed period for shipment, provided that the goods have been clearly identified as the contract goods.

B6 Allocation of costs

The buyer must, subject to the provisions of A3 a), pay

a) all costs relating to the goods from the time they have been delivered as envisaged in A4, except, where applicable, the costs of customs formalities necessary for export as well as all duties, taxes, and other charges payable upon export as referred to in A6 c);
b) all costs and charges relating to the goods while in transit until their arrival at the port of destination, unless such costs and charges were for the seller's account under the contract of carriage;
c) unloading costs including lighterage and wharfage charges, unless such costs and charges were for the seller's account under the contract of carriage;
d) any additional costs incurred if it fails to give notice in accordance with B7, from the agreed date or the expiry date of the agreed period for shipment, provided that the goods have been clearly identified as the contract goods; and
e) where applicable, all duties, taxes and other charges, as well as the costs of carrying out customs formalities payable upon import of the goods and the costs for their transport through any country unless included within the cost of the contract of carriage.

B7 Notices to the seller
The buyer must, whenever it is entitled to determine the time for shipping the goods and/or the point of receiving the goods within the named port of destination, give the seller sufficient notice thereof.

B8 Proof of delivery
The buyer must accept the transport document provided as envisaged in A8 if it is in conformity with the contract.

B9 Inspection of goods
The buyer must pay the costs of any mandatory pre-shipment inspection, except when such inspection is mandated by the authorities of the country of export.

B10 Assistance with information and related costs
The buyer must, in a timely manner, advise the seller of any security information requirements so that the seller may comply with A10.
The buyer must reimburse the seller for all costs and charges incurred by the seller in providing or rendering assistance in obtaining documents and information as envisaged in A10.
The buyer must, where applicable, in a timely manner, provide to or render assistance in obtaining for the seller, at the seller's request, risk and expense, any documents and information, including security-related information, that the seller needs for the transport

and export of the goods and for their transport through any country.

CIF

COST INSURANCE AND FREIGHT

CIF (insert named port of destination) Incoterms® 2010

GUIDANCE NOTE

This rule is to be used only for sea or inland waterway transport.

"Cost, Insurance and Freight" means that the seller delivers the goods on board the vessel or procures the goods already so delivered. The risk of loss of or damage to the goods passes when the goods are on board the vessel. The seller must contract for and pay the costs and freight necessary to bring the goods to the named port of destination.

The seller also contracts for insurance cover against the buyer's risk of loss of or damage to the goods during the carriage. The buyer should note that under CIF the seller is required to obtain insurance only on minimum cover. Should the buyer wish to have more insurance protection, it will need either to agree as much expressly with the seller or to make its own extra insurance arrangements.

When CPT, CIP, CFR, or CIF are used, the seller fulfils its obligation to deliver when it hands the goods over to the carrier in the manner specified in the chosen rule and not when the goods reach the place of destination.

This rule has two critical points, because risk passes and costs are transferred at different places. While the contract will always specify a destination port, it might not specify the port of shipment, which is where risk passes to the buyer. If the shipment port is of particular interest to the buyer, the parties are well advised to identify it as precisely as possible in the contract.

The parties are well advised to identify as precisely as possible the point at the agreed port of destination, as the costs to that point are for the account of the seller. The seller is advised to procure contracts of carriage that match this choice precisely. If the seller incurs costs under its contract of carriage related to unloading at the specified point at the port of destination, the seller is not entitled to recover such costs from the buyer unless otherwise agreed between the parties.

The seller is required either to deliver the goods on board the vessel or to procure goods already so delivered for shipment to the destination. In addition the seller is required either to make a contract of carriage or to procure such a contract. The reference to "procure" here caters for multiple sales down a chain ('string sales'), particularly common in the commodity trades.

CIF may not be appropriate where goods are handed over to the carrier before they are on board the vessel, for example goods in containers, which are typically delivered at a terminal. In such circumstances, the CIP rule should be used.

CIF requires the seller to clear the goods for export, where applicable. However, the seller has no obligation to clear the goods for import, pay any import duty or carry out any import customs formalities.

A THE SELLER' OBLIGATIONS

A1 General obligations of the seller

The seller must provide the goods and the commercial invoice in conformity with the contract of sale and any other evidence of conformity that may be required by the contract.

Any document referred to in A1–A10 may be an equivalent electronic record or procedure if agreed between the parties or customary.

A2 Licences, authorizations, security clearances and other formalities

Where applicable, the seller must obtain, at its own risk and expense, any export licence or other official authorization and carry out all customs formalities necessary for the export of the goods.

A3 Contracts of carriage and insurance

a) Contract of carriage

The seller must contract or procure a contract for the carriage of the goods from the agreed point of delivery, if any, at the place of delivery to the named port of destination or, if agreed, any point at that port. The contract of carriage must be made on usual terms at the seller's expense and provide for carriage by the usual route in a vessel of the type normally used for the transport of the type of goods sold.

b) Contract of insurance

The seller must obtain, at its own expense, cargo insurance complying at least with the minimum cover provided by Clauses (C) of the Institute Cargo Clauses (LMA/IUA) or any similar clauses. The insurance shall be contracted with underwriters or an insurance company of good repute and entitle the buyer, or any other person having an insurable interest in the goods, to claim directly from the insurer.

When required by the buyer, the seller shall, subject to the buyer providing any necessary information requested by the seller, provide at the buyer's expense any additional cover, if procurable, such as cover as provided by Clauses (A) or (B) of the Institute Cargo Clauses (LMA/IUA) or any similar clauses and/or cover complying with the Institute War Clauses and/or Institute Strikes Clauses (LMA/IUA) or any similar clauses.

The insurance shall cover, at a minimum, the price provided in the contract plus 10% (i.e., 110%) and shall be in the currency of the contract.

The insurance shall cover the goods from the point of delivery set out in A4 and A5 to at least the named port of destination.

The seller must provide the buyer with the insurance policy or other evidence of insurance cover.

Moreover, the seller must provide the buyer, at the buyer's request, risk, and expense (if any), with information that the buyer needs to procure any additional insurance.

A4 Delivery

The seller must deliver the goods either by placing them on board the vessel or by procuring the goods so delivered. In either case, the seller must deliver the goods on the agreed date or within the agreed period and in the manner customary at the port.

A5 Transfer of risks

The seller bears all risks of loss of or damage to the goods until they have been delivered in accordance with A4, with the exception of loss or damage in the circumstances described in B5.

A6 Allocation of costs

The seller must pay

a) all costs relating to the goods until they have been delivered in accordance with A4, other than those payable by the buyer as envisaged in B6;

b) the freight and all other costs resulting from A3 a), including the costs of loading the goods on board and any charges for unloading at the agreed port of discharge that were for the seller's account under the contract of carriage;

c) the costs of insurance resulting from A3 b); and

d) where applicable, the costs of customs formalities necessary for export, as well as all duties, taxes and other charges payable upon export, and the costs for their transport through any country that were for the seller's account under the contract of carriage.

A7 Notices to the buyer

The seller must give the buyer any notice needed in order to allow the buyer to take measures that are normally necessary to enable the buyer to take the goods.

A8 Delivery document

The seller must, at its own expense provide the buyer without delay with the usual transport document for the agreed port of destination.

This transport document must cover the contract goods, be dated within the period agreed for shipment, enable the buyer to claim the goods from the carrier at the port of destination and, unless otherwise agreed, enable the buyer to sell the goods in transit by the transfer of the document to a subsequent buyer or by notification to the carrier.

When such a transport document is issued in negotiable form and in several originals, a full set of originals must be presented to the buyer.

A9 Checking - packaging - marking

The seller must pay the costs of those checking operations (such as checking quality, measuring, weighing, counting) that are necessary for the purpose of delivering the goods in accordance with A4, as well as the costs of any pre-shipment inspection mandated by the authority of the country of export.

The seller must, at its own expense, package the goods, unless it is usual for the particular trade to transport the type of goods sold unpackaged. The seller may package the goods in the manner appropriate for their transport, unless the buyer has notified the seller of specific packaging requirements before the contract of sale is concluded. Packaging is to be marked appropriately.

A10 Assistance with information and related costs

The seller must, where applicable, in a timely manner, provide to or render assistance in obtaining for the buyer, at the buyer's request, risk and expense, any documents and information, including security-related information, that the buyer needs for the import of the goods and/or for their transport to the final destination.

The seller must reimburse the buyer for all costs and charges incurred by the buyer in providing or rendering assistance in obtaining documents and information as envisaged in B10.

B THE BUYER' OBLIGATIONS

B1 General obligations of the buyer

The buyer must pay the price of the goods as provided in the contract of sale.

Any document referred to in B1–B10 may be an equivalent electronic record or procedure if agreed between the parties or customary.

B2 Licences, authorizations, security clearances and formalities

Where applicable, it is up to the buyer to obtain, at its own risk and expense, any import licence or other official authorization and carry out all customs formalities for the import of the goods and for their transport through any country.

B3 Contracts of carriage and insurance

a) Contract of carriage

The buyer has no obligation to the seller to make a contract of carriage.

b) Contract of insurance

The buyer has no obligation to the seller to make a contract of insurance. However, the buyer must provide the seller, upon request, with any information necessary for the seller to procure any additional insurance requested by the buyer as envisaged in A3 b).

B4 Taking delivery

The buyer must take delivery of the goods when they have been delivered as envisaged in A4 and receive them from the carrier at the named port of destination.

B5 Transfer of risks

The buyer bears all risks of loss of or damage to the goods from the time they have been delivered as envisaged in A4.

If the buyer fails to give notice in accordance with B7, then it bears all risks of loss of or damage to the goods from the agreed date or the expiry date of the agreed period for shipment, provided that the goods have been clearly identified as the contract goods.

B6 Allocation of costs

The buyer must, subject to the provisions of A3 a), pay

a) all costs relating to the goods from the time they have been delivered as envisaged in A4, except, where applicable, the costs of customs formalities necessary for export, as well as all duties, taxes and other charges payable upon export as referred to in A6 d);

b) all costs and charges relating to the goods while in transit until their arrival at the port of destination, unless such costs and charges were for the seller's account under the contract of carriage;

c) unloading costs including lighterage and wharfage charges, unless such costs and charges were for the seller's account under the contract of carriage;

d) any additional costs incurred if it fails to give notice in accordance with B7, from the agreed date or the expiry date of the agreed period for shipment, provided that the goods have been clearly identified as the contract goods;

e) where applicable, all duties, taxes and other charges, as well as the costs of carrying out customs formalities payable upon import of the goods and the costs for their transport through any country, unless included within the cost of the contract of carriage; and

f) the costs of any additional insurance procured at the buyer's request under A3 b) and B3 b).

B7 Notices to the seller

The buyer must, whenever it is entitled to determine the time for shipping the goods and/or the point of receiving the goods within the named port of destination, give the seller sufficient notice thereof.

B8 Proof of delivery

The buyer must accept the transport document provided as envisaged in A8 if it is in conformity with the contract.

B9 Inspection of goods

The buyer must pay the costs of any mandatory pre-shipment inspection, except when such inspection is mandated by the authorities of the country of export.

B10 Assistance with information and related costs

The buyer must, in a timely manner, advise the seller of any security information requirements so that the seller may comply with A10.

The buyer must reimburse the seller for all costs and charges incurred by the seller in providing or rendering assistance in obtaining documents and information as envisaged in A10.

The buyer must, where applicable, in a timely manner, provide to or render assistance in obtaining for the seller, at the seller's request, risk and expense, any documents and information, including security-related information, that the seller needs for the transport and export of the goods and for their transport through any country.

Management of International Business Contract

6

무역계약의 이행

I. 무역계약 이행 단계의 리스크

1. 운송계약에서의 주의사항

운송계약은 국제무역에서 주계약인 매매계약의 종속계약이 된다. 계약당사자가 특정물품의 거래관습을 반영하는 운송조건을 주계약인 매매계약서의 조건으로 선택하면 운송계약상 발생하는 물품의 인도분기점 위험부담과 제반 비용부담에 이르는 모든 조건은 자동결정 된다.

운송계약은 수출지에서 수입지까지 물품을 단순히 운송하는 것에 그치지 않는다. 운송계약은 계약에 적합한 물품의 물리적 인도가 가장 기본개념이지만 격지자 거래에서는 계약물품의 인도증빙이 되는 선적서류제공이 계약당사자는 물론 거래와 관련된 제3자들에게도 중요하다. 특히 국제거래에서는 물품이 목적지에 도착하지 않았더라도 선적서류의 전매(轉買)로 거래를 이행할 수 있으므로 이러한 경우의 거래당사자는 오직 선화증권의 표시를 믿고 거래하는 선의의 소지인(bona fide holder)이 된다.

해상운송을 전제로 하는 무역거래에서는 운송계약의 증거로서 운송인은 송화인에게 선화증권을 발행하고, 송화인인 수출상은 선화증권을 수입상에게 제시함으로 계약의 이행을 증명한다. 이때 선화증권의 표시에 따라 계약물품에 관한 계약당사자의 위험부담과 비용부담의 분기점을 구분하게 된다.

특히 화환어음에 의한 결제조건이 일반화된 국제거래에서의 대금결제는 전적으로 수출상이 제시한 서류조건만을 검토하여 대금을 지급하므로 수출상이 제시한 선화증권의 사소한 오류만으로도 수출상은 대금회수가 곤란해지는 경우가 있다. 따라서 수출상은 정상적인 계약물품을 선적하였더라도 서류상 하자로 대금을 회수하지 못하거나 회수가 지연되는 리스크를 부담하지 않도록 모든 서류의 내용을 꼼꼼이 검토하여야 한다.

이때 선화증권은 거래당사자로서 송화인, 수화인, 통지인에 관한 표시, 선적일, 선박명과 국적, 선적항과 도착항, 운임, 운송품의 상태와 포장 갯수 및 기호, 선화증권의 발행통수, 발행일과 작성지, 선화증권의 기명날인 등에 관한 법정기재사항과 운송물품과 계약서의 물품명세, 상업송장, 선화증권에 표시된 명칭이 모두 일치하도록 작성하였는지 검토하고 오류가 발견되었다면 이를 즉시 수정하도록 한다.

격지자간 무역은 화환취결이 기본이 되므로 선화증권상의 오류가 수출상의 대금회수에만 영향을 미치는 것에 그치지 않고, 수출상이 제시한 운송증권에 의지하여 대금을 지급하는 화환신용장의 개설은행 또는 매수인 그리고 선적서류의 전매로 거래의 당사자가 되는 제3자에게도 결정적 영향을 미치게 되므로 선화증권의 이러한 특성을 이해하고 실수하지 않도록 주의하여야 한다.

2. 보험에서의 주의사항

해상보험은 보험사가 국제물품매매계약에서 발생할 수 있는 위험에 대하여 보험료를 댓가로 보험사가 계약당사자로부터 위험을 인수하고, 거래당사자는 위험을 보험사에게 이전하여 적극적으로 위험을 회피하는 것이다. 해상보험은 국제거래에서 운송 중 발생할지도 모르는 위험을 관리하는 데 가장 기본적이며 일반적인 방법이 된다.

해상보험은 해상운송과 함께 국제계약의 성격을 지니며, 공해(公海)상에서 발생하는 위험의 처리방법에 대해서는 전통적으로 영국의 관습이 처리 기준이 되어왔다. 해상보험계약은 크게 적하보험과 선박보험으로 구분하는데 일반적으로 국제물품매매계약의 거래당사자에게 적하보험이 관심의 대상이 된다. 해상보험은 해상운송의 경우와 같이 최초 국제물품매매계약을 체결하는 시점에서 매매계약의 조건에 따라 부보의무와 그에 따른 비용부담이 자동적으로 결정되는 종속계약이다. 따라서 계약물품이 해상보험에 온전히 부보되어 있다면 사고가 발생하더라도 실제로 입은 손실에 대한 부분은 회복할 수 있으므로 계약당사자는 어느 정도 안심하고 거래에 임할 수 있다.

해상보험계약조건은 계약당사자가 선택하는 정형거래조건에 따라 부보의무에 따른 계약책임과 비용부담이 자동결정 되므로 계약당사자는 매매계약 체결시 당해 거래 물품의 특성과 거래관습을 반영하는 데 실수가 없도록 사전에 충분한 이해를 갖추어야 한다.

당사자의 해상보험조건은 보험사가 제시한 보험약관과 특약으로 구성되는데 매도인의 보험계약은 특약조건이 없는 한 송장가격의 110%를 기본 적용하므로 기본 보험조건을 초과하는 특별한 보험계약이 필요하다면 이에 대하여 수입상은 수출상에게 부보조건을 사전에 통지하여야 한다.

CIF 또는 CIP 조건에서와 같이 수출상에게 보험계약의 의무가 있다면 수출상은 수입상에게 보험증권을 제공함으로써 이를 입증할 책임이 있다. 수출상이 제공하는 보험증권은 운송서류의 경우와 같이 보험서류는 발행된 원본 전통을 제시해야 한다.

보험서류의 작성시 반드시 보험회사, underwriter 또는 그 대리인에 의해 발행되고 서명된 것인지를 확인하여야 한다. 운송 중 사고는 보험개시 이전에 사고가 발생할 수 있기 때문에 은행은 운송서류에 표시된 화물의 본선적재, 반송, 수탁일 이후의 일자가 표시된 보험서류를 수리하지 않으므로 보험계약일은 본선적재일 전의 날짜 또는 최소한 본선적재일 날짜의 부보일자인지를 확인하도록 한다. 다만, 소급약관(lost or not lost clause)이 있는 경우 부보일자가 선적일자보다 늦더라도 부보효력이 선적일자부터 발효된다는 조항의 경우에는 예외로 한다.

계약당사자가 최종 점검해야 할 주요사항은 정형거래조건에서 요구하는 보험계약 조건을 담보하는 것인지의 조건을 검토하고, 보험증권 기재사항 누락 여부를 확인한다. 보험금액의 표시통화와 보험금의 지급지는 신용장의 조건을 충족하는 것이어야 한다.

또한 보험증권도 선화증권이나 상업송장의 표시와 같이 물품의 명세, 선명, 선적항, 양하항 등의 내용이 일치하여야 하며, 필요한 경우 보험증권의 배서를 확인하여야 하는데 서류상에서 오류가 발생하였을 경우 보험금의 지급에 문제가 생길 위험이 있으므로 이러한 내용에 주의하여 작성되었는지 검토하도록 한다.

3. 신용장 거래시 주의사항

일반적으로 국제거래의 당사자는 계약시점부터 완료에 이르기까지 서로를 만나지 않고 팩스나 이메일 등 서류의 교환만으로 거래의사를 확인하게 된다. 그러나 계약의 이행단계에 이르는 물품의 인도와 대금의 지급단계에서는 계약당사자 본인 또는 대리인이 개입될 수밖에 없다.

특히 개설은행이 대금의 지급을 확약하는 신용장에 의한 거래방식에는 수출상과 수입상뿐만 아니라 개설은행, 통지은행, 매입은행, 확인은행 등 관련 당사자가 많아지므로 보다 긴밀한 주의를 기울여야 한다. 이때 신용장에 의한 거래에서는 전적으로 신용장의 표시 내용만으로 판단하므로 계약당사자가 합의한 계약서의 내용은 중요하지 않다.

신용장 거래시 주의할 사항은 신용장의 발행, 신용장의 전달과정, 신용장 조건의 검토, 신용장 유효기일 엄수 등 크게 4단계로 구분할 수 있다.

먼저 수출상이 신용장의 발행과 관련하여 주의할 사항은 신용장 개설과 통보일정을 확인하는 것이다. 계약시점부터 계약일로부터 일정한 기간 내 수입상이 신용장을 개설하도록 하고 신용장을 통지받은 후 수출물품을 선적하는 것이다. 당장 거래가 성사된 것에 안도하여 즉시 선적을 한 후 신용장을 기다린다면 악의적인 수입상은 신용장의 개설을 차일피일 미루거나 대금의 지급을 고의로 지연하는 경우도 발생할 수 있다.

둘째, 수출상은 신용장의 전달과정에서 정당한 절차에 따라 발행된 신용장만을 신뢰하여야 한다. 신용장은 수입지 개설은행이 발행하고, 수출지 은행을 통지은행을 통하여 수출상에게 전달된다. 과거의 사례에서 무역절차에 밝지 않은 초보 수출상이 개설은행으로부터 우편으로 전달받은 신용장을 믿고 거래하여 피해를 입었던 경우가 있었다. 이러한 경우는 가짜 신용장에 의한 사기거래이므로 통지은행을 거치지 않고 개설은행으로부터 직접 수출상에게 전달되는 신용장 거래는 응하지 않아야 한다.

셋째, 수출상은 매매계약서의 조건과 신용장의 조건이 같은지 검토하여야 한다. 신용장의 매입은행이나 개설은행은 오직 신용장의 조건으로만 대금을 매입하고 지급하게 되므로 계약서의 조건과 신용장의 조건이 다른 것을 확인하지 못하고 수출상이 거래를 지속하게 된다면 이로 인한 불이익에 대하여 수출상은 항변할 수 없게 된다. 따라서 통지은행으로부터 신용장을 전달받은 수출상은 신용장의 조건을 검토할 때 매매계약서 조건에 추가 또는 변경된 내용이 있거나 새로운 독소조항이 포함되어 있지 않은지 꼼꼼이 점검하여 예상치 못한 위험을 방지하여야 한다.

넷째, 수출상은 신용장의 유효기일을 확인하여야 한다. 신용장의 유효기일은 수출상이 수출대금을 수령할 수 있는 최종기한이 된다. 신용장은 격지자간 거래이므로 유효기일의 표시가 수출상 국가와 수입상 국가 중 어느 나라를 기준으로 한 것인지의 여부도 확인하여야 한다.

신용장방식 거래에서 발생하는 모든 분쟁은 대개 이 범주에서 크게 벗어나지 않는다. 결국 대금을 지급하는 주체인 개설은행은 신용장에 표시된 내용만으로 대금을 지급하거나 지급을 거절할 수 있으므로 사소한 용어, 날짜의 표시가 결코 사소한 내용이 아니라는 점을 수출상은 각별히 명심하여야 한다.

Ⅱ. 국제물품운송

1. 국제물품운송

매도인과 매수인이 매매계약(Sales Contract)을 체결하면 그 다음 단계는 계약의 이행이다. 매매계약은 매도인으로부터 매수인에게 물품의 물리적 이동 없이는 이행될 수 없다. 이와 같이 계약이행에서 매도인의 주의무는 물품인도의무이며 매수인의 주의무는 대금지급의무이다.

매도인의 물품인도는 매도인 자신이 물품을 가져다 매수인에게 인도하거나 매수인이 수출지에 와서 가져가는 것도 아니다. 매도인은 운송인(carrier)에게 물품을 인도함으로써 매수인에게 인도한 것으로 간주되거나(적출지 인도조건), 매수인이 수입지에서 운송인으로부터 물품을 인수함으로써(도착지 인도조건) 매도인으로부터 물품을 인수한 것으로 간주된다. 이러한 경우 운송인은 매도인이나 매수인의 대리인 자격으로 물품의 인도과정에 개입된다.

이와 같이 매도인으로부터 매수인에 대한 물품인도는 국제물품운송을 통하여 실현되며, 이러한 운송서비스는 운송계약에 의하여 제공된다. 결국 매도인의 물품인도의무는 운송계약을 통하여 달성되기 때문에 무역에서 운송의 의의는 매우 크다.

국제물품운송은 하나의 운송수단을 이용하는 단일운송(unimodal transportation) 형태와 복수의 운송수단을 이용하는 복합운송(multimodal transportation)이 있다.

단일운송은 운송수단에 따라 분류하면 해상운송, 항공운송 및 육상운송으로 나눌 수 있다. 선박에 의한 해상운송은 저렴한 비용으로 대량운송이 가능하며, 용적이 큰 물품도 용이하게 운송할 수 있다. 그렇지만 단점은 운송속도가 다른 운송에 비하여 느리고 기후의 영향을 받기 쉬우며 항구에서 화물의 수취와 인도가 불편하다.

국제복합운송(international multimodal transportation)은 국가간 물품운송에 2가지 이상의 운송수단이 이용되지만 최초의 운송인이나 복합운송인이 전구간에 대하여 단일책임을 진다. 국제복합운송의 장점은 Door to Door 운송이 가능하며, 복합운송인이 전구간에 대하여 단일책임을 지며, 컨테이너운송에 의하여 화물 개개의 이적 없이 컨테이너 단위로 처리하므로 운송기간이 단축되고 안전하다는 점이다.

각각의 운송에서는 화주는 개개의 운송인과 운송계약(contract of carriage)을 체결하고 운송서류가 발급된다.

해상운송에서는 선화증권(Bill of Lading: B/L), 해상화물운송장(Sea Waybill: SWB), 용선계약서(Charterparty) 등이 있다.

항공운송에는 항공화물운송장(Air Waybill: AWB), 항공화물탁송장(Air Consignment Note: ACN) 등이 있다.

육상운송에는 도로운송의 경우 도로화물탁송장(Road Consignment Note: RCN), 철도운송의 경우 철도화물탁송장(Road Consignment Note: RCN) 등이 있다.

복합운송의 경우 복합운송서류(Multimodal Transport Document: MTD 또는 Combined Transport Document: CTD)가 있다.

2. 운송계약과 매매계약의 관계

매매계약의 이행을 위해서는 매도인으로부터 매수인에게 물품의 인도가 필요하다. 매도인과 매수인이 서로 멀리 떨어져 있기 때문에 매도인이 물품을 직접 매수인에게 인도할 수 없다. 물품의 인도를 위하여 매매당사자간에 개입되는 제3자가 운송인이다. 결국, 매도인은 운송인의 운송서비스를 이용하여 자신의 인도의무를 이행한다.

매매당사자가 운송인의 운송서비스를 이용하기 위하여 운송인과 체결된 계약이 운송계약이다. 그렇기 때문에 운송계약은 매매계약의 종속계약적 성격이 있다. 즉, 운송계약의 내용은 매매계약에 의하여 결정된다.

매매계약에서는 일반적으로 운송계약의 내용 중 선적시기에 관하여만 선적조건(shipment terms)에 명기하고, 나머지 내용, 즉 운송계약 체결의 당사자, 운송방법, 운임부담자, 인도방법 등은 매매당사자간에 구체적으로 합의하기보다는 당사자가 선택하는 정형거래조건에 의하여 자동적으로 결정되는 것이 일반적이다.

즉, FOB, FCA, FAS 조건은 매수인이 운송계약을 체결하고 운임을 부담하지만, CIF, CFR, CPT, CIP, DES, DEQ 등의 조건은 매도인이 운송계약을 체결하며 동시에 운임을 부담한다.

FOB, CFR, CIF 등은 선적항의 본선에서 인도되는데 반하여 FCA, CPT, CIP 등은 매도인의 구내나 화물터미널에서 인도가 이루어진다.

FOB, CIF, CFR, DES 및 DEQ 조건은 해상운송을 전제로 하지만 FCA, CPT, CIP, DAF, DDU 및 DDP 조건은 해상운송을 포함한 복합운송이나 다른 운송방식에도 사용될 수 있다. 한편 FOB, CIF, CFR, DES 등은 적재인도조건이지만 FCA, CPT, CIP 등은 반입인도방식이다.

물품인도와 관련된 운송계약은 매도인이 매수인에 대해 부담하는 가장 큰 의무이다. 따라서 매매계약 체결시 매매당사자는 상호 합의하에 선적조건과 정형거래조건을 선택하도록 하여야 할 것이다.

3. 해상운송계약과 복합운송계약

(1) 해상운송계약

해상운송계약은 개개의 운송물품을 계약의 목적으로 하는 개품운송계약(contract of carriage in a general ship)과 선박의 전부 또는 일부를 계약의 목적으로 하는 용선계약(Charter party)이 있다. 개품운송계약은 정기선(liner)에 의하여, 용선운송계약은 부정기선(tramper)에 의하여 운송서비스가 제공된다.

정기선의 경우 정기선사들이 배선표(sailing schedule)를 공표해 두고 있는데, 이를 보고 각 화주는 선복신청서(shipping request: S/R)를 제출하면 선주가 이를 수락 또는 거절하게 된다. 만약 선주가 이를 승낙하면 인수확약서(booking note: B/N)를 교부함으로써 운송계약이 체결된다. 개품운송계약에서는 개별계약서가 작성되지 않고 선화증권이 발행된다. 이 때 선화증권은 운송계약성립의 추정적 증빙(prima facie proof)이 된다.

용선계약에서는 용선계약서가 작성되고 그 후 용선한 선박에 화물이 적재되면 용선자는 화주에게 용선계약선화증권(Charterparty B/L)을 발행한다. 이럴 경우 용선계약에서는 용선계약서가 용선계약선화증권보다 우선한다.

개품운송계약과 용선계약의 비교

	개품운송계약	용선계약
계약의 목적	개개의 물품운송	선복의 일부 또는 전부
운송방법	정기선(liner)	부정기선(tramper)
적용법규	성문법(statute law)	보통법(Common law)
책임관계	운송인 면책확대 불인정	운송인 책임 수정가능
당사자	선주와 송화인	선주와 용선자
화주	불특정 다수 화주	특정 화주
화물	잡화와 같은 비교적 적은 화물	대량산화물 (원유, 철강, 석탄, 곡물 등)
계약의 증빙	선화증권(B/L)	용선계약서(C/P)
운임률	공표운임률(Tariff Rate)	수급에 의한 시세(open rate)
운임조건	Berth(Liner) Term	FI, FO, FIO

(2) 국제복합운송

국제복합운송(International Multimodal Transport)이란 복합운송인에 의하여 물품이 어느 한 국가의 지점에서 다른 국가의 인도지점까지 적어도 두 가지 이상의 운송방식에 의하여 이루어지는 물품운송을 말한다.

복합운송인은 실제운송수단을 갖고 있는 복합운송인과 실제운송수단을 보유하지 않지만 계약에 의하여 복합운송을 수행하는 운송주선인(forwarder)을 포괄한다.

운송주선인에 관하여는 현재 우리나라의 경우 화물유통촉진법에 의하여 복합운송주선업으로 규정되어 있다.

복합운송인의 구비조건은 ① 화주에 대하여 전구간 단일책임을 져야 한다. ② 복합운송서류(multimodal transport document: MTD)를 발급하여야 한다. ③ 전 구간에 대하여 일관운임(through rate)을 제공하여야 한다.

복합운송은 복수의 운송인이 참여한다는 점에서 통운송(through transport)과 유사하기 때문에 양자의 차이를 인식하여야 한다.

복합운송의 장점으로는 ① 환적작업 등 수송기관간의 접점에서 발생하는 작업비용의 절감과 작업흐름의 원활화, ② 컨테이너화에 의해 수송수속의 간소화로 서류체크가 단순화됨, ③ 복합운송인에 의한 일괄운송업무 수행으로 운송책임의 일원화가 가능, ④ 단일의 운송인에 의해 취급되므로 화물의 추적시스템화가 용이하다.

복합운송과 통운송의 비교

구분	통운송	복합운송
운송계약의 형태	· 형태불문, 최종목적지까지 전반운송증명만으로 가능	· 복합운송계약(하청운송형태)
운송인의 책임형태	· 각 운송인의 분할책임	· 전 구간 단일책임
1차운송인과 2차운송인과의 관계	· 2차운송인에 대한 1차 운송인의 지위는 화주의 운송대리인	· 1차운송인: 원청운송인 · 2차운송인: 하청운송인
운송서류의 발행인	· 선박회사와 그 대리인	· 운송인, 운송주선인 등 발행인의 특별한 제한 없음
운송서류의 형식	· B/L의 형식	· B/L 이외의 형식 가능
on board notation	· shipped B/L로써 지정선박에의 적재 표시	· Taking in charge로 표시

4. 운송서류

(1) 선화증권

선화증권(bill of lading: B/L)은 운송인이 화주로부터 화물을 수령 또는 선적하였음을 나타내며 도착항까지 운송하여 증권의 정당한 소지인에게 화물의 인도를 약속하는 유가증권이다. 또한 B/L은 운송계약의 증거서류이며 화물의 권리를 표시하는 권리증권(document of title)이다.

B/L 소지인은 B/L을 통한 채권적효력과 물권적효력을 갖는다. 채권적 효력이란

B/L 소지인이 운송인에 대한 운송계약상의 채무이행을 요구하고 불이행의 경우에는 손해배상을 청구할 수 있는 효력을 말하며, 물권적 효력이란 B/L을 통한 화물에 대한 권리로 B/L의 양도는 화물에 대한 권리가 이전됨을 의미하며 B/L을 통하여 화물 인도 청구권을 갖는다.

오늘날 무역에서의 인도는 매도인으로부터 매수인에게 현실적 인도(actual delivery)가 이루어지지 않고, 선화증권을 포함한 선적서류에 의한 상징적 인도(symbolic delivery)로 이행된다. 특히 B/L은 환어음(bill of exchange)과 결부되어 화환계약을 통하여 매도인은 인도의무의 이행과 이에 대한 대금수령이 가능하게 되고, 화환계약에 개입하는 은행은 유통성 B/L을 물적담보로 확보하여 안심하고 매수인을 대신하여 대금을 결제하기 때문에 매도인이 발행한 화환어음의 결제가 가능하게 되어 결국 오늘날 무역이 이루어지게 된다.

특히, 환어음에 선적서류가 결합된 화환어음(documentary bill of exchange)은 다시 신용장제도와 결부하여 개설은행의 지급확약을 기반으로 격지자간의 무역거래를 가능하게 만들었다.

오늘날은 서류로 된 선화증권 대신 EDI Message로 대체한 Electronic B/L의 필요성이 증대함에 따라 Electronic B/L의 양도에 관하여 1990년 국제해사위원회에서 '전자식 선화증권에 관한 통일규칙'(CMI Rules for Electronic Bills of Lading)을 제정하였다.

1) 선화증권의 기능

(가) 물품영수증

운송인이 B/L을 발행하면 B/L은 그곳에 기재된 물품과 물품의 수량, 중량 및 상태와 똑같은 물품을 운송인이 송화인으로부터 수령하였다는 것을 나타내는 추정적 증거(prima facie evidence)이다. 따라서 운송인은 선적된 화물이 B/L상 기재된 내용과 다르다는 것을 증명하지 않는 한, 그리고 화물이 면책위험에 의해 멸실 또는 손상된 것이 아닌 한 B/L상 기재된 그대로의 물품을 인도하여야 한다.

B/L상에 인쇄된 '외관상 양호한 상태로'(in apparent good order and condition)라는 문언은 선주의 확약(undertaking)이 아니라 진술(statement)이기 때문에 외관

상이나 육안으로 보아 이상 없이 적재되었음을 나타낼 뿐 그러한 상태로 인도하겠다는 의미는 아니다. 왜냐하면 B/L 발행 이후에 물품이 손상될 수도 있기 때문이다.

컨테이너화물, 특히 FCL 화물은 송화인 포장(shipper's pack)이므로 운송인은 송화인이 신고한 물품명세를 그대로 B/L에 기재하여 발급하기 때문에 B/L상에 부지약관(unknown clause)인 '송화인의 적입 및 계량'(shipper's load and count) 또는 "송화인이 ~을 적입하였다고 함"(said by shipper to contain) 등의 문언을 삽입함으로써 운송인은 내용물에 대한 책임을 면할 수 있다. 물론 신용장 거래에서는 이러한 부지약관이 있는 선화증권도 무고장선화증권으로 수리하고 있다.

(나) 권리증권

B/L의 기능 중에서 가장 중요한 것이 B/L 그 자체가 화물에 대한 권리를 나타내는 유가증권이라는 것이다. 즉, 정당한 방법으로 선화증권을 소지한 자는 화물을 청구할 수 있는 청구권과 이를 처분할 수 있는 처분권을 갖는다. 또한 물품의 운송을 담당한 운송인은 반드시 정당한 선화증권을 제시하는 자에게만 화물을 인도하여야 하고, 비록 수화인이라 하더라도 B/L이 기명식(straight B/L)으로 발행되지 않는 한, 정당하게 배서된 B/L의 제시 없이 화물을 청구할 권리가 없다.

선화증권이 화물의 권리를 나타내는 권리증권이기 때문에 금전적 가치를 지닌 유가증권이다. 이것은 어음이나 수표처럼 완전한 유통증권(negotiable instrument)이 아니며, 일정한 조건하에서만 유통되는 준유통증권(quasi-negotiable instrument)이다. 즉, 일정한 조건이나 선화증권상 'negotiable'이란 문언이 있어야 하며 'consignee'란에 지시식(order form)으로 기재되어 발행되어야 한다.

(다) 운송계약의 증빙

개품운송계약은 Offer에 해당하는 선복신청서(S/R)와 Acceptance에 해당하는 인수확약서(B/N)에 의하여 성립되지만 별도의 운송계약서가 작성되지는 않는다. 따라서 선화증권이 유일한 운송계약의 추정적 증거가 된다. 이는 실제 운송계약의 내용이 선화증권의 내용과 다름을 입증하면 선화증권의 기재내용을 수정하도록 요청할 수 있음을 의미한다. 그렇지만 발행된 선화증권을 일단 수락하여 유통시키게 되면 제3자에 대하여는 선화증권이 유일한 운송계약의 증빙이 된다.

한편, 용선계약에서는 선주와 용선자간의 권리는 용선계약에 따라 구속을 받지만 용선자가 용선한 선박을 개품운송에 투입하면 개별화주와의 권리·의무는 용선계약부 선화증권에 의하여 정해진다.

선화증권 발행 당시의 운송계약 당사자는 송화인과 운송인이지만 선화증권이 정당한 방법으로 양도되어 이를 수화인이 취득하면 운송계약당사자의 지위를 승계하며 운송인에 대한 모든 권리·의무를 행사할 수 있다.

선화증권은 운송계약의 증빙서류이기 때문에 선화증권상의 약관이 바로 운송계약의 내용이 된다. 이면약관이 없는 약식선화증권(short form B/L)은 약관이 없는 것이 아니라 생략된 것이다.

3) 선화증권의 법적 성질

(가) 요인증권

선화증권은 운송인이나 그 대리인이 물품의 선적 또는 선적을 위한 수취 등의 원인행위에 대해서만 발행되기 때문에 요인증권이며, 원인행위 없이도 발행되는 수표나 어음은 무인증권이다.

(나) 요식증권

선화증권의 기재사항에는 법정 기재사항과 임의기재사항이 있다. 선화증권의 본질이 훼손되지 않는 한 법정기재사항의 일부가 누락되더라도 선화증권의 본질적 기능에는 문제가 없다. 따라서 선화증권은 일정한 요식을 필요로 하는 요식증권이지만 그 요식성이 엄격하지는 않다.

(다) 채권증권

선화증권의 정당한 소지인은 이를 발급한 운송인에 대하여 화물을 청구할 수 있는 채권과 같은 효력이 있다.

(라) 지시증권

지시식 유가증권은 배서(endorsement) 및 인도로 양도된다. 선화증권은 통상 지시식으로 발행되며, 배서는 보통 백지배서(blank endorsement)에 의한다. 그렇지만 전자식 선화증권은 통상 운송인에게 통지함으로써 양도된다.

(마) 상환증권

화물의 인도는 선화증권과의 상환으로만 청구할 수 있다. 보통 복수의 선화증권이 발행될 경우 선적지에서는 선화증권 전통(full set)에 의해서만 화물청구권을 가지게 되지만 양륙항에서는 복수의 선화증권 가운데 어느 것이나 먼저 제시하는 자가 화물을 인도받게 되고 나머지는 자동으로 효력을 상실하게 된다.

한편, 화물이 선화증권보다 먼저 도착하여 수화인이 선화증권의 도착을 기다릴 여유 없이 물품을 수령하고자 할 경우 화물선취보증장(Letter of Guarantee: L/G)을 이용하는 것이 보편화되어 있다. 그렇다고 L/G가 B/L과 같은 상환증권적 성질을 가졌다고 볼 수는 없다. 왜냐하면 L/G에 의한 화물수령은 추후에 B/L 원본의 제출을 조건으로 하고 있기 때문이다.

(바) 유통증권·유가증권

선화증권은 재산적 가치를 갖고 있는 유가증권이며, 모든 유가증권이 갖고 있는 성질인 유통성을 갖고 있다. 선화증권의 유통은 보통 배서에 의하지만 전자식 선화증권의 경우 통지에 의하여 유통된다.

선화증권의 양도가 소유권을 이전시킬 목적으로 이루어졌다면 선화증권의 양도는 소유권의 이전을 의미한다. 그러나 양도인이 비록 선화증권을 양도했다 하여도 소유권을 이전시킬 의도가 없는 경우에는 소유권은 이전되지 않는다. 양도인이 물품대금을 받고 선화증권을 양도했다면 소유권을 이전시킬 의도가 있는 것으로 추정할 수 있다.

(2) 복합운송서류

UN국제물품복합운송협약에서 "복합운송서류(multimodal transport document)란 복합운송계약에 따라 복합운송인이 화물을 자신의 관리하에 수취하였다는 것 및 그 계약조건에 따라 이를 인도할 의무를 부담함을 증명하는 서류"라고 규정하고 있다. 또한 UNCTAD/ICC 규칙에서는 "복합운송서류란 복합운송계약을 증빙하는 서류이며 유통성 또는 비유통성 서식으로 발행할 수 있다"고 규정하고 있다.

결국 복합운송서류란 선박, 철도, 항공기 또는 자동차에 의한 운송방식 중 적어도 두 가지 이상의 운송방식의 결합에 의하여 물품의 수탁지와 인도지간에 이루어지는 복합운송에 관한 계약을 증명하는 서류라고 할 수 있다.

복합운송서류는 유통성복합운송서류(negotiable multimodal transport document)로 비유통성복합운송서류(non-negotiable multimodal transport document)로도 발행될 수 있다. 유통성복합운송서류는 지시식(to order)과 소지인식(bearer)으로 구분된다.

복합운송서류가 국제법규에 따라 유통성을 갖도록 발행될 수 있지만 이것이 전통적인 선화증권과 같이 유가증권적 기능을 갖는지는 다음 요건에 따라 달라진다.

복합운송서류가 유통성을 지닐 경우 ① 지시식 또는 소지인식으로 되어야 하며, ② 지시식으로 발행된 경우 배서에 의하여 양도할 수 있고, ③ 무기명식으로 발행된 경우 배서 없이 양도할 수 있다. 복합운송서류가 비유통성으로 발행된 경우 ① 지정된 수화인이 기명되어야 하며, ② 복합운송인은 증권에 지정된 수화인 또는 수화인으로부터 정당하게 지시받은 당사자가 아닌 그 밖의 사람에게 인도할 의무가 없다.

(3) 해상화물운송장

해상화물운송장(Sea Waybills: SWB)은 B/L과 마찬가지로 해상운송인 앞으로 발행하는 운송서류이다. 즉, 그것이 운송계약의 증빙서류이며 화물의 영수증이라는 점에서는 B/L과 공통점이 있으나 권리증권이 아니므로 제3자에게 유통시킬 수 없으며 도착지에서 화물의 수령시 이를 제출할 필요도 없다.

해상화물운송장은 전통적인 선화증권의 단점을 보완하는 기능을 한다. 즉, 해상운송의 고속화로 화물이 B/L보다 먼저 목적지에 도착한 경우, 만일 수입상이 B/L 도착 전에 화물을 수령하려면 화물선취보증장(L/G)을 은행으로부터 발급받아야 하는바, L/G발급에 따른 까다로운 절차 및 비용 그리고 L/G의 위조문제 등 여러 가지 문제가 제기될 수 있다. 이러한 문제점을 해결하기 위하여 운송중 전매될 화물이 아닌 경우에는 SWB를 이용할 수 있다.

해상화물운송장의 장점으로는 ① 화물인도의 신속성, ② 서류의 분실에 따른 위험해소, ③ 화물처리업무의 합리화촉진, ④ 경비절감 등을 들 수 있다.

실무적으로 이를 이용하고자 하면 신용장에 B/L대신 해상화물운송장을 수리하도록 명기하여야 한다. 또한 매매관습인 INCOTERMS 2000에도 매도인이 매수인에게 인도의 증빙서류로 해상화물운송장을 제시할 수 있도록 규정하고 있다.

(4) 항공화물운송장

항공운송에서 사용하는 운송서류는 항공화물탁송장(Air Consignment Note: ACN)과 항공화물운송장(Air Waybill: AWB)이다.

선화증권은 화물의 수령을 증명하는 영수증, 운송계약의 체결을 나타내는 운송계약의 증빙서류, 그리고 화물의 권리를 나타내는 권리증권의 기능을 동시에 갖고 있으나, 항공화물운송장은 화물의 수령을 나타내는 영수증과 운송계약의 증빙서류의 기능만 갖는다. 즉, 항공화물운송장은 선화증권과 같이 화물의 권리를 나타내는 권리증권적 기능이 없을 뿐 아니라 기명식으로 발행되어 유통성이 없다. 항공운송은 운송기간이 짧기 때문에 운송중 유통될 실익이 없다.

화환신용장거래에서 화물을 항공운송할 경우 수출상이 발행하는 환어음은 무담보어음(clean bill)이다. 왜냐하면 첨부되는 항공화물운송장이 선화증권처럼 유가증권이 아닌 단순한 화물수령증에 불과하기 때문이다. 따라서 매입은행도 환어음 매입시 선적서류를 담보로 한 화환어음의 매입이 아니라 담보물권이 없는 무담보어음의 매입을 한다. 양자를 비교하면 다음과 같다.

항공화물운송장과 해상선화증권의 비교

항공화물운송장	선화증권
유가증권이 아닌 단순한 화물수령장	유가증권
비유통성(Non-negotiable)	유통성(Negotiable)
기명식	지시식
수령식(창고에서 수령하고 발행)	선적식(본선 선적후 발행)
송화인이 작성	선사가 작성

III. 해상보험

1. 해상보험

보험이란 동일한 우발적인 사고발생의 위험하에 놓여 있는 다수인이 해상사고로 인한 손해를 보상받기 위하여 대수의 법칙(Law of Large Numbers)과 같은 통계적 기초에서 산출된 금액을 미리 각출하여 자금을 만들어 두고 보험사고가 발생했을 때 이 자금으로부터 소정의 급여를 지급받는 제도이다.

해상보험(Marine Insurance)이란 해상이나 항해사업과 관련된 육상 및 항공에서 발생한 손해까지 보상하는 보험이다.

해상보험과 해상보험계약(contract of marine insurance)을 구별할 필요가 없다. 전자는 일종의 경제제도라면 후자는 그 제도의 운용방법이다.

해상보험은 항해사업과 관련된 사고로 인한 손해를 보상하며, 또한 피보험자가 입은 손해만을 보상하기 때문에 손해보상보험이다.

해상보험이 국제무역에서 갖는 의의는 매우 크다. 무역의 이행은 매도인으로부터 매수인에게 물품의 인도와 매수인으로부터 매도인에게 대금의 지급으로 요약된다. 매도인으로부터 매수인에게 물품의 인도는 직접인도가 아닌 운송인을 통한 간접인도이다. 따라서 물품이 일정기간 운송인의 관리하에 이동하게 되는데 물품의 이동에는 반드시 운송위험이 수반된다. 물론 이러한 위험은 화물을 이동하는 운송수단의 위험과 운송수단에 적재한 화물의 위험으로 나눌 수 있다.

운송수단, 즉 선박의 위험은 선주가 부담하지만 선박에 적재한 화물의 위험은 화주가 부담한다. 이러한 위험을 담브(cover)하는 제도가 바로 해상보험이다. 운송중 화물의 위험을 담보하는 해상보험제도가 없다면 매수인은 선적지에서 인도되는 물품의 구매를 주저할 것이며, 매도인은 도착지에서 인도되는 물품의 판매를 주저할 것이다.

결국 해상보험제도가 정립되어 있으므로 매도인과 매수인 그리고 운송인까지 안심하고 매매와 운송행위를 할 수 있다.

이러한 해상보험제도의 활용은 해상보험계약을 통하여 가능하다. 해상보험계약의 주요내용, 즉, 보험계약자, 피보험자, 보험료 부담자, 담보조건, 보험금액, 보험계약의 증빙서류 등은 일반적으로 매매계약시 당사자간 일일이 계약서에 명시하지 않고 당사자간 선택되는 정형거래조건에 의하여 자동 결정된다. 일반적으로 위험을 부담하는 자가 보험계약을 체결하고 보험료를 부담하지만 CIF조건과 CIP조건은 운송 중 위험을 매수인이 부담함에도 불구하고 매도인이 보험계약을 체결하고 보험료를 부담한다. 따라서 매매당사자간 후일에 보험분쟁이 생길 가능성이 있다. 따라서 이들 조건하에서는 당사자간 담보조건 등을 미리 합의하는 것이 바람직하다.

2. 해상보험계약의 특징

(1) 해상보험의 특징

해상보험은 생명보험이나 여타의 손해보험과는 다른 몇 가지 특징이 있다.

첫째, 해상보험은 국제성을 지니고 있다. 물론 오늘날 보험시장의 개방으로 거의 모든 보험분야에서 국제간 거래가 일어나고 있지만 해상보험은 바로 국제거래와 관련된 보험이다. 또한 해상사고도 주로 공해상에서 발생된다. 따라서 보험자의 책임과 보상에 관하여 국제적 통일법이 요구된다. 오늘날 세계적으로 널리 채택되고 있는 준거법으로 영국의 법과 관습이 적용된다. 우리나라 해상보험업계에서 이용하고 있는 보험약관 역시 런던보험자협회에서 제정한 약관이다.

둘째, 해상보험은 기업보험의 성격을 지니고 있다. 보험가입자가 개인이 아닌 무역회사나 선박회사이다.

셋째, 해상보험은 다른 손해보험과 마찬가지로 저축성 보험이 아닌 보장성 보험의 성격을 지니고 있다. 비록 보험계약자가 보험료를 납부하였더라도 피보험목적물의 손해에 대해서만 보상할 뿐 손해와 관계없이 보상되는 인보험과는 다르다.

넷째, 해상보험은 국제무역의 촉진제 역할을 한다. 무역이 활성화되기 위해서는 운송산업이 활성화되어야 하며 운송산업이 활성화되기 위해서는 위험을 커버하는 보험제도가 확립되어야 한다.

(2) 해상보험계약의 법률적 성격

실무에서 해상보험이란 제도를 활용하기 위해서는 해상보험계약이란 법률행위가 수반되어야 한다. 해상보험계약의 법률적 성격은 다음과 같다.

첫째, 해상보험계약은 불요식 낙성계약이다. 즉, 해상보험계약은 당사자간의 의사표시의 합치만으로 성립되는 낙성계약이며, 의사표시에 특별한 방법을 필요로 하지 않는 불요식계약이다. 따라서 계약체결 후 발행되는 해상보험증권은 보험계약성립의 요건이 아니며 단지 보험계약의 내용을 증빙하는 추정적인 증거서류에 불과하다.

그러므로 보험계약의 성립시기는 보험계약자의 청약을 받은 보험자가 어떤 형태로든 승낙의 의사표시를 한 시점이며, 이는 보험증권의 교부시기와는 별개이다. 보험증권에는 보험자의 서명 날인만 있기 때문에 계약서라고는 할 수 없으며 보험계약의 증빙서류라고 보아야 할 것이다.

해당 보험계약이 낙성계약적 성격을 갖고 있기 때문에 보험계약자의 청약과 보험자의 승낙으로 보험계약이 유효하게 성립하였다고 하더라도 보험자의 책임이 바로 개시되는 것은 아니며, 보험기간은 보험계약기간과 다를 수 있다. 우리나라 상법에는 보험자의 책임개시시기를 최초의 보험료를 지급받는 시점으로 정하고 있다. 즉, 보험계약자가 보험료를 지급하지 않았다면 비록 보험사고가 발생하더라도 보험자는 보험금의 지급의무가 없다.

둘째, 해상보험계약은 유상계약이다. 즉, 해상보험에서 보험자는 계약에서 합의된 방법과 범위내에서 피보험자의 손해를 보상할 것을 약정하고, 그 대가로 보험료를 지급받는 계약이다. 당사자간 계약에서 급부와 반대급부가 주어지는 대가관계의 계약을 유상계약이라 한다.

셋째, 해상보험계약은 쌍무계약이다. 즉, 보험자는 피보험목적물의 위험을 담보할 의무가 잇는 반면 피보험자는 보험료를 납부할 의무가 있는, 즉 계약당사자 쌍방이 모두 의무를 부담하는 계약을 쌍무계약이라 한다.

넷째, 해상보험계약은 부합계약이다. 해상보험계약에서 보험계약자는 보험자가 제시하는 증권상 인쇄된 약관을 프괄적으로 승인하거나 거절할 수 있는 선택권만 있을 뿐이다. 즉, 보험자와 보험계약자가 상호 협의하여 계약조항을 수정하거나 조정할 수 없다. 보험계약은 운송계약과 마찬가지로 일방이 다수의 상대방과 계약을 체결하여야 하므로 일대일로 개별조항의 수정이 불가능하다.

다섯째, 해상보험계약은 사행계약적 성격을 지니고 있다. 계약을 체결한 피보험자는 보험사고가 발생하면 보상을 받지만 보험사고가 발생하지 않으면 보험료를 상실하게 된다. 즉, 해상보험계약은 장래의 불확실하고 우연한 사고발생여부에 피보험자의 손익이 달려 있으므로 사행성을 지녔다고 말하나 그 목적이 항해상업의 수행과정에서 발생하는 위험을 담보하는데 있기 때문에 사행이나 도박을 목적으로 하는 사행행위와는 그 본질상 차이가 있다.

마지막으로 해상보험계약은 최대선의(utmost good faith)의 계약이다. 해상보험계약은 일인의 보험자와 다수의 보험계약자간 계약이 체결되므로 보험자는 계약체결시 수많은 피보험목적물의 내용을 점검하는 것이 불가능하다. 따라서 보험자는 피보험자의 고지(disclosure)에 의하여 판단하고 계약을 체결할 수밖에 없으므로 보험계약자가 고지를 하지 않거나 부실표시(misrepresentation)를 한다면 올바른 계약이 체결될 수 없기 때문에 최대선의가 요구되는 계약이다.

영국해상보험법 제17조에는 "해상보험계약은 최대선의에 기초한 계약이며, 당사자 일방에 의하여 이 원칙이 준수되지 않을 경우 타방은 그 계약을 취소할 수 있다"고 규정하고 있다.

3. 해상보험의 보상원칙

해상보험은 우리나라 상법상의 분류에 의하면 손해보험에 해당된다,. 일반적으로 손해보험의 보상원칙은 실손보상의 원칙에 따른다. 즉, 보험사고 발생시 보험금액을 전액 보상하는 것이 아니라 피보험자가 입은 실손해액만을 보상한다. 이러한 원칙은 인보험에는 적용되지 않는다. 인보험은 대체로 정액보상의 원칙이 적용된다.

실손보상이란 보험사고로 손해를 입은 피보험자를 사고 이전과 같은 금전상의 상태(pecuniary position)로 복귀시키는 것이다. 그러나 선박보험의 경우와 같이 일부보험인 경우에는 보험금액에 따라 비례보상의 원리가 적용된다. 적하보험인 경우 대부분이 전부보험이기 때문에 피보험목적물의 가치변동이 없는 한 실제 입은 경제적 손실을 회복할 수 있다. 그러나 적하보험은 기평가보험으로 운임과 보험료를 포함한 CIF가액의 통상 110%로 보험금액이 결정되며 계약기간 중에 변동되지 않는다.

또한 보험자는 피보험자에게 보험금을 지급하면 보험자가 피보험목적물에 대하여 갖고 있는 권리를 이전받게 된다. 그렇지 않고 피보험자가 피보험목적물이나 제3자에 대한 권리를 그대로 갖고 있으면 실손보상의 원칙에 어긋나게 된다. 이러한 원칙을 대위(subrogation)의 원칙이라고 한다.

또한 보험자는 피보험자가 입은 직접손해에 대해서만 보상책임을 지며 간접손해에 대하여는 책임을 지지 않는다. 이러한 원칙을 직접손해보상의 원칙이라 한다. 이러한 원칙의 예외로 보험자가 간접손해, 즉, 손해방지비용이나 구조비 등도 특약이나 법률에 의하여 담보 가능하다.

4. 해상보험의 분류

(1) 보험가입대상에 따른 분류

1) 적하보험(cargo insurance)

보험가입대상이 화물인 경우로 수출상 또는 수입상이 이용한다.

2) 선박보험(hull insurance)

보험가입대상이 선체인 경우로 선주가 주로 이용한다. 보통 해상보험이라고 하면 적하보험과 선박보험이 그 중심이 된다.

3) 선임보험(freight insurance)

선주, 용선자, 또는 운송주선인 등이 화물 또는 여객을 무사히 운송한 경우에 취득할 선임을 보험가입대상으로 하는 보험이다.

4) 희망이익보험(insurance on respected profit)

화물의 도착으로 화주가 얻게 될 기대이익을 보험가입대상으로 하는 보험이다. 일반적으로 적하보험에서는 수출원가에 도착항까지 운임과 보험료를 합한 CIF Value의 10%를 희망이익으로 하고 있다.

(2) 보험기간을 정하고 방법에 다른 분류

1) 항해보험(voyage insurance)

특정 항해구간을 정하여 이를 보험기간으로 할 때 이를 항해보험이라고 하며 대부분의 적하보험은 항해보험이다.

2) 기간보험(time policy)

특정기간을 정하여 이를 보험기간으로 할 때 이를 기간보험이라고 하며 대부분의 선박보험은 기간보험이다.

3) 혼합보험(mixed policy)

항해구간과 기간의 2가지 기준을 동시에 보험기간으로 규정하고 있는 보험으로 종전에는 선박보험에서 이용되었으나 오늘날에는 거의 이용되지 않고 잇다.

5. 매매계약, 운송계약 및 보험계약의 상호관계

(1) 매매계약과 보험계약

매매계약의 이행을 위하여 물품의 인도를 위한 운송계약이 체결되고, 운송중의 위험을 담보하기 위하여 보험계약이 체결된다. 따라서 보험계약은 매매계약의 이행을 위한 종속계약이라고 할 수 있다.

따라서 보험계약의 내용, 즉 계약당사자, 피보험자, 보험금액, 담보구간, 담보조건 등은 매매당사자간의 합의에 의하여 결정된다. 이러한 보험계약의 내용은 매매당사자가 구체적으로 합의하는 경우도 있으나 일반적으로 매매관습인 정형거래조건에 따라 결정된다.

INCOTERMS 2000의 13가지 정형거래조건 가운데 대부분은 위험부담자와 비용부담자가 동일하다. 즉, 위험을 부담하는 자가 자신의 비용부담으로 필요한 경우 보험에 가입한다.

그렇지만 CIF조건과 CIP조건은 운송 중의 위험을 매수인이 부담하는데 반하여 보험계약체결과 보험료납부의 의무는 매도인에게 있다. 따라서 이들 2가지 조건에서는 후에 보험계약에 다른 분쟁이 발생할 소지가 있다. 이에 INCOTERMS는 당사자간 별도의 약정이 없는 경우 CIF 또는 CIP 가액의 110%로 ICC(C)나 FPA조선으로 부보하면 매도인의 부보의무를 이행하는 것으로 규정하고 있다.

피보험자는 피보험이익을 갖는 자로 사고 발생시 보험금청구의 권리가 있는 자이다. 피보험이익은 위험부담과 연계되어 있기 때문에 각 정형거래조건에서 위험이 매수인에게 이전되면 매수인이 피보험이익을 갖는다. 따라서 CIF나 CIP조건에서는 매도인이 부보하고 발급 받은 보험증권을 매수인에게 배서·양도하므로 매수인이 사고 발생시 이를 근거로 보험금을 청구한다.

담보구간은 해상구간과 이에 부수되는 육상구간이 담보되므로 Warehouse to Warehouse의 담보가 가능하다. 그렇지만 FCA, FAS, FOB조건은 위험이 운송인, 선측, 또는 본선에서 각각 매수인에게 이전되므로 매수인이 부보한 보험증권으로는 위험이전시부터 담보가 개시되어 자신의 창고까지 담보될 수 있으나, 매도인의 창고로부터 위험이전시까지는 매도인이 별도로 부보하여야 한다. 그렇지만 CIF나 CIP조건은 매도인이 부보하므로 자신의 창고에서 위험이전시까지 자신의 피보험이익을 담보하고, 위험이전시부터는 증권의 양도를 통하여 동일증권으로 매수인의 위험을 담보하므로 Warehouse to Warehouse의 담보가 가능하다.

반면, “D”Group에서 DES, DEQ, DDP조건 등은 양륙지의 지정장소까지 매도인이 위험을 부담하므로 매도인이 자신의 이익을 위하여 부보하고 양륙지의 지정된 장소에서 위험이전시 증권을 양도하므로 계속담보(Continuous cover)가 가능하다.

(2) 운송계약과 보험계약

화물이 운송과정에서 발생하는 물적손해에 대하여 이해관계를 갖고 있는 자는 화주와 운송인 그리고 적하보험자이다. 먼저 운송인은 운송계약에 따라 운송과정에서 발생하는 화물손해에 대하여 화주에게 손해배상책임을 져야 한다. 마찬가지로 적하보험자는 보험계약에 따라 운송 중 발생하는 손해가 담보위험에 의한 손해일 경우 피보험자인 화주에게 손해보상책임을 져야한다. 그렇다고 화주가 운송인과 보험자에게 동시에 손해배상과 손해보상을 동시에 청구할 수 없다. 그 이유는 실손보상의 원칙에 따라 화주는 실손 이상의 보상이나 배상을 받을 수 없기 때문이다.

이 경우 화주는 일반적으로 보험자에게 손해보상을 청구함과 동시에 운송인에 대한 손해배상청구권은 보험자가 대위한다. 화주의 입장에서 운송인에 대한 손해배상청구권을 행사하기 보다 보험자에 대한 손해보상청구권이 유리하다. 왜냐하면 운송인은 헤이그규칙에 따르면 항해과실은 면책이며 책임을 질 경우에도 배상한도액까지만 배상하면 된다. 헤이그규칙에서 정한 운송인의 책임한도액은 일반적으로 실손에 미치지 못한다.

그렇지만 보험계약에서 보상금액은 전손의 경우 통상 CIF금액의 110%로 실손보상이 이루어 질 수 있다. 헤이그규칙에서 운송인의 면책조항에 열거된 위험 중 상당부분은 보험계약에서 담보위험이거나 특약으로 담보가 가능한 위험이다. 즉, 적하보험자의 손해보상책임은 운송인의 손해배상책임보다 그 범위가 넓고 보상금액도 많다고 할 수 있다. 헤이그규칙이나 헤이그-비스비규칙에서 운송인의 면책으로 규정된 사유가 적하보험에서 담보위험에 속할 수가 있기 때문에 적하보험자가 보상 후 행사하는 대위권은 실익이 없을 경우가 많다.

또한 운송계약에서 운송인의 책임구간이 적하보험에서 보험자가 담보구간과 일치하지 않는다. 헤이그규칙은 운송인의 책임구간이 from tackle to tackle이며, 함부르크규칙이 이를 확대하여 port to port로 되었다고 해도 적하보험의 담보구간인 warehouse to warehouse에 미치지 못한다.

(3) 매매, 운송 및 보험계약

매매계약에 따라 계약이 이행되기 위하여 화물이 운송 중에, 선박이 침몰이나 좌초로 전손(total loss)을 입었다고 가정하자. 매도인과 매수인은 먼저 주계약인 매매계약을 기준으로 누가 위험을 부담할 것인지를 정형거래조건에 따라 판단하여야 한다.

그리고 나서 위험을 부담할 당사자는 자신이 부담할 위험을 운송계약과 보험계약에 따라 누구에게 배상 또는 보상을 청구할 것인지를 결정하여야 한다.

만약 화주가 보험계약에 따라 보험자에게 보상을 청구하기로 하고 이를 청구하여 전손에 대한 보상과 희망이익 10%를 포함하여 CIF Value × 110%를 보상받았다면, 화주에게 보상한 보험자는 운송인에게 대한 화주의 손해배상청구권을 대위한다.

만약 손해의 원인이 운송인의 면책사유에 해당할 경우 배상을 받지 못할 경우도 있으며 비록 배상을 받는다고 하여도 배상한도액 때문에 자신이 보상한 금액만큼을 배상받기 어렵다. 물론 이에 대비하기 위하여 선주는 선박보험과 P&I 보험에 부보하게 된다. 선주가 운송계약에 따라 화주에게 책임을 져야 한다면 이는 P&I 보험으로 커버되므로 결국은 적하보험자의 대위권의 대상은 P&I 보험자가 되어 보험회사간의 정산으로 끝나게 된다.

6. 해상보험의 주요 용어

(1) 위험(risk, peril)

'위험'이란 손해발생가능을 말한다. 이를 "risk"라고 한다. 이와 유사한 용어가 '손인', 즉 'perils'로 이는 손해의 원인을 말하며 이에 해당하는 것으로 좌초, 충돌, 화재 등을 들 수 있다. 현행 협회약관에는 이를 따로 구분하지 않고 'risk'란 용어만 사용하고 있다.

해상보험에서는 모든 손해를 담보하는 것이 아니고, 일정한 위험에 의해 야기된 손해만을 담보하며 일정한 위험은 보험약관상에 나타난다. 보험약관은 담보위험과 면책위험으로 구성되는 바, 담보위험은 보험자가 부담하는 위험, 즉 당해 위험으로 발생한 손해를 보험자가 보상하기로 약속하는 위험이다 반면 면책위험은 법률이나 약관에 의해 보험자의 보상책임을 면제시키는 위험을 말한다.

(2) 손해(loss or damage)

위험의 발생으로 피보험목적물의 전부 또는 일부가 소멸되거나 손상을 입는 것을 말한다. 해상손해는 손해발생의 원인과 손해의 정도, 그리고 그 손해를 누가 부담하느냐에 따라 다음과 같이 분류할 수 있다.

해상손해의 종류

- **해상손해**
  - **물적손해**(physical loss)
    - **전손**(total loss)
      - **현실전손**(actual total loss ; ATL)
      - **추정전손**(constructive total loss ; CTL)
    - **분손**(partial loss)
      - **단독해손**(particular average ; P/A)
      - **공동해손**(general average ; G/A)
  - **비용손해**(expenses)
    - **구조비**(salvage charge ; S/C)
    - **손해방지비용**(sue and labour charge)
    - **특별비용**(particular charge)
  - **충돌손해배상책임**(collision liability)

(3) 담보와 보상

보험자가 손해발생의 가능성에 대하여 책임을 지는 것을 담보(cover)라고 하고, 위험이 발생으로 피보험자가 입은 경제적 손해에 대하여 책임을 지는 것을 보상(pay)이라고 한다. 보험자는 담보한 위험에 대한 손해만을 보상할 의무가 있는데 이를 인과관계(causation)라고 한다. 보통 '위험을 담보하다'(to cover the risk)라고 할 때는 'cover'란 용어를 사용하지만 "명시담보", "묵시담보", "담보위반" 등에서는 "warranty"란 용어를 사용한다.

(4) 보험계약의 당사자

1) 보험자(insurer, assurer)

보험계약의 당사자로서 위험을 인수하는 자를 말하며 보험사고 발생시 손해보상의 책임을 지는 자다. 실무적으로 회사형태의 보험회사(insurance company)와 개인보험업자(underwriter)가 있다.

2) 보험계약자(policy holder)

보험자에게 보험료를 지급하고 보험계약을 체결하는 당사자이다. 실무적으로 누가 보험계약을 체결할 것인지는 별도의 명시가 없는 한 정형거래조건에 따라 결정된다. 보험계약체결자가 반드시 피보험자일 필요는 없다. FOB나 FCA조건에서는 보험계약자가 피보험자이지만 CIF조건이나 CIP조건에서는 매도인이 보험계약자이지만 피보험자는 매수인이다.

3) 피보험자(insured, assured)

피보험목적물에 대하여 이해관계를 갖는 자로, 보험사고의 발생 시 보상청구권을 갖는다. 결국 보험금을 수령하는 자이다.

(5) 보험료, 보험금, 보험금액, 보험가액

1) 보험료(insurance premium)

보험자의 위험인수에 대하여 보험계약자가 지급하는 대가로 보험계약의 약인(consideration)이 된다. 보험계약자는 보험계약체결 후 지체 없이 보험료의 전부 또는 1회 보험료를 지급하여야 하며, 보험료는 보험금에 대한 백분비로 표시하며 보험금에 보험요율을 곱하여 계산한다.

2) 보험금(claim amount, claims)

보험사고의 발생으로 피보험자가 보험자로부터 보상받는 손해보상액을 말한다. 보험금은 실손보상의 원칙에 따라 보험금액의 한도 내에서 보상된다.

3) 보험금액(amount insured)

보험가입금액으로 사고 발생 시 보험자가 보상하는 최고 한도액이다. 보험자는 손해방지비용의 경우를 제외하고 어떤 경우에도 보험금액을 초과하여 보상할 책임이 없다. 전액보험(full insurance)의 경우 보험금액은 보험가액과 일치하며, 적하보험의 경우 보험금액은 일반적으로 CIF 금액 × 110%이다.

4) 보험가액(insurable value)

이것은 피보험목적물의 평가액이다. 피보험목적물의 경제적 가치는 계속 변하기 때문에 보험계약체결시 이를 변하지 않는 확정금액으로 전제하고 계약을 체결한다. 이를 보험가액불변의 원칙이라고 하며 이러한 원칙에 따라 발행하는 증권을 기평가보험증권(valued policy)이라고 한다. 적하보험에서 보험가액을 확정하는 방법은 피보험재산의 원가에 선적비용 및 선적에 부수되는 비용과 이상 전체에 대한 보험비용을 가산한 금액이다.

(6) 일부보험, 전부보험, 초과보험, 중복보험

1) 일부보험(under insurance)

보험금액이 보험가액보다 적은 경우로 보험사고의 발생시 보험자는 보험가액에 대한 보험금액의 비율로 비례보상을 한다. 선박보험의 경우가 주로 여기에 해당한다.

2) 전부보험(full insurance)

보험금액이 보험가액과 같은 경우로 주로 적하보험이 여기에 해당하며 실손보상의 원칙이 적용될 수 있다.

3) 초과보험(over insurance)

보험금액이 보험가액을 초과하는 경우를 말한다. 초과보험이 보험계약자의 사기에 의하지 않고 선의로 체결되었을 경우에는 보험자는 보험금액의 감액을 청구할 수 있지만 사기에 의한 초과보험은 무효가 된다.

4) 중복보험(double insurance)

동일한 피보험목적물에 대하여 복수의 보험계약이 존재하는 경우로서 전체보험금액이 보험가액을 초과하는 경우를 말한다.

이 경우에는 각 보험자는 보험금액의 한도 내에서 연대책임을 진다. 즉, 이 경우에는 복수의 보험이 모두 유효하며 피보험자는 자신의 선택에 따라 어느 보험자에게 대하여도 먼저 보험금의 지급을 청구할 수 있다. 그리고 나서 보험자는 나머지 각 보험자에게 비례부담을 청구할 수 있다.

그렇지만 복수의 보험자가 동일한 피보험목적물에 대하여 보험계약을 체결하였다고 하여도 전체 보험금액이 보험가액을 초과하지 않으면 이를 공동보험(co-insurance)이라 한다.

(7) 보험증권과 보험약관

1) 보험증권(insurance policy)

보험자가 보험계약의 성립과 그 내용을 증명하기 위하여 작성·교부하는 증서이다. 해상보험계약도 낙성계약이므로 증권의 발행·교부가 보험계약의 성립에 전제조건이 아니지만 해상보험계약은 보험증권 상에 나타나지 않으면 증거로 인정되지 않는다.

2) 약관(clauses)

보험계약의 내용을 구성하는 계약조항을 통칭하여 약관(clauses)이라 하고, 약관을 구성하는 개개의 계약내용을 조항(clause)이라고 하나 실무적으로는 약관과 조항을 구별하지 않고 있다. 해상보험계약에서 약관은 보험자와 피보험자의 권리·의무를 규정한 것으로 보험증권에 인쇄되어 있거나 별지에 인쇄된 것을 보험증권에 첨부하여 사용할 수 있다. 해상보험약관은 본문약관과 런던보험자협회의 협회적하약관 등이 있다.

해상보험계약에서 약관이 우선 적용되며 약관이 없을 경우 영국해상보험법이 적용되고 법이 없으면 영국의 관습이 적용된다. 그렇지만 계약의 성립 및 그것의 법률적 효력에 관해서는 국내법이 적용된다.

(8) 보험기간, 보험계약기간

보험기간(duration of risk)은 피보험목적물에 대한 보험자의 책임이 존속하는 기간으로 피보험자가 보험으로부터 보호받는 시간적·공간적 한계를 말한다.

보험계약기간(duration of policy)은 보험계약이 유효하게 존속하는 기간으로 일반적으로 보험기간과 일치한다. 그렇지만 소급보험이나 예정보험에서는 양자가 불일치한다.

(9) 피보험이익

보험의 목적은 보험계약의 객체를 의미하며 적하보험에서는 화물이며 선박보험에서는 선박이다. 보험의 목적을 피보험목적물 또는 보험목적물(subject-matter insured)이라고 한다.

보험계약의 목적은 피보험자가 보험계약을 통하여 담보되는 대상으로 피보험목적물에 대한 피보험자의 경제적 이해관계인 피보험이익(insurable interest)이다. 피보험자가 보험계약을 체결하는 목적은 이러한 피보험이익을 보호받기 위함이다.

특정인이 피보험목적물에 대한 경제적 이해관계를 피보험이익(insurable interest)이라 한다. 해상보험계약은 손해보상계약이기 때문에 바로 이러한 경제적 이해관계가 없다면 손해를 입을 염려가 없다. 보험계약이 유효하게 성립하기 위해서는 피보험이익이 다음의 요건을 구비하여야 한다.

첫째, 피보험이익은 적법성을 가져야 한다. 따라서 밀수품 등은 적법한 피보험 이익을 가졌다고 할 수 없다.

둘째, 피보험이익은 경제성을 가져야 한다. 즉, 피보험이익이 금전적으로 환산 가능하여야 하며 이것이 불가능한 종교적·도덕적 이익은 해상보험계약의 목적이 될 수 없다.

셋째, 피보험이익은 확정성을 가져야 한다. 즉, 피보험 이익은 늦어도 손해발생시까지는 그것이 귀속될 당사자가 확정되어 있어야 한다.

해상보험에서 피보험이익은 주로 선박과 화물에 관한 이익이다. 피보험목적물에 관한 이해관계 가운데 가장 대표적인 것이 소유권자가 갖는 소유이익이다.

피보험이익의 평가액을 보험가액(insurable value)이라고 하고, 이를 사전에 확정하여 보험기간 중 변동하지 않는 것으로 하는데 이를 보험가액불변의 원칙이라고 한다. 적하보험에서는 보험가액을 일반적으로 CIF Value × 110%로 사전에 확정하여 사용하고 있다.

피보험이익은 양도가능하다. 화물의 경우 위험이 매도인으로부터 매수인에게 이전되면 피보험이익도 이전된다. CIF조건이나 CIP조건에서 위험이 매수인에게 이전되고 매도인이 보험증권을 배서·양도하므로 매수인은 보험증권상의 피보험자의 권리를 양수한다.

(10) 고지의무

보험계약은 최대선의계약(contract of utmost good faith)으로서 보험자는 계약체결시에 수많은 피보험목적물의 내용을 일일이 파악할 수 없다. 이러한 상황에서 위험을 인수하는 보험자를 보호하기 위하여 보험계약자 또는 피보험자에게 고지의무(duty of disclosure)를 부과하여 보험료를 측정하거나 위험을 인수하는데 영향을 줄 수 있는 모든 중요한 사항을 보험자에게 알려주도록 하고 있다.

피보험자가 보험자에게 고지하여야 할 사항은 보험자가 보험료를 결정하거나 위험인수여부를 결정하는데 영향을 미치는 모든 중요한 사항(every material circumstances)이다.

피보험자가 고지의무를 위반하면 보험자는 보험계약을 취소할 수 있다. 위반의 내용은 불고지(non-disclosure)와 부실표시(misrepresentation)를 포함한다.

보험계약이 취소되면 보험계약은 처음부터 무효가 되어 원칙적으로 보험료는 환급되고 이에 지급한 보험금도 반환청구할 수 있다. 그러나 우리나라 상법 제651조에서는 고지의무위반을 안 날로부터 1개월 이내, 계약체결일로부터 3년 이내에 보험자는 계약을 해지할 수 있다고 규정하고 있다.

(11) 담보

해상보험에서 담보는 2가지 의미로 사용된다. 하나는 위험을 담보한다는 의미,

즉, 담보위험으로부터 발생한 손해를 보상한다는 의미의 경우 "cover"란 단어로, 다른 하나는 피보험자가 약속한다는 의미로 "warranty"란 단어를 사용한다. "warranty"에 관하여 영국해상보험법 제33조에는 "피보험자가 어떤 일을 행하거나 행하지 않을 것을, 또는 특정 사실의 존재 또는 부존재를 확약하는 것"이라고 정의하고 있다.

이러한 담보도 역시 보험자가 위험을 측정하는데 있어서 모든 사항을 보험자가 파악할 수 없기 때문에 피보험자로 하여금 엄격히 이행하거나 충족시켜야할 사항을 미리 약속하도록 하는 방법이라, 담보에는 증권상에 구체적으로 기재하여 요구하는 명시담보와 보험증권상에 명시되어 있지 않는 묵시담보가 있다.

명시담보(express warranty)는 보험증권상에 담보내용이 문언으로 기재되어 있거나 담보내용이 인쇄된 서류가 보험증권에 첨부된 경우를 말한다. 명시담보에는 피보험목적물의 안전에 관한 안전담보(warranty of good safety), 피보험목적물이 중립적이어야 한다는 중립담보(warranty of neutrality) 등이 있다.

묵시담보(implied warranty)는 비록 보험증권상에는 명시되어 있지 않으나 피보험자가 묵시적으로 제약을 받는 조건이다. 영국해상보험법상의 묵시담보로는 감항성담보와 적법담보가 있다.

감항성담보(warranty of seaworthiness)는 선박이 항해개시시에 항해사업을 수행하기 위한 감항성을 갖추어야 함을 의미한다. 적하보험에서는 피보험자가 선박의 감항성을 관리할 수 있는 입장에 있지 않기 때문에 선박의 감항성담보는 적용되지 않는다.

한편 적법담보(warranty of legality)는 항해의 적법성에 대한 담보로 밀무역이나 허가를 득하지 않은 출항, 및 항해금지구역내의 항해 등은 적법담보의 위반이 된다.

담보는 피보험자가 보험자에 대한 약속이기 때문에 중요성 여부와 관계없이 반드시 지켜져야 한다. 피보험자가 담보를 위반하면 보험자는 담보위반일로부터 보상책임이 해제된다. 그렇지만 보험자는 담보위반 이전에 발생한 손해에 대하여는 보상책임을 져야 한다.

Ⅳ. 신용장

1. 신용장의 정의

신용장은 은행이 일정한 조건 하에 그 수익자에게 신용장상의 금액을 지급하겠다는 조건부지급확약이다. 따라서 신용장은 그 명칭이나 표현에 관계없이 고객(개설의뢰인)의 요청과 지시에 따라 또는 그 자신을 위해서 행동하는 은행(개설은행)이 신용장의 제조건에 일치하는 서류와 상환으로 지급(payment), 인수(acceptance), 매입(negotiation)하거나 타 은행을 통하여 지급, 인수 또는 매입하도록 수권(authorize)함을 약정(arrangement)하는 증서가 된다.

이를 요약하면 신용장이란 그 명칭에 관계없이 개설은행은 개설의뢰인(수입상)의 지시에 따라, 자신이 개설한 신용장조건에 일치한 서류와 상환으로, 수익자에게 지급, 어음의 인수 또는 매입, 또는 타은행에 지급, 인수 또는 매입을 수권하는 약정을 의미한다.

결국 신용장이란 은행이 수입상을 위하여 자신의 신용을 제공하는 행위로 불확실한 수입상의 신용을 확실한 은행의 신용으로 대체한 증서이다. 따라서 신용장조건에 일치한 환어음과 서류는 비록 수입상이 대금결제를 하지 못하더라도 개설은행이 환어음의 지급인(drawee)이 되든지 또는 지급에 대한 최종적인 책임을 지게 되므로 수출상과 수출상의 환어음을 매입하는 매입은행은 안심하고 거래할 수 있다.

신용장통일규칙에서 신용장은 화환신용장(documentary credit) 뿐만 아니라 채무보증신용장(standby credit)까지 포함한다.

2. 신용장의 성질

(1) 신용장의 독립성

매매당사자가 매매계약의 지급조건(payment terms)에서 취소불능신용장으로 거래대금을 결제하기로 약정한 경우 매수인인 수입상은 자신의 거래은행에 신용장의 개설을 의뢰하게 된다. 이 경우 신용장은 분명히 매매계약에 근거를 두고 개설되지만 일단 개설되면 신용장은 그 기초가 된 계약인 기본계약(underlying contract), 즉 매매계약이나 기타의 계약관계로부터 독립된다. 이를 신용장의 독립성(autonomy of letter of credit)이라 한다. 비록 신용장상에 그러한 계약에 관하여 참조하도록 언급하고 있다고 하더라도 신용자의 당사자들은 그러한 계약에 구속을 받지 않는다. 이것은 신용장거래에는 매매당사자가 아닌 은행이 개입하고 있기 때문이다.

또한 은행인 지급, 환어음의 인수 및 지급 또는 매입하거나 신용장에 따른 기타의 의무를 이행한다는 확약은 개설의뢰인이 개설은행 또는 수익자와의 관계를 근거로 주장하는 청구권 또는 항변에 지배답지 않는다. 나아가 수익자는 어떤 경우에도 은행 상호간 또는 신용장 개설의뢰인과 개설은행간에 존재하는 계약관계를 원용할 수 없다.

(2) 신용장의 추상성

신용장거래는 물품거래가 아니라 서류거래이다. 신용장의 개설은행은 신용장에 기술된 물품을 선적하여야 대금을 지급하겠다고 약속한 것이 아니라 신용장에 나타난 서류를 제시하여야 대금을 지급하겠다고 약속하고 있다. 신용장이 물품을 상징하는 서류에 의한 거래를 신용장의 추상성(the abstraction of the credit)이라 한다.

신용장통일규칙에서는 "신용장거래에 있어서 모든 관계당사자는 서류로 거래를 하는 것이지 서류에 관련되는 물품, 용역 및 또는 기타의 의무이행으로 거래하는 것이 아니다"라고 규정하고 있다.

신용장거래를 물품거래가 아닌 서류거래로 규정한 것은 물품에 대하여 알지 못하고 국제결제에 개입하는 은행을 보호하기 위함이다.

이러한 신용장의 추상성을 기초로 실물거래에 경험과 지식이 없는 은행이 안심하고 개입할 수 있다. 수입상의 입장에서 신용장 조건과 일치하는 서류로 수입대금을 결제하였으나 그 후 물품이 선적되지 않았거나 또는 계약물품과 다른 물품이 선적되었다면 수입상은 수출상이 매매계약을 위반하였다는 이유로 수출상을 상대로 클레임을 제기하여 권리구제(remedy)를 받을 수 있다.

서류가 문면상 신용장의 조건과 일치하면 은행은 대금을 지급하여야 하지만 여기에는 한가지 예외가 있다. 즉, 서류가 문면상 신용장의 조건과 일치하였으나 사기로 작성되고 수익자가 이에 관련된 것이 입증되면 은행은 지급을 거절하여야 하는데 이를 '사기성예외'(fraud exception)라고 한다.

(3) 서류의 엄격일치성

은행에 제시되는 모든 서류는 신용장조건과 문면상 엄격히 일치하여야 한다. 만약 서류가 신용장 제조건과 문면상 일치하게 표시되지 아니한 경우에는, 은행은 서류의 수리를 거절할 수 있다. 물품에 관한 지식이 없는 은행의 입장에서 서류만으로 결제여부를 결정하여야 하기 때문에 서류가 신용장조건과 일치여부를 기준으로 지급여부를 결정하게 되는데 이러한 법리를 엄격일치성의 원칙(the doctrine of strict compliance)이라고 한다.

위의 법규의 근거는 신용장거래에서 매입은행은 개설은행의 특별대리인(special agent)이며 개설은행은 수입상의 특별대리인이다. 따라서 대리인은 자신에게 주어진 권한 이상을 행사하면 본인(principal)은 대리인의 행위를 부인하게 되고 대리인은 자신의 행위에 대하여 책임을 져야 한다.

신용장의 거래경로

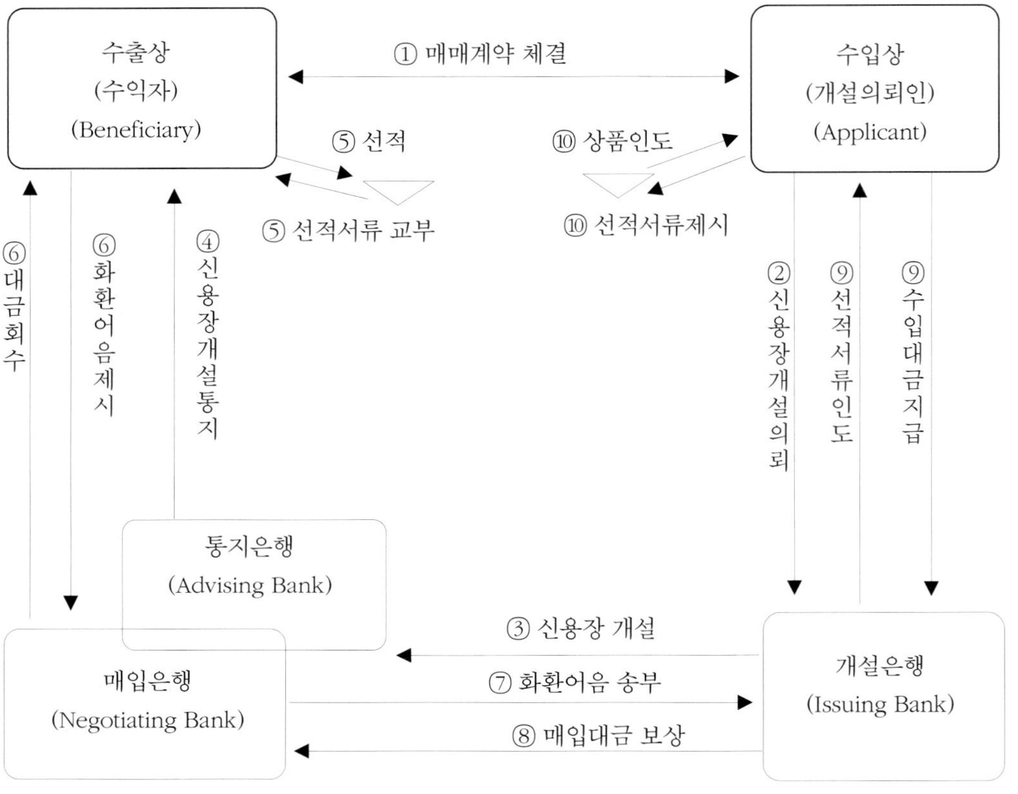
수출상
(수익자)
(Beneficiary)
① 매매계약 체결
수입상
(개설의뢰인)
(Applicant)
⑤ 선적
⑤ 선적서류 교부
⑩ 상품인도
⑩ 선적서류제시
⑥ 대금회수
⑥ 화환어음제시
④ 신용장개설통지
② 신용장개설의뢰
⑨ 선적서류인도
⑨ 수입대금지급
통지은행
(Advising Bank)
③ 신용장 개설
매입은행
(Negotiating Bank)
⑦ 화환어음 송부
⑧ 매입대금 보상
개설은행
(Issuing Bank)

3. 신용장거래의 당사자

(1) 기본당사자

1) 개설의뢰인(applicant)

매매계약의 지급조건에 따라 매수인인 수입상은 자신의 거래은행에 신용장의 개설을 의뢰하게 된다. 따라서 개설의뢰인은 매수인(buyer)이며 수입상(importer)이다. 수입상이 환어음의 지급인(drawee)이 될 수 있으며, 대금결제의무를 지는 채무자(accountee 또는 for account of)이며, 화물을 수령하는 수화인(consignee)으로 부를 수도 있다.

2) 개설은행(Issuing Bank)

신용장개설의뢰인의 지시와 요청에 따라 수출상 앞으로 신용장을 개설하고 수출상이 발행한 환어음을 지급, 인수 또는 매입할 것을 확약하고, 조건에 일치되는 서류를 지급, 인수 또는 매입한 은행에 대하여는 보상할 의무가 있는 은행을 말하며 "opening bank" 또는 "establishing bank" 등으로 부른다.

그렇지만 개설은행이라고 하여 반드시 신용장을 개설하는 은행만을 의미하지 않는다. Cable L/C의 경우 수출지에 있는 자신의 환거래은행(correspondent bank)에 신용장의 개설을 지시할 수 있다.

3) 수익자(beneficiary)

신용장개설의뢰인의 요청에 따라 개설된 신용장의 편익을 누리는 자를 수익자라고 하며, 이는 보통 매도인이며 수출상(exporter)이다. 그는 화물을 발송하는 송화인(shipper 또는 consignor)이며 환어음의 발행인(drawer)이다.

양도가능신용장(transferable L/C)의 경우 원수익자(Original beneficiary)를 제1수익자(first beneficiary)라고 하고 양도받는 양수인을 제2수익자(second beneficiary)라고 한다. 화환신용장의 경우 수익자는 보통 수출상이지만 채무보증신용장의 경우 은행이 수익자가 될 수 있다.

4) 확인은행 (Confirming Bank)

개설은행의 수권이나 요청에 따라 제3의 은행이 수익자에게 지급, 인수, 또는 매입을 확약할 때 확인은행이라고 한다. 수익자의 입장에서 개설은행의 대외신용이나 자신상태가 불확실하거나 외화부족 등으로 대외결제에 제한을 가할 가능성이 있다면 개성은행의 지급확약만을 믿고 거래하기 어렵다.

그럴 경우 확인은행은 수익자에 대하여 개설은행과 같은 입장이 되며, 신용자 조건과 일치하는 서류가 제시되면 이를 지급, 인수 또는 매입할 의무를 지게 된다. 확인을 추가할 경우 "We hereby add our confirmation to this credit"과 같은 확인문언을 추가한다.

(2) 기타당사자

1) 통지은행(Advising Bank)

신용장개설은행의 요청으로 수익자에게 신용장이 개설된 사실과 그 내용을 통지하는 은행을 말하며 이를 "notifying bank" 또는 "transmitting bank"라고도 부른다.

통지는 대부분 SWIFT를 통해 전달하지만 우편이나 전신, FAX를 이용될 수도 있다. 통지은행은 통지시 신용장의 외관상 진정성(authenticity)를 확인하기 위하여 상당한 주의를 기울여야 한다.

2) 매입은행 (Negotiating bank)

수익자는 신용장의 조건에 따라 발행된 환어음에 선적서류를 첨부하여 자신의 거래은행에 화환어음(환어음+선적서류)의 매입을 의뢰하게 되는데 이 때 이를 매입하는 은행을 매입은행이라 한다. 개설은행에 의하여 일람출급이나 기한부환어음을 매입하도록 지정받은 은행이 있는 경우에는 그 지정은행이, 특별한 지정이 없는 경우에는 모든 은행이 매입은행이 될 수 있다.

매입은행은 지급은행이 아니므로 자기의 자금으로 먼저 지급하고 일정기간 후 보상받게 되므로 그 기간의 이자와 수수료는 화환어음의 할인을 통하여 수익자가 부담한다. 이를 환가료(exchange commission)라 한다. 화환어음의 할인매입으로 매입은행은 수익자가 발행한 환어음의 선의의 소지인(bona fide holder)이 된다.

매입은행이 매입한 화환어음의 개설은행에 의하여 지급이 거절될 때 매입은행은 수익자에 대하여 자신이 매입한 대금에 대하여 상환청구권(recourse)을 갖는다.

3) 지급은행(Paying Bank)

신용장조건에 따라 수익자가 발행한 환어음에 대하여 지급하도록 수권된 은행으로 일반적으로 개설은행의 본지점이나 개설은행의 지정을 받은 예치환거래은행 또는 개설은행이 결제대금의 전액을 미리 위탁시켜 둔 지정은행만이 지급은행이 될 수 있다.

지급은행은 신용장에서 요구되는 서류와 상환으로 또는 자기 앞으로 발행된 환어음의 가액을 할인하지 않고 지급할 수 있다. 이러한 지급도 지급시기에 따라 일람출급지급(sight payment)과 연지급(deferred payment)이 있다.

수출대금을 수출국의 통화로 표시하는 경우 신용장의 개설은행은 통지은행을 지급은행으로 지정하는 지급신용장(Straight L/C)을 개설하는 경우가 많다.

4) 인수은행(Accepting Bank)

신용장의 조건에 따라 수익자가 기한부환어음(time bill 또는 usance bill)을 발행하여 은행에 제시하면 이를 인수하도록 수권된 은행이다.

인수은행은 자행 앞으로 발행된 기한부환어음을 인수하는 경우 어음의 만기일에 상환청구권을 행사하지 않고 어음대금을 지급하여야 하는 무조건지급확약이다.

인수신용장에서 개설은행은 반드시 지급은행을 지정하여야 한다. 보통 통지은행이 지급은행으로 지정되는 경우가 많다.

5) 보상은행(Reimbursing Bank)

신용장에서 지급, 인수 또는 매입은행에 대한 보상을 개설은행의 본지점 또는 제3의 은행으로 청구하도록 지정한 경우 개설은행을 대신하여 이들 은행에 보상업무를 수행하는 은행이다.

이것은 신용장의 결제통화가 제3국의 통화인 경우 제3국에 소재하는 개설은행의 본지점이나 예치환거래은행이 보상은행이 된다. 특히 보상은행은 지급, 인수 또는 매입은행에게 어음대금을 결제하기 때문에 이를 일명 '결제은행'(settling bank)이라고도 한다.

4. 거래당사자간의 법률관계

(1) 매수인과 매도인간의 법률관계

매매계약서에 신용장에 의한 대금지급을 약정한 경우에는 매수인은 정해진 기간 내에 계약조건과 일치한 신용장을 제공할 의무가 있다.

신용장은 매도인이 은행으로부터 대금을 회수하지 못할 경우 매수인에게 직접 청구할 수 있는 조건부지급수단이다. 따라서 매매계약서상에 신용장에 의한 결제조건이 약정된 경우에도 매수인은 이 계약과 일치한 신용장을 개설하고 개설은행이 부도된 경우에는 직접 매도인에게 대금을 지급할 의무가 있다.

(2) 개설의뢰인과 개설은행의 법률관계

매수인은 거래은행과 외국환거래약정을 체결한다. 개설은행은 이러한 약정에 따라 신용장의 개설, 개설의뢰인의 지시준수, 서류심사의 의무를 지지만, 서류의 내용, 선적물품의 명세, 업무중의 불가항력 및 타은행의 지시불이행에 관하여 책임지지 않는다. 위의 서류심사의 의무는 서류의 문면상 일치를 확인할 의무이지 서류의 진정성(authenticity)을 확인할 의무가 아니다.

(3) 수익자와 개설은행의 법률관계

신용장을 조건부지급확약서신이라고 한다면 발신인은 개설은행이며 수신인은 수익자이다. 따라서 양자간의 법률관계는 신용장의 개설로 발생하며 신용장의 확약문언(engagement)에 의하여 개설은행이 수익자에게 법적으로 구속을 받는다.

개설은행은 신용장의 개설 통지 및 신용장조건과 일치하는 서류 수익자가 제시하였을 때 이에 대한 지급의무가 있다. 만약 개설은행이 파산되고, 확인은행도 지정되지 않았다면 수익자는 매매계약의 지급조건에 문제가 생긴 것으로 간주하여 해당조건은 유효성을 상실하게 된다. 그렇지만 매매계약전체가 효력을 상실하지 않기 때문에 매도인의 매수인에 대한 대금청구권은 그대로 남는다.

(4) 통지은행과 개설은행의 법률관계

통지은행은 신용장을 통지할 때 신용장의 '외견상 진정성'(apparent authenticity)을 확인하기 위하여 상당한 주의를 기울이는 것으로 충분하다.

그렇지만 통지은행이 매입은행의 기능을 하게 되면, 신용장조건에 일치하는 서류와 상환으로 매입한 경우 개설은행에 대하여 보상청구권(right of reimbursement)을 갖는다.

(5) 통지은행과 수익자의 법률관계

통지은행은 개설은행의 지시에 따라 그 대리인으로 수익자에게 신용장을 통지하기 때문에 수익자에 대한 별도의 법적 책임은 없다. 만약 통지은행이 통지의무를 태만히 하여 수익자에게 손실을 입히면 수익자는 개설은행, 개설은행은 통지은행에 손해배상청구를 할 수 있을 것이다.

(6) 매입은행과 수익자의 법률관계

은행이 수익자가 제시한 환어음을 매입하면 매입은행이 된다. 매입은행의 매입행위는 환어음 발행인의 신용과 담보에 의존하기 때문에 수익자에 대하여는 환어음의 선의의 소지인이 된다.

따라서 어음이 인수거절이나 지급거절로 부도된 경우에는 매입은행은 환어음의 발행인과 배서인에 대하여 상환청구권(recourse)을 갖는다. 환어음의 상환청구권은 환어음 발행시의 어음법에 따른 것으로 비록 신용장에 "상환청구불능"(without recourse)라고 명기되어 있어도 강행법규인 어음법이 우선 적용되어 상환청구가 가능하다.

(7) 매입은행과 개설은행의 법률관계

매입은행은 환어음이 매입신용장에 따라 발행되고 자신이 이를 입증하는 한 지급인인 개설은행에 지급을 요청할 수 있다.

일단 개설은행이 지급하면 개설의뢰인이 비록 이를 수리거절 하더라도 매입은행에 대하여 지급금의 상환을 청구할 수 없다.

7

무역 클레임과 상사중재

I. 무역 클레임과 상사중재에서의 리스크

1. 클레임 발생시의 리스크

무역클레임은 국제거래를 이행하는 과정에서 계약 전체를 이행하지 못하거나 불완전하게 이행함으로써 상대방에게 손실을 끼치는 모든 과정이라고 할 수 있다. 따라서 클레임은 계약물품에 대한 요구나 기타 청구권만을 의미하는 것이 아니라 계약물품 이외 모든 이행과정에서 고의 또는 과실로 발생할 수 있다.

일반적인 무역 클레임은 계약물품 자체에 관한 명시조건과 계약을 이행하는데 종속계약조건이 되는 운송, 보험, 결제조건의 각 과정에서 발생하게 된다. 특히 계약체결시 계약물품 이외 부수적인 조건에 관한 전문성이 부족하다면 클레임이 발생하더라도 이에 관한 충분한 예방 또는 대처에 큰 어려움이 있다.

클레임은 국제거래에서 발생하지 않도록 예방하는 것이 최선의 방법이다. 그러나 계약당사자가 신의성실의 원칙에 따라 최선을 다하는 경우에도 부득이하게 클레임은 발생할 수 있다. 그렇다면 사전에 이러한 경우를 대비하여 스스로를 보호하고 자신의 손실을 적극적으로 회복할 수 있는 방법을 준비하여야 한다.

무역클레임이 발생할 수 있는 원인은 직접적인 원인과 간접적인 원인으로 구분할 수 있다. 먼저 직접적인 원인으로는 거래당사자가 계약체결과정에서 착오, 과실, 오해, 부주의 등의 이유로 물품자체에 관한 직접적인 클레임 원인을 방치하는 경우가 있으므로 계약체결 전 확신할 수 없는 내용이 있다면 이에 관한 충분한 자문을 받아두는 것이 바람직하다.

또한 무역계약 당사자 사이의 수출입기본계약은 무역거래당사자를 직접 구속하게 되므로 무역계약체결과정에서 상대방이 확실한 본인(Principal)의 자격을 갖추고 있는지 또는 정당한 대리인(Agent)의 자격을 갖추고 있는지를 확인하여야 한다.

그리고 계약물품에 관한 품질조건, 수량조건, 가격조건 및 포장조건 등 명시조건의 표시에서 잘못이 없도록 주의하도록 한다.

반면에 국제거래에서는 언어, 관습, 제도가 국가별로 다르고 운송관행이나 결제관행이 다르므로 동일한 계약에 대하여 당사자의 의도와 달리 예상하지 못한 결과에 이르는 간접적인 원인이 있으므로 계약물품의 거래에만 몰두하여 제반환경의 차이에서 오는 클레임으로 손실을 입지 않도록 주의하여야 한다.

만일 거래당사자가 클레임을 제기해야하는 상황에 이르게 되면 손해 원인을 제공한 상대방에게 손해배상을 청구하도록 한다. 이때 클레임을 제기하는 당사자가 계약에서 합의한 클레임 제기요건을 확인하지 않고 클레임을 통지하면 상대방은 클레임을 인정하지 않거나 거부할 수 있으므로 주의하도록 한다.

2. 준거법 미지정시의 리스크

국제거래는 국가간의 거래이므로 계약시점으로부터 계약을 종료할 때 까지 당사자가 준비하고 확인해야할 사항이 대단히 많다. 대부분의 거래에서 관심의 대상이 되는 것은 계약물품이므로 거래당사자가 계약과 관련된 주변상황을 염두에 두지 못한다면 계약물품을 상대방에게 인도하고도 거래의 실익을 얻지 못하는 경우도 발생할 수 있다.

국제거래는 격지자간 거래이므로 거래상대방의 신용을 계약체결 이전에 점검하거나 확인할 수 없는 상황이 대부분이므로 거래에 대한 최소한의 안전장치로 계약서를 작성하여 상대방의 계약이행을 요구할 수 있게 된다. 이 경우에도 국제물품매매계약서는 수출지와 수입지 중에서 어느 나라를 법정관할지로 결정할 것인지의 문제가 발생한다.

계약의 기본조건이 되는 명시조건에 관하여는 거래당사자의 입장이 큰 차이가 없지만 계약의 준거법을 비롯한 포괄조건에 관하여는 특정 계약조건의 선택에 따라 이해관계가 달라지므로 유의하여야 한다.

특히 국제시장에서 공급자의 경쟁이 치열한 경우의 수출상의 입장에서는 수입상이 요구하는 계약조건을 무시하고 수출상의 입장을 관철하여 계약서를 작성하는 것은 쉽지 않은 일이다. 그러나 미리 수입상에게 유리한 결과를 예상하고 수출상이 자신의 계약조건을 처음부터 포기할 필요는 없다.

거래당사자가 직접 작성하는 무역계약서는 특별한 형식 요건이 없으므로 당사자의 의도를 계약서에 명시할 수 있다면 그것으로 충분하다. 그렇지만 계약서의 작성에 능숙하지 않은 거래당사자는 극제물품매매계약서에 어떤 내용을 어떤 조건으로 다루어야할 것인가에 관해서는 미숙한 점이 많을 수 있으므로 기존의 계약서를 참고하여 자신의 거래에 적합한 계약서로 준비하는 것이 바람직하다.

특히 준거법 지정과 관련하여 가능한 자신이 위치한 국가의 법을 준거법으로 확정하는 것이 가장 좋겠으나 상대방의 입장에서는 이를 받아들이기 대단히 어려울 수 있으므로 수출상과 수입상이 모두 동의할 수 있는 준거법을 합의하는 것이 바람직하다.

만일 계약서를 작성한 이후 올바른 방법으로 준거법을 지정하지 않거나 이를 빠트리는 경우에는 분쟁이 발생하였을 때 이를 해결할 수 있는 방법이 사실상 없어지게 된다. 수출상의 잘못으로 야기된 잘못에 대하여 준거법의 지정이 불확실하다는 이유로 수입상이 배상을 온전히 청구할 수 없다면 혹은 반대의 경우라면 피해 당사자가 입은 경제적 손실을 회복하기에는 대단히 어려운 일이 되는데 거래 당사자는 위험을 언제나 피해갈 수 있다는 보장이 없으므로 올바른 준거법의 지정은 대단히 중요하다.

3. 중재조건의 부정확한 표시

국제거래에서의 클레임은 발생하지 않도록 예방하는 것이 최선의 방법이다. 그렇지만 만일 클레임이 발생한다면 이를 원만히 해결하는 것은 차선의 방법이다. 그렇다면 클레임을 원만히 해결하기 위해서는 어떤 방법을 준비해야 할 것인가?

무엇보다 클레임을 해결하기 위해서는 그 거래가 신의성실의 원칙에 따라 이행된 거래이어야 한다. 기본적으로 거래당사자가가 신뢰할 수 있는 상대방이라면 자신의 사소한 이익을 목적으로 상대방을 거짓 클레임으로 기만하는 경우는 피할 수 있게 된다.

그러나 수출상과 수입상이 최선을 다하였음에도 불구하고 당사자의 책임이나 과실이 아닌 이유로 클레임이 발생하였다면 합리적이며 공정한 방법으로 이러한 문제를 해결하기 위하여 계약의 중재조항으로 해결하는 것을 추천한다.

계약의 중재조항은 클레임이 발생하기 전에 당사자가 계약을 체결하는 시점으로부터 확정되어야 한다. 일단 계약상 분쟁이 발생하면 자신의 이해관계에 따라 입장을 표명하게 되므로 합리적으로 문제를 해결하기 위해서는 무엇보다 분쟁이 발생하기 전 중재계약을 확정하여야 한다.

국제상사중재는 뉴욕협약에 따라 강행력을 가진 유효한 법적행위가 되므로 그 절차의 이행에 하자가 없어야 한다. 특히 중재기관, 중재법정지, 준거법의 명칭을 올바르게 작성하여 중재기관의 명칭을 혼동하는 등의 사소한 이유로 중재조항의 효력이 상실되어 계약상 손실을 회복할 수 있는 기회를 상실하는 일이 절대 발생하지 않도록 주의하도록 한다.

대부분의 국가에서는 중재법원을 설치하고 있고, 자국의 기업에게 유리한 표준중재조항을 두고 있으므로 사전에 이를 검토한다면 사소한 부주의로 결정적 손실을 발생하는 경우는 예방할 수 있다.

II. 계약당사자의 의무와 계약위반

1. 계약당사자의 권리와 의무

매매계약의 핵심은 계약당사자의 권리와 의무이다. UN통일매매법은 매도인의 의무에 소유권이전의무 이외에 물품인도의무, 서류인도의무, 물품의 계약적합성의무를 규정하고, 매수인의 의무에는 대금지급의무 이외에 인도수령의무, 물품검사·통지의무를 규정하고 있다. 또한 물품인도의무에 부수되는 의무로는 물품특정의무, 운송주선의무, 부보에 필요한 정보제공의무를 규정하고 있다.

UN통일매매법은 당사자간 명시적 합의나 거래관습이 없는 경우에 적용되어 보충법적 기능을 한다. FOB나 CIF조건과 같은 거래관습은 당사자가 동의했거나 확립된 관습으로 인정되어, 또한 해당거래에 관련된 종류의 계약을 하는 자에게 널리 알려져 있고 또한 통상적으로 준수되고 있는 관행으로 인정되어 비록 UN통일매매법이 준거법으로 적용될 경우에도 묵시계약으로 우선 적용된다.

매매당사자간의 매매계약 책임은 정형거래조건의 선택에 따르며 매 조건마다 10가지씩 당사자간의 대칭적 의무가 규정되어 있다. 매매계약내용의 최우선 순위는 당사자간의 명시조항이며, 다음이 묵시조항인 거래관습 또는 관행, 마지막으로 준거법이 적용된다. 따라서 INCOTERMS의 당사자의 의무와 UN통일매매법상의 의무가 상충될 때는 INCOTERMS가 우선한다.

매매당사자의 의무비교[11)]

	UN통일매매법	한국법
매도인 의무	소유권 이전의무 물품인도 의무+부수적 의무 서류인도의무	소유권이전의무
	계약적합의무	하자담보책임
매수인 의무	대금지급의무	대금지급의무
	인도수령의무	(해석상 인정)
	물품검사·통지의무	물품검사·통지의무(상법)

※ 매도인의 부수적 의무 : 물품특정의무, 운송주선의무, 부보에 필요한 정보제공의무

2. 매도인의 의무

(1) 소유권이전의무

소유권이전의무는 매도인의 가장 기본적이고 핵심적인 의무이지만 소유권의 이전에 관하여는 각 국마다 법 이론과 체계가 다양하고 소유권의 이전방법도 상이하다.

더구나 국제거래는 물품의 인도와 대금의 지급이 동시에 이루어지지 않으며, 물품의 인도도 직접인도가 아닌 운송인에 의한 간접인도방식을 취하고 있다. 또한 대금의 지급도 통상 은행을 통한 간접적 방법으로 이루어진다. 따라서 매매당사자간에 소유권의 이전시기를 규명하려면 물품인도와 대금지급시 개입되는 운송인과 은행의 법적지위가 규명되어야 한다.

그러므로 국제거래에서는 '소유권'이라는 개념 대신 위험의 이전과 연계된 '인도'의 개념을 사용하고 있다.

---

11) 최준선, 국제거래법, 삼영사, 2008.

(2) 물품인도의무

1) 물품인도시기

국제무역계약에서 매도인의 계약물품 인도시기는 다음 세 가지로 결정된다.

첫째, 인도일자가 계약에 의하여 확정되었거나 확정될 수 있는 경우에는 그 일자에 인도하여야 한다.

둘째, 인도시기가 계약에 의하여 기간으로 확정되었거나 확정될 수 있는 경우에는 그 기간내이다. 다만 사정에 의하여 매수인이 인도시기를 정하여야 하는 경우에는 매수인이 지정한 때이다. FOB나 CIF조건의 인도는 본선인도이므로 선적시기가 바로 인도시기이다. 보통 계약에서 선적시기를 정하는 방법은 여기서와 같이 기간으로 확정된다.

셋째, 기타의 모든 경우에는 계약체결 후 '합리적 기간내'(with a reasonable time)이다.

2) 물품인도장소

물품인도장소와 관련하여, 당사자가 계약으로 이를 지정한 경우에는 약정된 장소에서, 또 확립된 관습이 있을 경우에는 관습에 따라 인도되어야 한다. 인도에 관한 이러한 문제는 정형거래조건에 따라 자동 결정된다. 따라서 정형거래조건은 매매관습이면서 인도관습이라고 할 수 있다.

UN통일매매법은 당사자간의 약정이나 관습이 없을 경우에 인도장소에 관하여 다음 세 가지를 규정하고 있다.

첫째, 매매계약이 물품의 운송을 포함하는 경우, 즉, 송부매매의 경우에는 매수인에게 송부를 목적으로 최초의 운송인(first carrier)에게 물품을 인도하면 매도인의 인도의무는 이행된다.

둘째, 계약내용에 물품의 운송이 포함되지 아니한 경우로서 물품이 특정물(specific goods)인 경우에는 그 물품의 현재장소가 인도장소가 된다. 다만 계약당사자가 계약체결시에 그 물품이 특정장소에 있다는 사실을 알고 있어야만 한다. 또한 물품이 특정재고품 중에서 선정되거나 또는 제조·생산될 불특정물의 경우에도 현재장소가 인도장소이다.

셋째, 위 첫째와 둘째의 경우에 해당되지 아니하는 모든 경우, 즉 불특정물매매로서 계약의 내용에 운송이 포함되지 아니한 경우에는 계약체결당시의 매도인의 영업소가 인도장소가 된다.

3) 물품인도에 수반되는 의무

UN통일매매법은 매도인의 인도의무에 수반되는 의무로 물품특정의무, 운송수배의무, 및 부보에 관한 정보제공의무를 규정하고 있다. 이러한 의무들은 정형거래조건에서 매매당사자의 의무에 규정되어 있는 것을 반복하여 규정하고 있으나 매매관습과 모순되지 않는다.

먼저 물품을 운송인에게 인도함에 있어 물품이 특정되지 아니하여 다른 물품과 구분되지 아니하는 경우 매도인은 목적물의 운송장이나 선적서류 등을 이용하여 물품을 특정하여 이를 매수인에게 송부하여야 한다.

그리고 매도인이 목적물의 운송을 수배하도록 계약에 정해진 경우에는 매도인은 상황에 적합한 운송수단을 선택하여 통상적인 조건에 따라 운송계약을 체결하여야 한다.

(3) 서류인도의무

매도인은 계약과 UN통일매매법이 정하는 바에 따라 물품에 관련된 서류를 인도하여야 한다. 서류의 인도는 계약에서 정하여진 시기, 장소 및 형식에 따라 이를 이행하여야 한다.

즉 서류인도의무의 구체적인 내용은 전적으로 계약에 따른다. 계약에 명시적 규정이 있으면 이에 따르지만 명시규정이 없으면 묵시조항인 정형거래조건에 따르게 된다. 일반적으로 매도인은 계약과 일치하는 물품을 제공했다는 일치의 증빙서류인 상업송장과 인도의 증빙(proof of delivery)서류 등의 서류를 제공하도록 규정하고 있다. CIF나 CIP 조건에서는 이들 2가지 서류 외에 보험증권이나 다른 보험담보서류를 제공하도록 규정하고 있고, 전자문서(electronic message)로 대체할 수 있다.

(4) 계약적합성 의무

1) 물품의 계약적합성 의무

① 수량 : 매도인은 계약성에서 정한 수량만큼을 인도하여야 한다. Bulk Cargo인 경우에는 수량의 과부족이 불가피하므로 과부족허용조항(more or less Clause ; M/L Clause)이나 개산수량(예, about, approximate 등)을 표시하여야 과부족을 용인 받을 수 있다.

② 품질·명세 : 매도인은 계약서에서 명시적으로 요구되는 품질과 명세의 물품을 인도하여야 한다. 계약에서 품질을 명시적으로 정하지 아니한 경우에는, 또한 당사자가 계약에서 달리 합의한 바가 없는 경우에는 매도인은 (i) 통상 사용목적에 적합한 물품, (ii) 특별 사용목적에 적합한 물품, 또는 (iii) 견본 또는 모형과 일치하는 물품을 인도하여야 한다.

매도인이 이러한 품질적합의무도 매수인이 계약체결시에 물품의 부적합을 알았거나, 모를 리가 없었을 경우에는 매도인은 매수인에게 이러한 계약적합의무를 지지 않는다.

③ 포장 : 매도인은 계약에 정해진 방법으로 포장하여야 한다. 포장방법에 관하여 합의가 없는 경우에는 동일한 물푼에 통상 사용되는 방법으로 포장하여야 하며 그러한 방법이 없는 경우에는 물품의 보존과 보호에 적당한 방법으로(in a manner adequate) 포장하여야 한다.

④ 계약적합성 여부의 판단시기 : 매도인은 원칙적으로 물품에 대한 위험이전당시를 기준으로 물품과 계약과의 불일치에 대하여만 책임을 진다. 즉, 계약적합성 판단시기는 위험이전시이다. 국제거래는 소유권개념에서 이탈하여 '인도'라는 개념을 사용하고 있다. '인도'가 위험이전과 연계되어 있으므로 바로 인도시가 적합성여부의 판단시기이다. 이것은 INCOTERMS의 인도시기의 개념과 일치한다.

위험이전당시에 불일치가 존재하는 한 그 사실이 위험이전 이후에 발견되는 경우에도 매도인은 이에 따른 책임을 부담한다. 또한 위험이전 이후에 불일치가 발생한 경우라도 그것이 매도인의 의무위반에 기인한 경우에는 매도인은 이에 대한 책임을 져야 한다.

⑤ 부적합의 보완 : 매도인이 약정일 전에 물품을 인도한 경우 매도인은 인도기일까지 부적합을 보완할 수 있다. 다만 이 경우 매수인에게 불합리한 불편이나 비용을 유발해서는 않된다. 물론 매수인은 본법에 규정된 바의 손해배상을 청구할 권리를 갖는다.

2) 권리의 계약적합성 의무

매도인은 산업재산권(Industrial Property Right) 또는 기타의 지식재산권(Intellectual Property Right)에 기초한 제3자의 권리 또는 청구권으로부터 자유로운 물품을 인도할 의무가 있다. 여기서 '권리'(right)라 함은 종국적인 구속력을 갖는 법적으로 확정된 제3자의 청구권을 말하며, '청구권'(claim)이란 계쟁중인 사건에서 제3자가 제기한 것으로 아직 해결·확정되지 아니한 것을 말한다.

이러한 지식재산권을 근거로 한 권리 또는 청구권의 정당성 여부는 당사자 쌍방이 계약시에 물품을 어느 국가에 전매하거나 달리 사용할 것을 예상한 경우에는 당해 물품을 전매 또는 사용하게 될 국가의 법률을 기준으로, 그리고 기타의 경우에는 매수인의 영업소 소재지 국가의 법률을 기준으로 판단한다.

3. 매수인의 의무

(1) 대금지급의무

1) 대금의 결정

물품대금은 당사자간의 합의에 의하여 결정된다. 그러나 계약은 유효하게 성립하였으나 계약상 명시적 또는 묵시적으로 대금을 약정하지 아니하거나 대금결정조항을 두지 않는 경우가 있을 수 있다. 이 경우 반대의 의사표시가 없는 한 당사자들은 계약체결시에 당해거래와 유사한 상황하에서 매매되는 물품에 일반적으로 부과되는 대금을 묵시적으로 물품매매대금으로 간주한다.

물품이 중량에 의하여 대금을 결정하도록 정하여진 경우, 대금산정의 기준이 되는 중량의 의미가 분명하지 아니하면 순중량에 의하여 대금을 결정한다.

2) 대금지급시기

매수인의 대금지급시기는 선지급(advance payment), 동시지급(concurrent payment), 후지급 또는 연지급(deferred payment) 등으로 구분한다. 신용장거래는 동시지급은 Sight L/C, 후지급은 Usance L/C를 사용한다.

그렇지만 지급시기에 관한 약정이 없는 경우에는 매수인은 물품이나 물품의 처분을 지배하는 서류를 매수인의 처분하에 두는 때에 대금을 지급하여야 한다.

계약에 물품의 운송이 포함된 경우에는 대금지급과 상환으로 물품이나 이를 지배하는 서류를 인도한다는 조건으로 물품을 발송할 수 있다. 이 경우에는 대금이 지급될 때까지 매도인은 물품의 처분을 유보할 수 있다.

만약 당사자간 합의한 물품의 인도 또는 대금지급절차가 매수인이 물품검사 기회를 가지는 것과 양립할 수 있는 경우에는 매수인이 물품의 검사기회를 가질 때까지 대금지급을 거절할 수 있다.

3) 대금지급장소

대금지급은 당사자가 약속한 장소가 있으면 그 장소에서, 그러한 장소가 없는 경우에는 원칙적으로 매도인의 영업소에서 지급되어야 한다. 계약체결 후 매도인이 자신의 영업소를 변경하여 그로 인하여 증가되는 대금지급비용은 매도인이 부담하여야 한다.

(2) 인도수령의무

매수인은 매매계약과 UN통일머매법이 정하는 바에 따라 물품의 인도를 수령하여야 한다. 이러한 수령의무에는 매도인이 물품인도를 가능하게 하기 위하여 합리적으로 요구되는 조치를 수행할 의무를 포함한다.

예를 들어 FOB 조건에서는 매수인은 매도인의 본선인도를 가능하게 하기 위하여 본선을 수배하고 이를 매도인에게 통지하여야 하는데 이를 이행하지 않았거나, 자신이 지명한 본선이 도착하지 않거나 본선이 도착하였어도 화물을 수령하지 않으면 이에 따른 위험과 비용을 매수인이 부담하여야 한다.

(3) 물품검사·통지의무

1) 물품검사의무

① 검사시기 : 매수인은 당해 사정에 비추어 실행가능한 짧은 기간 내에 물품을 검사하거나 또는 물품이 검사되도록 하여야 한다. 계약상 물품이 운송을 포함하는 경우에는 운송 중 검사가 어렵기 때문에 물품이 목적지에 도착한 이후까지 연기할 수 있다.

특히 운송 중 매수인이 검사를 수행할 합리적 기회를 갖지 못한 채 매수인에 의하여 물품의 목적지를 변경하거나 재발송된 경우, 매도인이 재발송 또는 목적지의 변경을 알았거나 알 수 있었을 경우에 한하여 매수인은 물품이 새로운 목적지에 도착할 때까지 검사를 연기할 수 있다.

② 검사장소와 검사방법: 검사장소는 원칙적으로 인도장소에서 이루어져야 한다. 그렇지만 물품의 운송이 예정되어 있는 경우에는 그 목적지에서, 그리고 물품의 목적지를 변경하거나 전송될 경우에는 새로운 도착지가 검사장소가 된다. 물품의 검사방법에 관하여 별도의 약정이 없는 경우에는 매수인은 해당거래의 관행적 방법으로 검사하면 된다.

2) 통지의무

① 통지시기 : 매수인은 매도인에게 물품부적합의 책임을 묻기 위한 전제로서 물품의 부적합을 발견하였거나 발견할 수 있었을 때로부터 합리적인 기간내에 부적합의 내용을 상세하게 통지하여야 한다.

통지의 범위는 물품의 부적합에 관련된 것이지만, 여기에는 물품의 수량, 품질, 명세, 포장과 권리상의 부적합성도 포함된다. 서류의 부적합에 대하여는 명문규정이 없지만 매도인의 서류제공의무를 감안할 때 서류의 하자도 포함되는 것으로 보아야 한다.

UN통일매매법에서 검사기간은 "실행가능한 짧은 기간내"로 규정하면서 통지는 "합리적인 기간내로"로 규정하고 있다. 여기서 "합리적 기간"을 결정하는데 고려되는 요소는 물품의 변질가능성, 견본채취의 공평성 또는 검사의 필요성 및 매도인에 의한 보완가능성 등이 포함된다.

그렇지만 어떠한 경우에도 물품이 매수인에게 실제로 인도된 날로부터 늦어도 2년 이내에 통지하지 아니하면 매수인은 물품불일치를 주장할 권리를 상실한다.

② 통지방법 : 매수인의 물품부적합 통지의무의 이행에는 특별한 형식이 요구되지 않으므로 "상황에 따라 적절한 방법으로"하면 된다. 다만 통지시에는 불일치의 내용을 명세하여 통지하여야 한다.

③ 통지의무 불이행의 효과 : 마수인은 UN통일매매법에 규정된 기간내에 정하여진 방법으로 매도인에게 통지하지 않는 경우 불일치에 관련된 청구권을 상실한다. 부적합에 관련된 청구권으로는 손해배상청구권, 계약해제권, 대금감액청구권 및 하자보완청구권 등이 있다.

Ⅲ. 계약당사자의 계약위반과 권리구제

1. 권리구제에 관한 UN통일매매법의 특징

계약위반에 대한 권리구제 중 중요한 것은 현실적 이행강제와 손해배상이다. 우리나라 민법을 포함한 대륙법계에서는 전통적으로 당사자 일방이 계약을 위반한 경우에 구제로서 가능한 한 계약의 현실적 이행강제를 원칙으로 한다. 다만 계약대로 이행이 불가능한 경우에 예외적으로 손해배상에 관한 권리구제를 허용하고 있다.

이에 반하여 영미법계에서는 계약위반의 보상적 구제(substitutional relief), 금전배상을 명하는 손해배상을 원칙으로 하고 다만 예외적으로 현실적 강제이행을 인정한다.

UN통일매매법의 권리구제에 관한 규정은 각 당사자별로 구분하여 매도인의 계약위반에 대한 구제와 매수인의 계약위반에 대한 구제 및 양당사자에게 모두 적용될 공통 구제조항인 이행정지와 이행이전의 계약위반, 손해배상책임 및 면제, 그리고 계약의 해제를 두고 있다. UN통일매매법의 중요한 특징은 계약이행자의 과실 유무를 묻지 않는다. 다만 불가항력으로 인한 계약불이행에 대하여 손해배상책임을 면제하고 있다.

2. 매도인의 계약위반과 매수인의 권리구제

UN통일매매법은 매도인이 계약을 위반했을 때 매수인에게 부여할 권리구제의 방법으로 ① 계약대로의 이행(특정이행: specific performance)을 청구하는 권리, ② 대체품의 인도청구권, ③ 하자보완청구권, ④ 추가기간지정권, ⑤ 계약해제권, ⑥ 대금감액청구권, ⑦ 손해배상청구권 등 7가지를 선택적 또는 경우에 따라서는 중복적으로 허용한다.

매도인의 계약위반이 근본적위반(fundamental breach)이 되면 매수인은 계약해제나 대체물인도청구권을 행사할 수 있지만 그렇지 않을 경우 매수인은 대금감액청구권이나 하자보완청구권을 행사하게 된다.

그러한 예로 손해배상청구권은 다른 구제수단과 중복하여 행사할 수 있다. 따라서 매수인은 매도인에게 특정이행을 요구함과 동시에 이행의 지연이나 그 이행과정에서의 결함 등으로 발생한 손해를 배상해 주도록 요구할 수 있고 계약을 해제하면서 계약위반으로 발생한 손해배상을 함께 요구할 수 있다.

(1) 계약이행청구권

매도인이 계약을 이행하지 않는 경우에 매수인은 원칙적으로 특정이행을 청구할 수 있다. 다만 특정이행은 언제나 허용되는 것은 아니다. 즉, 매수인은 이와 양립할 수 없는 구제수단을 사용할 때에는 이를 강제할 수 없다.

즉, 매수인이 계약해제권이나 대금반환청구권을 행사할 경우 이행청구권을 행사할 수 없으며 이행청구권을 행사하더라도 손해배상청구권은 행사할 수 있다.

(2) 추가기간 지정권

매수인은 매도인의 의무이행을 위하여 합리적인 추가기간을 지정할 수 있다. 매수인은 매도인으로부터 그와 같이 지정된 기간 내에 이행을 하지 않겠다는 통지를 받지 않는 한 그 기간 중에는 계약위반에 대한 어떤 구제수단도 사용할 수 없다.

그렇지만 매수인은 이행지연에 대한 손해배상청구권을 행사할 수 있다. 매수인이 추가이행기간을 지정한 경우 그 기간이 경과하거나, 기간 중이라도 매도인으로부터 추가기간 내에 계약을 이행하지 않겠다는 통지를 받으면 계약을 해제할 수 있다.

(3) 물품하자에 대한 구제권

1) 대체물품인도청구권

UN통일매매법은 물품이 계약에 부적합하고 근본적 계약위반에 해당한 경우 대체물품인도를 청구할 수 있는 권리를 규정하였다. 그렇지만 매수인이 이에 수령한 물품을 반환할 수 없거나 수령당시와 동등한 상태로 반환할 수 없는 경우에는 대체물품인도청구권을 상실한다.

2) 하자보완청구권

물품이 계약에 부적합한 경우에 모든 상황에 비추어 불합리하지 않는 한 매수인은 매도인에 대하여 하자의 보완을 청구할 수 있다. 물론 이 경우에도 합리적인 기간 내에 행하여져야 한다.

3) 대금감액청구권

물품이 계약에 일치하지 않는 경우 매수인은 실제로 인도된 물품이 인도시에 가지고 있던 가액이 계약에 일치하는 물품의 비율에 따라 대금감액을 청구할 수 있다. 그러나 매도인이 물품의 하자를 보완하였거나 매수인이 매도인의 보완제의를 부당하게 거절한 경우 대금감액은 인정되지 않는다.

4) 일부 인도 및 일부 불일치

매도인이 물품의 일부만 인도하거나, 인도된 물품 중 일부가 계약내용과 일치하지 아니하는 경우에는 매수인에게는 다음과 같은 선택권이 주어진다.

① 매도인에게 대체물의 인도를 요구하거나, ② 하자있는 부분에 대한 계약을 해제하거나, ③ 하자있는 물품을 수령한 다음 그 대금감액을 청구할 수 있다. 물론 이러한 구제방법과 병행하여 손해배상을 청구할 수 있고, 계약전체가 아닌 일부의 인도·불일치가 계약의 근본적 위반에 해당되면 매수인은 계약을 해제할 수 있다.

5) 조기인도 및 수량초과인도

매도인이 약정한 기일 이전에 물품을 인도할 경우 매수인은 물품을 수령하거나 거절할 수 있다. 매수인이 거절할 경우 매도인은 계약상 약정된 날짜에 그 물품을 다시 제공할 수 있다. 매수인이 조기인도된 물품을 수령한 경우에는 매도인을 위하여 이를 보관하는 등 합리적인 조치를 취한 다음 이에 수반되는 비용 등의 손해배상을 청구할 수 있다.

또한 매수인은 매도인이 계약에 약정된 수량보다 많은 수량을 인도할 경우 초과된 양의 인도를 수령하거나 거절할 수 있다. 매수인이 초과된 수량의 전부 또는 일부의 인도를 수령하는 경우에는 매수인은 계약상의 비율에 따라 대금을 지급하여야 한다.

(4) 매수인의 계약해제권

국제거래에서는 계약유지의 이념을 실현하기 위하여 계약이행의무가 면제되는 계약해제권을 엄격히 제한하고 있다. UN통일매매법에 규정한 계약해제의 사유는 두 가지가 있다.

첫째, 매도인의 의무위반이 근본적 계약위반에 이르게 되는 경우와 둘째, 불인도의 경우, 매도인이 매수인이 지정한 추가기간내에 물품을 인도하지 않거나 그 기간내에 자신의 의무를 이행하지 아니할 것을 명백히 한 경우에는 계약위반이 근본적위반임을 입증할 필요도 없이 계약해제 사유가 된다.

계약의 해제는 정당한 손해배상의무를 제외하고는 당사자 쌍방을 모든 계약상의 의무로부터 해방시킨다. 그렇지만 계약해제는 분쟁조정에 관한 계약조항이다. 계약해제에 따라 발생하는 당사자의 권리·의무를 규율하는 기타조항에는 영향을 주지 않는다.

3. 매수인의 의무위반과 매도인의 구제

(1) 계약이행청구권

1) 이행청구권

매수인이 자신의 의무를 이행하지 않는 경우에 매도인은 매수인에게 대금의 지급, 인도의 수령, 기타 매수인의 의무이행을 청구할 수 있다. 이러한 매도인의 권리는 매수인의 권리에 대응한다. 매도인이 이행을 청구하려면 계약해제권의 행사 등과 같은 서로 모순되는 권리구제수단을 행사할 수 없다.

2) 추가기간 지정권

매도인은 매수인이 대금지급이나 물품수령을 할 수 있도록 추가기간을 지정할 수 있다. 만약 매수인이 이와 같이 추간기간내 자신의 의무를 이행하지 않을 경우, 매도인은 매수인의 계약위반이 근본적위반임을 입증하지 않고서도 계약해제를 선언할 수 있다.

3) 물품명세확정권

물품명세확정권이란 계약상 매수인이 물품의 형식, 규격, 기타 특징을 명세하여야 하는 경우, 매수인이 합의된 기일 또는 매도인으로부터 요청을 받은 후 상당한 기간 내에 이러한 물품명세를 확정하지 아니한 때에는 매도인은 매수인의 요구사항을 참작하여 스스로 물품명세를 확정할 수 있다.

매도인이 스스로 물품명세를 확정하는 경우에는 매도인은 매수인에게 이에 관한 세부사항을 통지하여야 하고, 매수인이 통지를 받고 상이한 물품명세를 확정하지 아니하는 경우에는 매도인이 확정한 물품명세가 구속력을 갖는다.

(2) 계약해제권

매도인은 ① 매수인의 의무불이행이 근본적 계약위반인 경우, ② 지정한 추가기간 내 매수인이 대금지급 또는 물품수령의무를 이행하지 아니하거나, 지정된 기간 내 이행을 하지 않겠다는 선언을 한 경우에는 계약을 해제할 수 있다.

그러나 매수인이 대금을 지급한 경우 매도인은 ① 매수인이 계약이행을 지체하였거나 매도인이 매수인의 이행사실을 이미 알고 있는 경우에는 계약을 해제할 수 없다. 또한 ② 이행지체 이외의 계약위반인 경우 매도인이 위반을 알았거나 알았어야 한 때, 또는 매도인이 지정한 추가 기간이 종료한 때 또는 매수인이 그러한 추가기간 내의 의무이행거절을 선언한 때로부터 합리적인 시간 내에 해제하지 않는 한 계약해제권은 상실된다.

4. 매도인과 매수인의 공통적 권리구제

(1) 이행정지와 계약해제

계약위반 요건이 발생하지 않았으나 상대방의 계약위반이 임박한 상황의 경우 이행정지(suspension of performance)와 계약해제(avoidance of contract)가 있다.

당사자 일방의 의무불이행이 명확하게 된 경우에도 상대방만이 이행을 하여야 한다면 형평의 원칙에 맞지 않는다. 따라서 당사자 일방은 계약체결 후 상대방의 이행능력 또는 신용상의 중대한 결함, 또는 계약의 이행준비나 이행상의 행위로 인하여 그 의무의 중요부분을 불이행할 것이 명백하게 된 경우에는 자신의 의무이행을 정지할(suspend) 수 있다.

그러나 현실적으로 매수인이 이에 물품의 권리를 나타내는 선화증권을 제3자에게 양도한 경우에는 이를 정지시킨다는 것은 사실상 불가능한 일이다. 따라서 운송도중 물품의 인도중지에 관한 규정은 매매당사자 상호간의 물품에 대한 권리에만 적용되고 제3자의 권리를 해하지 못한다.

이행을 정지하는 당사자는 물품발송 전후를 불문하고 상대방에게 즉시 정지에 관한 통지를 하여야 한다. 그러나 통지한 상대로부터 적절한 보장(adequate assurance)이 없으면 통지 당사자는 계약을 해제하고 손해배상을 청구할 수 있다. 이를 이행기 이전의 계약해제(avoidance prior to the date for performance)라 한다.

(2) 손해배상청구권

손해배상책임조항은 매매당사자의 공통된 의무조항이다. UN통일매매법상 피해당사자는 계약해제와 동시에 자신이 입은 손해를 배상청구할 수 있다. 당사자의 계약위반으로 인한 손해는 이익의 상실을 포함하여, 위반의 결과 상대방이 입은 손해액 총액과 동일하다.

손해액의 산정방법은 피해당사자가 대체거래(substitute transaction)를 한 경우에도 손해배상청구 당사자는 배상받을 수 있는 손해뿐만 아니라 계약상의 가액과 대체거래가액의 차액을 배상받을 수 있다. 또한 대체거래를 함으로써 수송비용 등 기타

비용이 증가하였다면 이는 계약위반으로 인하여 발생한 손해이기 때문에 당연히 배상을 청구할 수 있다.

한편 피해당사자의 손해액을 합리적으로 판단할 수 없는 등의 경우에는 손해액은 물품의 싯가(current price)로 결정한다. 싯가의 기준시점은 물품이 인도되는 시점 또는 그 이전에 피해당사자가 매매계약을 해제한 경우에는 손해액은 계약해제시의 싯가에 의하여 결정된다.

또한 싯가의 기준장소에 관하여는 '물품이 인도되어야 하는 장소의 일반적인 가격'으로 한다. 물품이 공공시장에서 거래되는 때에는 그 시장가격에 의하여, 그러한 공공시장이 없는 때에는 거래관행에 의하여 싯가를 결정하게 된다.

계약해제의 경우에도 피해당사자가 계약위반자로부터 배상받을 수 있는 손해에는 계약이 이행되었더라면 피해당사자가 얻을 수 있었던 기대이익을 포함한다.

반면에 손해배상을 청구하는 경우에도 당사자는 그 위반으로 인하여 발생하는 손실의 감소를 위하여 상황에 따라 합리적인 조치를 취하여야 한다. 이를 피해당사자의 손해경감의무라고 한다.

그렇지만 당사자의 계약불이행으로 인하여 피해를 입었음에도 불구하고 상대방이 손해배상을 받을 수 없는 경우가 있다. 이것을 면책(exemption)이라고 한다. 매매당사자간의 계약에서 손해배상책임이 면제되는 경우는 다음과 같다.

첫째, 계약에 면책조항(exemption clause)이나 책임부인조항(disclaim clause)을 삽입하는 경우이다.

둘째, 상대방의 계약불이행이 자신의 작위·부작위로 인한 경우에는 상대방의 불이행을 주장할 수 없다.

셋째, 당사자 쌍방에 그 책임을 돌릴 수 없는 사정에 의하여 이행이 불가능하게 된 경우가 있다. 이에 관하여는 이행불능(Impossibility), 불가항력(Force majeure), 천재지변(Act of God), 계약목적달성불능(Frustration) 등이 있다.

Ⅳ. 무역클레임

1. 무역클레임

국제무역거래에서 '클레임'(claim)이란 무역거래의 손해를 입은 당사자가 손해를 일으키게 한 측에게 손해배상 또는 기타의 의무이행을 청구하는 것을 말한다.

일반적으로 무역클레임은 일방이 계약조건을 위반하여 발생하는 경우가 대부분이지만 경우에 따라서는 시장상황이 악화됨에 따라 매수인이 매도인에게 가격인하나 인수거부 등 고의적으로 제기하는 이른바 market claim도 적지 않다.

매매당사자 사이에 제기되는 무역클레임 이외에 운송 중 발생한 손해에 대하여 화주가 운송인을 상대로 한 운송클레임과, 보험회사를 상대로 손해보상을 청구하는 보험클레임도 자주 발생한다.

Claim 조항에는 다음 예문과 같이 세 가지 주요한 내용이 포함되어야 한다. 즉, 클레임 제기기간, 클레임제기방법, 그리고 클레임의 증빙서류 등이다. 특히, 매도인의 입장에서 클레임조항은 매우 중요하다. 매도인은 매수인의 클레임이 제기기간 이내에, 그리고 정해진 방법대로 제기되지 않거나 클레임을 입증할 서류가 없을 경우 클레임의 수리를 거부할 수 있기 때문이다.

"Claims, if any, shall be filed by cable within fourteen days form the date of final discharge at destination. Certificates by recognized surveyors shall be sent by airmail without delay"

2. 무역클레임의 발생원인

(1) 직접적 원인

무역클레임 발생의 직접적 원인으로서 무역계약의 체결과 이행과정을 기준으로 다음 세 가지로 나눌 수 있다.

첫째, 계약체결과정에 원인이 있는 경우이다. 계약성립의 가장 중요한 요건이 청약(offer)과 승낙(acceptance)이다. 청약에는 조건부 청약(conditional offer)이나 선매조건부 청약(offer subject to prior sale)등의 청약과 승낙에도 조건부 승낙이 있다. 또한 청약과 승낙의 방법에 e-mail이나 인터넷을 이용한 경우도 많다.

이러한 청약과 승낙이 계약을 유효하게 성립시키는지 여부, 즉, 계약의 유효성에 관하여 클레임이 발생하기 쉬우며, 또한 계약이 성립할 경우 최종 승낙을 무엇으로 보아야 하느냐에 따라 계약내용이 달라질 수 있다. 청약과 대응청약이 반복되는 동안 의사표시의 내용에 착오(mistake)나 사기(fraud) 또는 강박(threat)이 있다고 주장할 경우에도 계약의 유효성에 관한 문제가 생길 수 있다.

둘째, 계약내용에 원인이 있는 경우이다. 매매계약의 내용이 불충분하면 클레임이 생기기 쉽다. 계약체결시 품질의 기준과 기준시기 명시, 수량의 과부족 용인약관(M/L clause), 포장방법, 가격의 산출기준, 선적시기, 적하보험의 담보조건, 신용장 결제에서 은행수수료 부담책임자, 검사시기, 불가항력조항, 클레임조항, 중재조항 등에 관하여 명백한 합의가 필요하다.

이 외에도 필요하다고 생각되면 약정손해배상액조항(liquidated damage clause), 담보조항(warranty clause), 권리침해조항(infringement clause), 계약종료조항(termination clause), 준거법조항(governing law clause), 권리불포기조항(non-waiver clause) 등을 삽입해야 한다.

셋째, 계약의 이행에 원인이 있는 경우이다. 대표적인 것으로 지연선적(delayed shipment), 품질클레임(claim on quality), 수량클레임(claim on quantity), 포장클레임(claim on package), 대금미지급클레임(claim on non-payment), 신용장미개설클레임(claim on L/C being not opened) 등이 있다.

(2) 간접적 원인

무역클레임 발생의 간접적 원인으로서 다음 일곱 가지로 나눌 수 있다.

첫째, 언어의 상위에 따른 의사소통의 어려움에 의한 경우이다.

둘째, 상관습과 법률의 상위이다. 매매, 운송, 보험, 결제 및 중재 등에 관한 국제적인 관습과 법규 가운데 어느 것이 구속을 받는지 알지 못함에서 생기는 문제점이 있다.

셋째, e-mail이나 인터넷에 의한 전자문서(electronic message)의 사용시 전달과정상의 오류나 수·발신 시기에 따른 분쟁가능이 생길 수 있다.

넷째, 신용조사의 미비로 선정된 상대방의 대금결제능력이나 도덕성의 결여 등이 문제가 될 수 있다.

다섯째, 운송중의 위험은 해상적하보험으로 커버되지만 CIF조건에서는 위험부담자와 보험계약자가 다르기 때문에 보험 분쟁이 생길 수 있으며, 또한 포장불충분이나 화물고유의 하자 등은 보험에서 커버되지 않기 때문에 이에 관한 내용을 알고 사전에 유의하여 대책을 세워야 한다.

여섯째, 일부 국가가 사용하는 도량형이 국제적인 표준과 다른 점을 유의하여야 한다.

마지막으로 UN통일매매법을 계약의 준거법으로 채택하더라고 소비자보호법, 독점금지법, 식품위생법 등과 같은 유형의 현지국법 또한 적용되므로 이러한 외국법규에 대한 무지가 claim을 유발하고 간접적 원인이 될 수 있다.

3. 무역클레임의 종류

(1) 발생원인을 기준으로 한 분류

1) 품질에 관한 클레임

품질에 관해서는 품질불량(inferior quality), 품질불일치(different quality), 저등급(inferior grade), 이품혼입(different quality mixed in), 변질(deterioration), 변색(discoloration) 등이 있다.

2) 수량에 관한 클레임

수량에 관해서는 선적부족(short shipment), 착화부족(short landing), 감량(diminution), 중량부족(under weight) 등이 있다.

3) 인도에 관한 클레임

인도에 관해서는 하역손상(stevedore damage), 지연선적(delayed shipment), 불착(non-delivery), 분실(missing), 갑판유실(drifting away), 항공운송의 두절(suspension of airway transportation) 등이 있다.

4) 포장에 관한 클레임

포장에 관해서는 포장불충분(insufficient package), 포장불완전(incomplete package) 등이 있다.

5) 가격 또는 결제에 관한 클레임

가격이나 결제에 관해서는 가격조정(price adjustment), 초과지급(over payment), 초과비용지출(overcharge), 검사료(survey fee), 벌금 또는 과태료(fine or penalty), 체선료(demurrage), 어음할인거부(reluctance to negotiate draft) 등이 있다.

6) 서류에 관한 클레임

서류에 관해서는 부정송장(incorrect invoice) 기재사항의 오류(misdescription), 서류미비(lack of document) 등이 있다.

7) 계약에 관한 클레임

계약에 관해서는 계약위반(breach of contract), 계약취소(cancellation of contract), 계약종료(termination of contract), 계약거절(rejection of contract) 등이 있다.

(2) 성질을 기준으로 한 분류

1) 일반적 클레임

이것은 무역거래를 수행하는 과정에서 발생하는 일반적 클레임으로서 매매당사자 일방의 과실이나 태만으로 발생하거나 당사자 이외의 제3자에 의하여 야기된다. 예를 들면 클레임의 발생원인이 제조업자나 공급자 또는 운송업자 등의 귀책사유일 경우에는 가해자(claimee)가 피해자(claimant)에게 손해배상을 한 뒤 책임있는 제3

자에게 그 책임을 전가시킬 수 있다.

2) Market claim

무역계약 성립 후 물품의 시세가 하락하여 손해를 입을 것으로 예상될 때 시장상황이 좋으면 클레임의 대상이 되지 않을 경미한 과실을 감가의 구실로 제기하는 클레임을 market claim이라 한다. 이러한 클레임은 부당한 것이므로 응할 필요가 없으나 경우에 따라서는 market claim인지 정당한 클레임인지 판단하기 어렵다.

또한 신용장거래 방식이 아닌 경우 어음지급을 거부하겠다고 위협할 가능성이 있기 때문에 거래전 신용조사시 매수인을 잘 관찰하여야 한다.

3) 계획적 클레임

매매당사자의 고의에 의한 클레임을 말한다. 즉, 매수인은 처음부터 교묘한 술책을 사용하여 매도인으로 하여금 계약이행에 지장을 일으키게 하여 제기하는 클레임이다.

(3) 피할 수 있는 클레임과 피할 수 없는 클레임

대부분의 클레임은 선의(goodwill) 또는 신의성실의 원칙(principle of sincerity and truthfulness)에 따라 상당한 주의를 기울이면 사전에 방지할 수 있는 피할 수 있는 클레임이다.

그렇지만 실제로 클레임은 다음과 같은 주의부족의 경우에서 발생하는 경우가 많다.

첫째, 거래처의 선정과 신용조사에서 충분한 주의를 기울이지 못하면 클레임이 발생할 우려가 있다.

둘째, 상담과 계약절차에 있어서 주의의 결여는 클레임의 원인이 된다.

셋째, 계약의 이행에 있어서도 주의를 다하지 못하면 클레임이 발생한다.

한편, 피할 수 없는 클레임은 당사자가 상당한 주의를 기울여도 방지할 수 없는 클레임으로 market claim이나 계획적 클레임이 여기에 속하지만 이것 역시 거래 전에 거래처를 선정하는데 주의를 기울임으로써 피할 수 있다.

4. 클레임의 내용

(1) 금전청구를 내용으로 하는 클레임

1) 대금지급의 거절

신용장 거래나 송금거래는 선적과 동시에 또는 선적 전에 대금이 지급되기 때문에 대금지급의 거절이 일어나지 않으나 D/A나 D/P 계약의 경우 매수인은 대금지급을 거절하거나 서류의 인수를 거절할 수 있다.

또한 신용장방식 거래라고 하여도 「L/C상에 선적과 동시에 대금의 80%는 어음발행, 잔액은 목적항에서 검사 후 지급」(drawing draft for 80% of total amount upon shipment, balance to be remitted by buyer after the inspection in destination)의 혼합조건인 경우 잔액 20%의 지급을 거절할 수도 있다.

2) 손해배상액의 청구

신용장방식 거래인 경우 대금결제가 서류를 중심으로 이루어지기 때문에 매수인의 입장에서는 서류가 일치하면 대금을 지급하지 않을 수 없다. 매수인이 대금지급 후 서류를 인도받아 이를 통하여 물품을 수령하게 된다.

물품 수령이 물품의 품질이나 수량이 계약과 일치하지 않을 경우 매수인은 매도인을 상대로 손해배상을 청구하게 된다. 청구방법은 T/T 송금요구나 무담보어음의 발행으로, 상대방의 계약위반으로 입은 손해액을 회복할 수 있다.

3) 대금감액의 청구

이것은 클레임의 가장 일반적인 형태로, 도착물품의 품질, 포장, 하인, 상품 등이 계약내용과 불일치하거나 계약과 다른 물품이 송부된 경우 매수인은 매도인에게 물품을 계약가격보다 감액된 가격으로 인수하겠다고 요구하는 것을 말한다. 대금감액의 방법에는 대금잔액으로부터의 감액, 다음 계약분이나 선적분에 대한 감액 또는 송금 기타의 방식에 의한 감액 등의 방법이 있다.

(2) 금전 이외의 청구를 내용으로 하는 클레임

1) 물품의 인수거절

도착된 물품의 품질상 하자가 있거나 그 품질이 계약내용과 다를 경우 매수인은 물품인수를 거절할 수 있다. 매매계약서상 인수거절에 관한 약정이 있는 경우 매수인은 물품의 내용이 인수거절의 요건을 충족하면 거절할 수 있다.

인수거절 후에 취해야 할 조치로 화물에 관한 조치, 대금결제에 관한 조치, 대체품의 청구로 나누어 생각할 수 있다. 화물에 관한 조치로, 매도인의 지점이나 대리점이 도착지에 있을 때에는 다른 매수인을 물색하여 전매토록 하거나 그렇지 않으면 선적지로 반송하도록 할 수 있다. 그렇지만 도착지에 지점이나 대리점이 없는 경우에는 당초의 매수인을 통하여 그 물품을 매각처분하도록 의뢰하거나 매도인의 비용부담으로 최초의 선적지로 반송하도톡 할 수 있다.

2) 계약이행의 청구

계약대로의 이행을 청구하는 것도 넓은 의미의 클레임에 속한다. 매도인이 매수인에 대한 대표적인 계약이행의 청구는 신용장 개설의 청구이다. 왜냐하면 신용장의 개설이야말로 매도인의 생산거시, 선적준비가 이행되는 정지조건이기 때문이다. 매수인이 계약내용에 따라 신용장을 개설하지 않으면 매도인은 손해배상을 청구할 수 있다.

한편, 매수인이 매도인에 대한 대표적인 계약이행의 청구는 선적이며, 매도인이 끝까지 선적의무를 이행하지 않으면 매수인은 계약위반을 이유로 손해배상을 청구할 수 있다.

3) 대체품의 청구

매수인이 수입하에 도착한 화물의 인수를 거절하고 선적지로 반송함과 동시에 매도인에게 계약품을 다시 선적하도록 요구하는 것을 말한다. 이 경우 화물이 반송되더라도 대금이 다시 매수인에게 반환되지 않기 때문에 대체품을 선적할 때 매도인은 무환수출허가를 받아야 한다.

4) 잔여분의 계약해제

주문량 가운데 일부는 먼저 선적되어 수입지에 도착하였으나 매수인이 품질물량이나 규격상위를 이유로 클레임을 제기한 경우 미선적분에 대하여 계약을 해제하는 것을 말한다.

5. 무역클레임의 제기와 수리

(1) 클레임의 제기시기

클레임의 제기시기는 매매계약서(Sales Agreement)의 클레임조항(Claim Clause)에 따라 결정된다. 대한상사중재원의 표준 클레임조항은 다음과 같다.

"Any claims by buyer of whatever nature arising under this contract shall be made by cable within 30days after arrival of the goods at the destination specified in the bills of lading. Full particulars of such claim shall be made in writing, and forwarded by registered mail to seller within 15 days after cabling. Buyer must submit with particular sworn surveyor's reports when the quality or quantity of the goods is in dispute."

클레임의 제기기간은 일종의 면책조항과 같은 기능을 한다. 왜냐하면 정해진 기간이 경과하면 법률적인 구상권이 상실되기 때문이다.

클레임의 제기기간에 관하여 계약에서 약정된 바가 없으면 그 기간은 통상 계약의 준거법에 따르지만 준거법에 이에 관한 명시가 없으면 물품의 검사 및 통지기간과 같다.

우리나라 상법은 매수인이 목적물을 수령한 때에 지체 없이 이를 검사하여야 하며, 하자 또는 수량부족 등을 발견한 때에는 즉시 매도인에게 그 통지를 하도록 규정하고 있다.

만일 이러한 통지를 하지 아니하면 이로 인한 계약해제, 대금감액 또는 손해배상을 청구할 수 없다고 규정하고 있다. 다만 매매의 목적물에 즉시 발견할 수 없는 하자가 있는 경우에는 매수인이 6개월 내에 이를 발견하면 즉시 통지하고 배상을 요구할 수 있다.

UN통일매매법은 검사는 '실행가능한 단기간 내'(within as short period as is practicable in the circumstance)하여야 하지만 통지는 '합리적 기간 내'(within a resonable time) 하면 된다. 그러나 이 기간은 매수인이 물품을 실제 인도받은 날로부터 2년을 초과하지 못한다.

(2) 클레임의 당사자

클레임을 제기할 사유가 발생하면 누구를 대상으로 제기하여야 할 것인가를 결정하여야 한다. 이를 판단하기 위하여는 클레임의 발생원인과 그 책임당사자가 누구인지를 알아야 하며, 그와 어떤 계약관계에 있으며 어떤 계약의 내용을 위반하였는지를 판단하여야 한다.

(3) 클레임의 통지

클레임의 사유가 발견되면 이를 상대방에게 통지하여야 한다. 통지방법은 매매계약서의 클레임조항(claim clause)에 약정된다. 일반적으로 통지방법은 문서(writing)로 하며, FAX 또는 e-mail 등의 방법을 사용한다.

통지방법이 계약서에 명시되어 있지 않으면 준거법에 따른다. UN통일매매법에는 '상황에 따라 적절한 방법으로'(by means appropriate in the circumstance) 하도록 규정하고 있다.

클레임의 통지에는 통상 이를 입증할 서류가 첨부되는데 대표적인 입증서류가 국제적으로 공인된 검정회사의 Survey Report이다. 클레임제기시에는 상대방이 계약위반으로 자신이 입은 손해내용과 자신이 청구하는 손해배상액이 명확하게 기술되어야 한다.

(4) 클레임의 수락 또는 거절

상대방이 클레임을 수락하면 손해배상청구나 대체품의 인도 등 구제조치를 취할 수 있다. 그렇지만 상대방이 클레임을 거절하면 상대방을 상대로 소송이나 중재를 신청하게 된다.

상대방으로부터 클레임의 통지를 받으면 먼저 검토할 사항은 클레임의 제기가 약정된 기간 내에, 약정된 방법대로 그리고 이를 뒷받침하기 위한 증빙서류가 첨부되어 있는지를 검토하여야 한다. 또한 상대방의 손해배상 청구 내용이 합리적인지 그리고 증빙서류의 내용이 합리적인지를 검토하여야 한다.

검토 결과 상대방의 클레임이 정당하다고 생각되면 손해배상, 대체품의 송부 또는 하자보완청구 등을 제의하여 클레임을 해결하면 된다. 그렇지만 만약 상대방의 클레임이 부당하거나 클레임의 제기가 약정된 내용과 다를 경우 항변자료를 첨부하여 거절의 의사표시를 할 수 있다.

6. 클레임의 예방

(1) 신의성실의 원칙 고수

신의성실의 원칙은 원래 윤리적·도덕적 규범이었으나 국제무역거래에 있어서도 준수할 최고의 규범이다. 이를 위하여 거래당사자는 상대방을 선택할 때 먼저 신용있는 거래선임을 확인하고 자신도 상대방에게 신의를 지킬 수 있도록 노력하여야 한다.

(2) 철저한 신용조사

신용이라 함은 상대방에 대한 경제적 평가, 특히 지급능력을 말한다. 따라서 상대방과 거래를 시작할 때 또는 거래개시 상대방의 신용상태를 조사하여야 한다.

신용조사의 방법은 자기의 거래은행이나 국내외 신용조사기관에 의뢰한다. 신용조사의 결과 상대방의 신용에 확신이 없을 경우 이를 보완하는 방법으로 보증금

(guarantee)제도와 신용장제도를 활용할 수 있다. 보증금제도는 입찰보증인 bid bond와 이행보증인 performance bond, 보증신용장(standby L/C) 등이 있다.

(3) 거래상담시 주의

계약의 예비단계에서 상대방에게 가격을 제시한다. 이를 상대방이 firm offer로 착각할 수 있기 때문에 가격에 "These price will be valid with our final confirmation"란 문언의 삽입이 필요하다.

Firm Offer의 경우 최소한도 주요계약조항이 빠짐이 없는지를 확인하여야 한다. 수출시 정부의 인·허가가 필요하다면 "subject to export license"란 문언을 첨부하여 offer하여야 한다. 선적은 L/C 수령 후 60일 이내, L/C는 offer 승낙 후 2주일 이내 개설을 조건으로 할 경우 "Shipment shall be available within 60 days after receipt of L/C, which is to be opened within 2weeks after this offer accepted"라고 기재해 두어야 한다. Firm offer에 대하여 상대방이 counter offer를 할 경우 Firm offer의 유효기일 이내에 행하여져야 한다.

청약의 승낙시 주의할 점은 상대방의 offer가 Firm offer인지 Free offer인지에 따라 그 효과가 다르다는 점이다. 전자의 경우 acceptance는 바로 계약성립으로 이어지지만, 후자의 경우에는 상대방이 다시 Confirmation이 있어야 계약이 성립된다. 즉, 상대방의 Confirmation이 바로 Acceptance가 된다. Firm offer 또는 Free offer의 여부에 따라 계약의 체결시기와 체결장소가 달라지며 이는 이후 상대방의 계약위반시 손해배상액의 산정 기준일과, 이 사건이 소송이나 중재로 이어질 때 관할지(jurisdiction)의 선정과도 관계된다.

(4) 계약서의 완비

매매계약은 낙성계약이며 불요식계약이므로 계약당사자가 반드시 정식의 계약서를 작성·교환할 의무는 없으나 후일 분쟁을 피하기 위하여 매매계약서(Sales Agreement) 및 일반거래조건약정서(Agreement in General Terms and Conditions of Business)를 작성해 주는 것이 좋다. 특히 계약서에는 매매의 기본조건 이외에 가격변동을 대비한 신축조항(escalator clause), 손해배상액 산정의 어려움을 대비하여 약정손해배상액조항(liquidated damage clause), 담보조항(warranty clause), 클레임조항(claim clause), 불가항력조항(force majeure clause), 권리침해조항(infringement clause), 계약종료조항(termination clause), 중재조항(arbitration clause), 권리불포기조항(non-waiver clause), 완전합의조항(entire agreement clause) 및 준거법조항(governing law clause) 등 필요한 조항을 삽입하여야 한다.

특히 클레임조항에서는 클레임의 제기기간, 제기방법, 증빙서류 및 비용부담자 등을 명기하여야 하며, 클레임을 중대로 해결하고자 할 경우 중재조항을 삽입하여야 한다. 여기에는 중재지, 중재기관 및 준거법 등을 명기하여야 한다.

또한 클레임을 제기하기 위한 정당성 확보를 위한 검사조항이 명시되어야 한다. 검사조항에는 검사시기, 검사방법, 검사증빙서류 등에 관한 내용이 포함되어야 한다.

(5) 제조업자의 엄선

수출상이 직접 생산하지 않고 동일국내의 제조업자로부터 구입하여 수출할 경우 제조업자의 선정에 유의하여야 한다. 이를 잘못 선정하면 불량품이 수출되기 쉽다. 따라서 제조업자 선정시 신중하여야 하며 제조업자와 납품계약을 체결하여 품질 때문에 수입상으로부터 제기되는 클레임은 제조업자에게 그 책임을 전가할 수 있도록 하여야 한다.

(6) 신용장 취급시의 주의

국제무역에서 대표적인 지급수단이 화환신용장이다. 신용장이 국제결제에 기여하는 바가 크지만 이로 인한 분쟁도 적지 않다. 따라서 신용장을 취급할 때 주의하여야 할 몇 가지 점을 살펴보고자 한다.

첫째, 신용장을 수령한 매수인은 신용장의 내용이 매매계약의 내용과 일치하는지를 확인하여야 한다. 신용장의 독립추상성 때문에 일단 개설되면 매매계약과는 독립되어 당사자를 구속하므로 수령 즉시 확인하여 불일치한 내용이 있으면 신용장의 조건변경(Amendment)을 요구하여야 한다.

둘째, 선적기간, 유효기간, 또는 서류제출기간을 확인하여야 한다. 신용장에는 선적기간과 유효기간이 기재되고 양기간 사이에는 10일이나 15일 정도의 간격이 있다. 유효기간과 별도로 서류제출기간이 명시되는 경우가 있는데 이들 양기간이 불일치할 경우 매도인은 서류제출기간 내에 서류를 제출하면서 동시에 그 기간이 유효기간 이내이어야 한다.

셋째, 선적서류가 신용장의 조건과 엄격일치(strict compliance)하는지를 면밀하게 확인한 후 은행에 제시되어야 한다. 국제결제에서 은행은 개개의 거래물품에 대하여는 그 내용을 모르기 때문에 매도인이 제출하는 서류가 신용장 조건과 일치할 것을 요구한다. 만약 은행이 사소한 위반이라고 생각하여 신용장 조건과 불일치한 서류에 대하여 대금을 지급한다면 매수인으로부터 어음금액을 상환 받을 수 없을지도 모른다.

(7) 추심거래

신용장 거래가 아닌 국제거래는 그 대금 회수에 대하여 은행의 지급확약이 없으므로 위험이 따르기 마련이다. 그렇다고 수출상이 신용장 거래를 고집한다면 거래가 단절될지도 모른다. 특히 추심거래의 경우 매도인은 매수인의 신용상태를 철저하게 체크하고, 실제 거래시에는 수출보험제도를 적극 활용하는 것이 바람직하다.

(8) 감정서에 관한 규정

선적물품에 관한 클레임 중에는 품질불량, 수량부족 또는 포장불량에 기인한 것이 많다. 이들 내용에 관하여 클레임을 제기한 매수인은 자신의 주장이 정당함을 입증하기 위하여 객관적 증거를 제시하여야 한다. 이러한 증거서류로 공정한 제3자의 감정서(Survey Report)가 널리 이용되고 있다. 이러한 감정서의 객관성과 공정성을 확보하기 위하여 국제적으로 공인된 감정기관의 감정서를 제시하도록 계약서에 명시함이 좋다.

7. 무역클레임의 해결방법

(1) 클레임의 해결형태

1) 클레임의 철회

클레임의 철회(withdrawal) 또는 취소(cancellation)라 함은 청구자 클레임을 스스로 철회 또는 취소하므로 이것을 백지로 환원시키는 것을 말한다.

철회 또는 취소하는 이유는 ① 청구자가 클레임을 자기 자신의 과실과 오해에 기인된 것임을 인정하고 자진하여 철회하는 경우, ② 피청구자(claimee)가 청구자(claimant)에 대하여 반증을 들어 클레임의 부당성을 지적하였기 때문에 부득이 철회하는 경우 등이 있다.

2) 클레임의 거절

클레임의 거절(refuse)이라 함은 피청구자가 청구자로부터 제기당한 클레임의 수락을 거절하는 것을 말한다. 클레임을 거절하기 위하여 그 부당성을 충분히 입증할 만한 증거와 이유가 제시되어야 한다.

3) 클레임의 수락

클레임의 수락(acceptance)은 전면적 수락과 부분적 수락으로 나눌 수 있다.

전면적 수락은 피청구자가 청구자로부터 제기된 클레임을 인정하고 그대로 이행하는 것이다. 부분적 수락은 ① 피청구자가 클레임의 원인을 조사한 결과 그 일부를 자신이 부담하는 것이 타당하다고 인정하며 이를 청구자가 승인하는 경우, ② 피청구자가 클레임의 내용이 지나치다고 생각하여 그 일부만을 수락하는 경우, 또는 ③ 청구자가 상대방과 장래의 거래관계를 고려하여 클레임의 일부를 철회하거나 또는 클레임 금액을 감액하는 경우 등이다.

(2) 클레임 해결의 내용

1) 손해배상금의 지급

손해배상금의 지급은 청구자가 입은 손해를 피청구자가 금전적으로 변상하는 것을 말한다. 손해배상금의 지급방법은 유보금이나 예금에서 지급하거나 송금방식(T/T)을 이용할 수 있으며 무담보신용장(clean L/C)을 이용하는 방법도 있다.

2) 대금의 감액

대금의 감액이라 함은, 예를 들어 매도인이 매수인으로부터 품질불량, 포장불충분, 품질상위 등을 이유로 계약금액의 감액을 요청받고 이를 수락하는 것을 말한다.

3) 물품의 반송

이는 매수인이 물품의 수령을 거절하고 이를 다시 선적지로 보내는 것이다. 반송의 대상이 되는 물품은 계약과 다른 물품, 품질불량품, 규격상위품, 손상품 또는 상품위반품 등이다. 매수인이 물품을 반송할 때는 대체품의 공급이나 대금의 반환을 요구할 수 있다.

4) 계약의 이행청구

이것은 청구자가 피청구자에게 계약대로의 이행을 요구하는 것을 말하고 특정이행이라고도 한다. 그러나 피청구자에 의한 계약의 이행이 불완전할 경우 손해배상금의 청구나 대금의 감액을 수반하는 경우도 있다. 대표적인 이행청구는 신용장의 조건변경과 선적요구이다.

(3) 클레임의 해결방법

1) 포기

실제 무역거래에서 클레임의 포기는 빈번히 일어나고 있다. 그 원인은 피청구자가 청구자에게 클레임의 내용과 다른 조건을 만족시켜주거나 또는 시간이 흐르면서 클레임을 제기할 가치가 없다고 판단하거나 상대방의 반응이 없기 때문에 스스로 클레임을 포기하는 경우 등이 있다.

2) 화해

클레임을 제3자의 개입 없이 당사자간의 자주적인 교섭으로 해결하는 것을 화해라고 한다. 당사자간의 교섭에 의하여 타협점이 모색되면 화해가 이루어지는데 실무적으로 이것이 가장 바람직하며, 실제로 클레임의 대부분이 이 방법에 의하여 해결되고 있다.

3) 알선

'알선'이란 공정한 제3자적 기관이 당사자의 일방 또는 쌍방의 의뢰에 의하여 클레임 사건에 개입하여 해결을 위한 조언을 하는 것을 말한다. 알선기관으로서 국제적으로 널리 이용되고 있는 곳이 상업회의소(Chamber of Commerce)이다.

상업회의소는 회원 상호간의 분쟁을 처리하는 것이 그 설립목적의 하나이므로 알선기관으로서는 적절하지만 국가 기관이 아니므로 강제력이 없다. 알선은 조정이나 중재와는 달리 형식적인 절차를 요하지 않는다.

4) 조정

조정은 양당사자가 공정한 제3자를 조정인(mediator)으로 선입하고 조정인이 제시하는 구체적인 해결안에 대하여 합의함으로써 클레임을 해결하는 것을 말한다.

조정은 양당사자의 합의에 의하여 행하여지므로 일방이 조정을 신청하더라도 상대방이 이에 응하지 않으면 조정은 효%조정발휘할 수 없다. 더욱이 당사자는 제시된 조정안을 수락할 의무가 없으므로, 만약 어느 일방이 조정안에 불복하면 결국 조정은 실패로 돌아간다.

5) 중재

중재는 조정의 경우와 같이 공정한 제3자를 중재인(arbitrator)으로 선임하고 이러한 중재인의 판정에 복종하므로 클레임을 해결하는 방법이다. 중재에 의한 해결은 양당사자가 계약 체결시나 또는 클레임이 제기된 후에 이를 중재로 해결할 것을 합의하여야 한다는 점에서 조정의 경우와 같다.

그러나 중재에 있어서 양당사자는 중재판정(arbitral awards)을 거부할 수 없을 뿐만 아니라 이러한 판정은 국제적으로 효력을 미치게 된다. 또한 중재는 1회의 판정으로 끝나게 된다.

6) 소송

소송은 국가기관인 법원의 판결에 의하여 분쟁을 강제적으로 해결하는 방법이다.

그러나 국제거래의 상대방은 법역이 다른 외국에 거주하는 것이 보통이므로 자국의 재판권이 타국에 미칠 수 없는 한계성이 있다. 특히 재판지의 소송절차, 외국판정의 승인과 집행, 국제적 소송경합 내지 판결의 저촉(conflict of laws) 등도 문제가 된다. 따라서 국제거래에서 발생하는 분쟁이 당사자간 화해로 해결되지 않을 경우 소송(litigation)은 최악의 해결방법이라고 할 수 있다.

V. 상사중재제도

1. 상사중재제도의 의의

중재란 분쟁발생시 당사자간의 중재합의에 따라 사법상의 권리 기타 법률관계에 관한 분쟁을 법원의 소송절차에 의하지 않고 제3자를 중재인(arbitrator)로 선정하여 그 분쟁을 중재인의 결정에 맡기는 동시에 최종적으로 그 판정에 복종하므로써 분쟁을 해결하는 제도이다. 중재계약은 분쟁에 관한 법원의 판결을 배제하는 약속이므로 중재제도는 국가기간인 법원이 아닌 민간인에 의한 자주적 분쟁해결방법이다.

분쟁을 중재로 해결하기를 원하는 당사자는 계약자유의 원칙에 따라 중재절차, 중재지, 중재인의 선정방법 등을 임의로 약정할 수 있다(임의중재). 그러나 분쟁당사자간 이러한 것을 합의하기가 쉽지 않기 때문에 오늘날 대부분의 중재는 그러한 절차를 전담하는 상설 중재기관에 의뢰하여 중재절차를 수행하고 있다(기관중재).

2. 중재제도의 장·단점

(1) 중재제도의 장점

1) 자유합의에 의한 분쟁해결

중재는 원칙적으로 중재계약으로부터 중재판정에 이르는 모든 절차를 당사자의 합의로 결정할 수 있는 자주적 분쟁해결방식이다. 또한 중재는 당사자의 의사를 존중하여 별도의 격식 없이 평화적 분위기에서 진행되는데 반하여 소송은 엄격히 법정절차에 따라서 공식적으로만 진행된다.

2) 신속한 해결방식

보통 재판은 3심제이므로 패소한 당사자가 3심제를 악용하여 무리하게 지연작전을 펼 가능성이 있으나 중재는 단심제이므로 판정이 신속하여 분쟁이 신속히 종료될 수 있다. 중재는 국내중재가 약 4개월, 국제중재가 약 6개월 정도 소요된다.

3) 경제적 해결방식

중재는 단심제이고 소송의 경우와 같이 변호사를 선임할 필요가 없으므로 비용이 적게 든다.

4) 절차의 비공개(closed proceedings)

민사소송은 공개를 원칙으로 하나 중재는 비공개를 원칙으로 한다. 따라서 기업의 기밀보장이 가능하게 된다.

5) 중재인의 전문성 활용가능

소송의 경우 재판관의 선정에 있어 분쟁당사자가 관여할 수 없으나 중재의 경우 양당사자의 합의로 분쟁내용에 적합한 전문가로 중재판정부를 구성할 수 있다.

6) 비적대성

중재는 분쟁해결을 대화와 양보로 해결하고자 하기 때문에 기본적으로 화해에 의한 분쟁해결방식이다. 중재가 끝난 뒤에도 당사자간 거래가 지속되는 경우가 많으므로 비록 분쟁당사자간이라고 하여도 소송의 경우처럼 적대적인 관계가 아니다.

7) 중재판정효력의 국제성

중재판정은 국내적 효력(법원의 확정판결과 동일)외에 중재조약(N.Y.협약)에 의하여 국제적으로도 그 집행이 보장되기 때문에 그 실효성이 매우 크다.

(2) 중재제도의 단점

1) 예측가능성의 결여

소송은 엄격한 절차법에 따라 진행되고 엄격한 실체법이 적용되므로 당사자가 재판결과를 어느 정도 예측할 수 있다. 그러나 중재에서는 법률이 엄격히 적용되지 않으므로 그 결과를 예측하기 어렵다.

2) 강제성의 결여

소송의 경우 판사에게는 법률에 의하여 각종 권한이 부여되어 있으나 중재인에게는 아무런 강제적인 권한이 부여되고 있지 않다. 따라서 증거조사에 있어 증인 및 감정인이 응하지 않을 때에는 중재인은 법원에 협력을 구할 수밖에 없다.

3) 단심제

우리나라의 중재는 1심에 한하고 불복의 기회가 없다.

4) 예방성의 결여

보전처분(가압류, 가처분)을 할 경우에는 별도로 법원에 이를 청구하여야 하므로 중재신청인은 그 권리를 보전하기 위하여 번거로운 절차를 거쳐야 한다.

(3) 중재제도의 한계

중재제도는 많은 장점이 있음에도 불구하고 법원의 협조가 필요한 한계성을 갖고 있다.

첫째, 당사자간의 중재합의의 효력에 관한 분쟁은 법원의 해결을 받아야 한다.

둘째, 중재인의 선임이 원만하게 이루어지지 않을 때에는 법원이 이를 선정·보충·대체한다.

셋째, 보전처분이 필요한 경우 신청인은 법원으로부터 피신청인에 대한 법적 강제력이 있는 보전처분을 받아야 한다.

넷째, 중재인은 증인이나 감정인을 강제로 출석시킬 권한이 없으며, 증인 등에 대한 선서를 시킬 권한도 없다. 따라서 증거조사를 위하여 법원의 협조를 받아야 한다.

다섯째, 당사자가 중재판정에 따르지 않는 경우에는 법원의 집행판결을 받아서 강제집행을 하여야 한다.

또한 외국의 중재판정도 중재조약에 의하여 그 효력이 인정되지만 역시 법원의 집행판정을 받아야 집행할 수 있다.

여섯째, 내국중재판정에 하자가 있을 때에는 법원에 소를 제기하여 이를 취소할 수 있다. 외국중재판정의 취소와 무효는 중재절차준거법에 의하여 결정된다.

3. 중재계약

(1) 중재의 적용대상과 요건

중재는 당사자가 자유로이 처분할 수 있는 사법상의 분쟁으로서 현재 또는 장래에 발생할 분쟁 모두가 중재의 대상이 된다. 따라서 당사자가 자유로이 처분할 수 없는 행정 또는 형사사건과 같은 법률관계는 중재의 대상이 되지 않는다.

중재계약의 성립요건은 ① 당사자 자격에 결격사유가 없어야 하며, ② 분쟁이 현실적으로 존재하여야 하며, ③ 분쟁은 서면에 의한 중재합의의 범위 내에 속하여야 한다.

(2) 중재계약의 기본요건

앞서의 중재계약의 성립요건이 구비된 경우라 하더라도 기관중재의 경우 3가지 기본요건과 필요한 경우 절차진행요건을 갖추어야 한다. 즉, 기본요건으로는 ① 중재지(이는 중재지 내의 특정한 심문장소 또는 중재장소와는 구별되어야 한다), ② 중재기관(명칭을 정확하게 명기 할 것), ③ 준거법 등을 들 수 있다. 이들 3가지 요건을 갖추면 중재계약은 유효하다.

중재는 본질상 분쟁당사자가 모든 절차를 중재계약 또는 기타 특약으로 미리 약정할 수 있으며 이러한 약정은 준거법의 규정보다 우선하여 적용된다.

"중재회부서"

SUBMISSION TO ARBITRATION

We, the undersigned parties, hereby agree to submit the below dispute to the Korean Commercial Arbitration Board for arbitration under the Commercial Arbitration Rules of the Korean commercial Arbitration Board with impeccable understanding that the arbitral award to be rendered on the dispute shall be final and binding upon all the parties concerned.

(1) Points of Dispute
(2) Further References :

Party(A) :	Party(B) :
Title of Corporation	Title of Corporation
Address	Address
Name of President	Name of President
(or Agent)	(or Agent)
Signed by	Signed by
Date of Signature	Date of Signature

Enclosure : 1. A power of attorney, in case where the submission is made by an agent.... one copy

"표준 중재조항"

All disputes, controversies, or differences which may arise between the parties, out of or in relation to or in connection with this contract, or for the breach thereof, shall be finally settled by arbitration in Seoul, Korea in accordance with the Commercial Arbitration Rules of The Korean Commercial Arbitration Board and under the Law of Korea. The award rendered by the arbitrators shall be final and binding upon both parties concerned.

이 표준중재조항에는 전술한 상설중재기관을 이용하는 경우의 중재계약의 3요소(중재지, 중재기관 그리고 중재절차의 준거법)를 잘 표현(밑줄 친 부분 참조)되어 있다. 이 중재조항의 대상이 되는 분쟁은 이 계약과 직접(out of), 자연적(in relation to) 및 간접적(in connection with)으로 관련된 분쟁과 계약불이행 등의 분쟁, 논쟁 또는 의견차이이다. 중재조항 설정 시에는 용어의 개념에 유의하여야 하겠다.

(3) 중재계약의 효력

당사자가 중재계약을 체결하면 그 계약이 갖는 효력의 내용은 다음과 같다.

첫째, 중재는 직소금지의 효력을 갖는다. 중재계약이 있는 경우에는 법원에 소송을 제기할 수 없다. 다만 중재계약이 무효, 효력상실, 이행이 불능한 경우에는 예외로 한다.

둘째, 중재계약에 따라 선정된 중재인이 판정권을 갖는다.

셋째, 중재인은 당사자 일방의 요청에 따라 타방 당사자에게 재산보존조치를 지시할 수 있다.

넷째, 서면으로 된 중재합의는 계약에 의한 것이거나 아니거나를 불문하고 뉴욕협약에 따라 승인 및 집행이 인정된다.

다섯째, 중재계약은 독립성 내지 분리가능성을 갖는다. 중재조항이 포함된 계약의 주요부분이 어떠한 사유로 무효가 된 경우, 중재조항만큼은 유효하다고 보는 것이 국제적 통설이다. 이를 중재조항의 독립성 내지 분리가능성(separability)이라고 한다. 즉, 주된 계약이 무효가 되더라도 중재합의는 당연히 무효가 되지 아니하고 유효하며 중재에 의하여 주계약의 효력을 판단받게 된다.

(4) 중재계약의 준거법

중재계약은 사법상의 계약이므로 거래자자유의 원칙이 우선적으로 적용된다. 이러한 관점에서 예상되는 준거법으로 ① 주계약의 준거법, ② 중재지법(당사자간 중재지에 관한 합의가 있는 경우), ③ 계약체결지법(행위지법)등이 있다.

이와 함께 중재계약의 준거법과 중재지법의 준거법을 구별하는 것이 타당하다. 이 가운데 절차는 법정지법(lex fori)에 따른다는 원칙이 적용되고 있다.

4. 중재절차와 판정

(1) 중재절차

중재절차는 중재사건이 접수되어 판정이 내려질 때까지 전과정을 의미한다. 중재절차도 거래자자유의 원칙에 따라 정할 수 있으나 만약 당사자간 이러한 절차에 관하여 합의가 없을 경우 우리나라에서는 상사중재규칙에 따라 결정된다.

즉, 중재신청서 접수 → 중재비용예납 → 중재신청의 접수통지 → 중재인 선정(1인 또는 3인) → 제1차 심문기일통지 → 심문개최 → 피신청인으로부터 반대신청서 접수 → 심문종결 → 중재판정 → 중재판정문 정본(당사자) 및 원본(법원) 송달 → 사건종결과 같이 중재절차가 진행되면(중재법 제19조~제28조), 이러한 절차를 어느 국가나 유사하다.

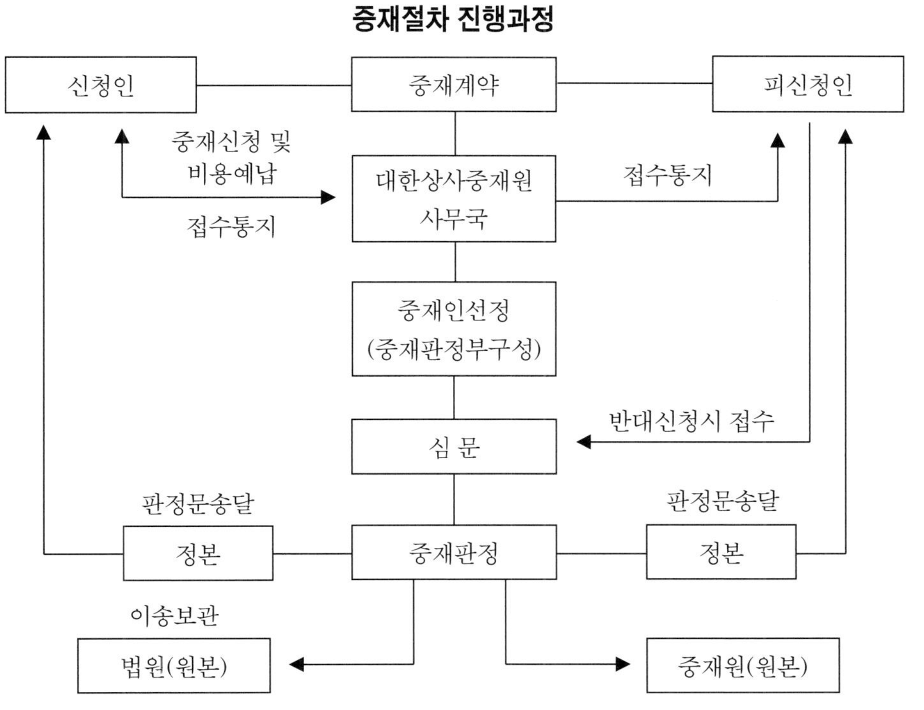

(2) 중재판정

중재판정부는 당사자간 별도의 약정이 없는 한 중재심리가 종결된 날로부터 30일 이내에 중재인 과반수 찬성으로 관정하여야 한다. 또한 중재판정부는 중재계약의 범위내에서 손해배상이나 기타의 구제는 명할 수 있으며 판정시에 중재비용의 부담자와 부담비율을 명하여야 한다.

중재판정은 서면으로 작성하고 당사자의 성명, 주소(만약 대리인이 있는 경우 대리인의 성명과 주소), 판정주문, 판정 이유의 요지, 작성년월일 등을 기재하여 중재인이 서명 날인하여야 한다.

중재판정은 한국어로 작성하며, 당사자의 요구나 중재인 중에 외국 국적을 가진 자가 있을 때에는 한국어와 영어를 공용할 수 있으며, 이때 국문과 영문으로 작성되는 판정문은 모두 이를 정본으로 한다.

중재원 사무국은 판정의 정본을 당사자 또는 대리인에게 최후로 알려진 주소에 등기우편(배달증명)으로 발송하거나 직접 교부한다. 판정의 정본을 당사자에게 송달한 후 이의 수령을 확인하는 우편물 배달증명서가 도착하면 사무국은 판정문 원본과 송달의 증서를 첨부하여 관할법원에 이송·보관한다.

중재판정은 분쟁당사자에게 법원의 확정판결과 동일한 효력이 있어 법원에 항소나 상고할 수 없다. 따라서 분쟁사안에 중재판정이 나면 당사자들은 이에 구속되고 이러한 판정내용을 이행하여야 한다. 외국의 중재판정도 뉴욕협약에 따라 판정지국이 아닌 외국에서도 승인 및 집행이 보장된다.

그러나 중재판정은 그 자체로서 집행력이 없으므로 강제집행을 하기 위해서는 별도로 법원의 집행판결로 그 적법함을 선고받아야 한다.

중재판정이 법원의 확정판결과 동일한 효력이 있음에도 불구하고 다음의 사유에 해당되면 법원은 중재판정을 취소할 수 있다.

첫째, 중재인의 선정 또는 중재절차가 중재법이나 중재계약에 의하지 아니한 때,

둘째, 중재인의 선정 또는 중재절차에서 당사자가 소송무능력자이거나 대리인이 적법하게 선임되지 아니하였을 때,

셋째, 중재판정이 법률상 금지된 행위를 할 것을 내용으로 한 때,

넷째, 중재절차에서 정당한 사유 없이 당사자를 심리하지 아니하였거나 중재판정에 이유를 붙이지 아니하였을 때,

다섯째, 민사소송법 제422조 제1항 제4호 내지 제9호에 해당하는 사유(재심사유)가 있을 때 등이다.

5. 외국중재판정의 효력과 뉴욕협약

(1) 중재판정의 효력과 집행

중재판정은 법원의 확정판결과 동일한 효력이 있다. 법원의 최종심판결과 동일하므로 단심임을 간접적으로 나타내고 있다. 즉, 중재판정에 대하여는 항소 또는 상고가 있을 수 없으며 당사자의 불복, 중재인의 판정철회 또는 변경은 있을 수 없다. 그리고 중재판정은 당사자를 구속하는 규범성, 즉 기판력을 갖는다.

중재합의의 대상인 분쟁에 관하여 소가 제기된 경우에 피고가 중재합의존재의 항

변을 하는 때에는 법원은 그 소를 각하하여야 한다.

중재판정은 기판력을 주어지지만 집행은 해당국가의 전속사항이므로 자동 부여되지 않는다. 중재판정의 승인 또는 집행은 법원의 승인 또는 집행판결을 받아야 한다.

집행판결의 적극적 요건으로는 중재판정이 존재하여야 하고, 소극적 요건으로는 중재판정의 취소사유가 없어야 한다.

통상 법원판결의 국제적 효력은 각국의 법제에 따라 다르다. 우리나라의 경우 외국판결은 우리나라의 법질서에 적합할 수 있는 일정한 요건을 갖춘 경우에만 그 효력을 인정하고 있다.

중재판정의 국제적 효력은 법원의 판결과는 다르다. 중재판정의 판단기준은 국제거래관습 및 관행에 기초를 두고 있기 때문에 외국중재판정의 승인 및 집행에 관한 협약(뉴욕협약)이 이미 성립·발효 중에 있고 우리나라도 이에 가입하고 있기 때문에 동 협약에 따른다.

(2) 뉴욕협약

1) 뉴욕협약의 성립과 가입

1958년 6월 10일 뉴욕의 유엔 본부에서 "외국중재판정의 승인 및 집행에 관한 협약"(United Nations Convention on the Recognition and Enforcement of Foreign Arbitral Award ; 뉴욕협약)이 채택되어 1959년 6월 7일 정식으로 발효되었다.

우리나라는 동 협약에 가입하여 1973년 5월 9일 제42번째의 회원국이 되었으며 2001년 12월 1일 현재 총 가입국이 126개국에 달하고 있다.

2) 뉴욕협약의 주요내용

임시 및 상설중재와 서면으로 된 중재합의는 계약이든 아니든 불문하고 승인 및 집행이 인정된다. 또한 승인 및 집행청구서는 중재합의의 원본 또는 사본과 판정문의 원본 또는 사본만 집행국 법원의 제출하면 된다.

국제중재의 경우도 국내중재와 마찬가지로 판정을 집행하기 위해서는 집행지의 법원에 집행판결청구소송을 제기하여 적법판결을 받아야 한다. 이 경우 동 법원은 국제중재판정의 집행절차를 국내 중재판정의 집행절차보다 엄격하게 할 수 없다.

중재판정의 집행거절 사유는 공공질서의 위반 이외에도 다음 5가지가 있다.

첫째, 중재합의 자체의 무효

둘째, 당사자 일방이 중재에 응할 수 없는 사유가 있는 경우

셋째, 판정이 중재부탁내용과 불일치하는 경우

넷째, 중재인 선정이나 중재절차가 당사자의 의사와 불일치하는 경우

다섯째, 중재판정이 당사자에게 구속력이 발생하지 않는 경우 등이다.

6. 중재판정취소의 소와 신속중재절차

중재판정에 대한 불복은 법원에 제기하는 중재판정취소의 소에 의해서만 가능하다. 중재판정의 취소는 취소를 요구하는 당사자가 취소사유를 증명하거나 법원이 직권으로 취소사유에 해당한다고 인정하는 경우이다.

전자에 해당하는 것은 ① 중재합의의 당사자가 그 준거법에 의하여 합의당시 무능력자였거나, 중재합의 자체가 무효인 사실을 입증하는 경우, ② 판정의 취소를 구하는 당사자가 중재인의 선정 또는 중재절차에 관하여 적절한 통지를 받지 못하였음을 입증한 경우, ③ 중재판정이 중재합의의 범위를 벗어났음을 입증한 경우, ④ 중재판정부의 구성 및 중재절차가 당사자간의 합리에 따르지 않았음을 입증하는 경우이다.

후자에 해당하는 것은 ① 중재판정의 대상이 된 분쟁이 대한민국의 법에 따라 중재도 해결될 수 없을 때, ② 중재판정의 승인 또는 집행이 대한민국의 선량한 풍속 또는 사회질서에 위배될 때 등이다.

위와 같이 비록 중재합의가 있었다고 하여도 판정의 취소를 구하는 당사자가 위에 언급된 사실을 입증하거나 법원의 직권으로 취소될 수 있음을 감안하여 중재판정부를 구성할 때 법률전문가를 적어도 1인을 포함시키도록 노력하여야 한다.

한편 최근 대한상사중재원에서는 동 상사중재규칙에 신속절차제도가 도입됨으로써 중재절차가 보다 신속, 저렴하게 해결될 수 있게 되었다.

신속절차제도의 대상은 신청금액이 2천만원 이하인 국내중재 또는 당사자간 신속절차에 따르기로 하는 합의가 있는 국내외 중재이다.

이러한 신속절차는 1인의 중재인이 판정하며 심문전에 쟁점을 정리하여 판단한다. 또한 신속절차제도는 1회의 심문을 원칙으로 하며 심문 후 10일 이내에 판정한다.

뉴욕협약 가입국 현황 〈2010년 1월 현재144개국〉

Afghanistan	Czech Rep.	Latvia	Saint Vincent and
Algeria	Denmark	Lebanon Lesotho	the Grenadines
Antigua and	Djibouti	Liberia	San Marino
Barbuda	Dominica	Lithuania	Saudi Arabia
Argentina	Ecuador	Luxembourg	Senegal
Armenia	Egypt	Macedonia	Servia
Australia	El Salvador	Madagascar	Singapore
Austria	Estonia	Malaysia	Slovakia
Azerbaijan	Finland	Mali	Slovenia
Bahamas	France	Marshall Island	South Africa
Bahrain	Gabon	Mauritania	Spain
Bangladesh	Georgia	Mauritius	Sri Lanka
Barbados	Germany	Mexico	Sweden
Belarus	Ghana	Moldova	Switzerland
Belgium	Greece	Monaco	Syrian Arab Rep.
Benin	Guatemala	Mongolia	Thailand
Bolivia	Guinea	Montenegro	Trinidad and
Bosnia-Herzegovina	Haiti	Morocco	Tobago
Botswana	Holy See	Mozambique	Tunisia
Brazil	Honduras	Nepal	Turkey
Brunei Darussalam	Hungary	Netherlands	Uganda
Bulgaria	Iceland	New Zealand	Ukraine
Burkina Faso	India	Niger	United Arab
Cambodia	Indonesia	Nigeria	Emirates
Cameroon	Ireland	Norway	United Kingdom
Canada	Israel	Oman	Tanzania
Central African Rep.	Italy	Panama	U.S.A.
Chile	Jamaica	Paraguay	Uruguay
China, PR	Japan	Peru	Uzbekistan
Colombia	Jordan	Philippines	Venezuela
Cook Island	Kazakstan	Poland	Vietnam
Costa Rica	Kenya	Portugal	Zambia
Cote d'Ivoire	KOREA	Qatar	Zimbabwe
Croatia	Kuwait	Romania	
Cuba	Kyrgyzstan	Russian Federation	
Cyprus	Lao PDR	Rewanda	

제2편

국제대리점계약

8

국제물품매매계약[12)]

I. 국제물품매매계약(International Sale Contract)의 개요

전통적인 의미에서 국제무역거래는 대부분의 경우 물품을 대상으로 하는 물품매매계약이 대부분이다. 이에 국제무역거래라고 하면 국제물품매매계약을 의미한다. 그러나 최근 무역거래의 대상이 물품에서 용역, 서비스, 금융, 기술 등으로 그 대상이 확대되고 있다.

국제물품매매계약은 매도인이 계약에 따른 물품을 인도하면 매수인이 그 대가로 대금을 지급하기로 하는 계약이라고 할 수 있다.[13)]

국제물품매매계약의 내용은 계약의 대상, 조건, 이행기간 등이 달라질 수 있다. 이에 본서에서는 무역실무자들에게 도움을 주기 위하여 ICC(International Chamber of Commerce)의 ICC Model International Sale Contract를 기준으로 설명하고자 한다.

---

12) 본서에 사용하는 계약서는 무역실무자의 이해를 돕기 위하여 ICC의 Model Contract를 중심으로 설명하였다.

13) 영국물품매매법(Sale of Goods, 1979: SGA) 제1조 에서는 "물품매매계약이란 매도인이 대금이라는 금전적인 대가를 받고 매수인에게 물품의 소유권을 이전하거나 이전하기로 약속하는 계약이다."라고 정의하고 있다. 영문은 참고로 다음과 같다. "A contract of sale of Goods is a contract whereby the seller transfers or agrees to transfer the property in goods to the buyer for a money consideration called the price."

II. 국제물품매매계약의 실질조항과 일반조항

ICC Model International Sale Contract는 주로 재판매를 목적으로 제조하는 물품의 판매를 위한 계약에 사용된다.

ICC Model International Sale Contract는 매매계약 당사자의 권리와 의무 관한 규정을 한 실질조항(Specific Conditions)과 모든 계약에서 공통적인 사항을 규정한 일반조항(General Conditions)으로 구성되어 있다.

실질조항에는 물품의 품질(Quality), 수량(Quantity), 가격(Price), 선적(Shipment), 인도(Delivery), 지급(Payment), 포장(Packing), 보험(Insurance), 검사(Inspection) 등의 조건으로 구성되어 있고, 일반조항에는 클레임(Clause), 권리침해조항(Infringement Clause), 손해배상액 예정조항(liquidated Damage Clause), 불가항력조항(Force Majeure Clause), 계약종료조항(Termination Clause), 중재조항(Arbitration Clause), 준거법조항(Governing Law Clause) 등이 있다.

국제물품매매계약의 실질조항과 일반조항

구성	조건	내용
실질조항 (Specific Conditions)	품질조건(Quality Terms)	품질의 결정방법, 시기, 증명
	수량조건(Quantity Terms)	수량의 단위, 시기, 과부족용인조항
	가격조건(Price Terms)	가격산출의 기준, 거래통화
	선적조건(Shipment Terms)	선적시기, 분할선적, 환적, 선적일 증명 등
	인도조건(Delivery Terms)	인도방법, 인도시기, 인도장소, 인도 증빙서류 등
	지급조건(Payment Terms)	지급시기, 지급방법, 지급금액, 지급장소
	포장조건(Packing Terms)	포장방법, 화인
	보험조건(Insurance Terms)	보험계약자, 피보험자, 보험료 등
	검사조건(Inspection Terms)	검사시기, 검사장소, 검사방법 등
일반조항 (General Conditions)	클레임조항(Claim Clause)	클레임의 제기방법, 제시서류 등
	담보조항 (Warranty Clause)	물품이 거래에 적합할 것이라고 약속하는 조항
	손해배상액의 산정 (liquidated Damage Clause)	손해배상액을 미리 정하는 것
	불가항력조항 (Force Majeure Clause)	불가항력에 따른 계약불이행 면책사항
	계약종료조항 (Termination Clause)	계약기간내에 계약효력을 중지하여 장래 계약책임을 면제하는 것
	중재조항 (Arbitration Clause)	계약에 따른 분쟁 해결방법
	준거법 (Governing Law Clause)	계약의 법적 공백을 메우는 기능
	재판관할(Jurisdiction)	소송을 제기할 법원을 결정하는 것

III. ICC Model International Sale Contract

International Sale Contract

(Manufactured Goods Intended for Resale)

A. SPECIFIC CONDITIONS

These Specific Conditions have been prepared in order to permit the parties to agree the particular terms of their sale contract by completing the spaces left open or choosing (as the case may be) between the alternatives provided in this document. Obviously this does not prevent the parties from agreeing other terms or further details in box A-16 or in one or more annexes.

SELLER	CONTACT PERSON	BUYER	CONTACT PERSON
name and address	name and address	name and address	name and address
-------------------------			

The present contract of sale will be governed by these Specific Conditions (to the extent that the relevant boxes have been completed) and by the ICC General Conditions of Sale (Manufactured Goods Intended for Resale) which constitute part B of this document.

seller	buyer
signature	signature
-------------------------	

place ----------- date ----------- place ----------- date

A-1 Goods sold

----

description of the goods

If there is insufficient space parties may use an annex

A-2 CONTRACT PRICE (ART. 4)

Currency: ---

amount in numbers: --------------------   ---------------amount in letters:

A-3 DELIVERY TERMS

Recommended terms (according to Incoterms 2000): see Introduction, §5

---------- **EXW**	Ex Works	named place:
---------- **FCA**	Free Carrier	named place:
---------- **CPT**	Carriage Paid To	named place of destination:
---------- **CIP**	Carriage and Insurance Paid To	named place of destination:
---------- **DAF**	Delivered At Frontier	named place:
---------- **DDU**	Delivered Duty Unpaid	named place of destination:
---------- **DDP**	Delivered Duty Paid	named place of destination:

Other terms (according to Incoterms 2000: see Introduction, § 5)

---------- **FAS**	Free Alongside Ship	named port of shipment:
---------- **FOB**	Free On Board	named port of shipment:
---------- **CFR**	Cost and Freight	named port of destination:
---------- **CIF**	Cost Insurance and Freight	named port of destination:
---------- **DES**	Delivered Ex Ship	named port of destination:
---------- **DEQ**	Delivered Ex Quay	named port of destination:

Other delivery terms

CARRIER (where applicable)

name and address   contact person

A-4 TIME OF DELIVERY

Indicate here the date or period (e.g. week or month) at which or within which the Seller must perform his delivery obligations according to clause A.4 of the respective Incoterm (see Introduction, § 6)

A-5 INSPECTION OF THE GOODS BY BUYER (ART. 3)

Before shipment   place of inspection: ____________________

Other: ____________________

A-6 retention of title (ART. 7)

------ YES

- NO

A-7 PAYMENT CONDITIONS (ART. 5)

Payment on open account (art. 5.1)

Time for payment (if different from art. 5.1) __ days from date of invoice. Other: __

__ Open account backed by demand guarantee or standby letter of credit (art. 5.5)

Payment in advance (art. 5.2)

Date (if different from art. 5.2): ________ ____ Total price __ ____% of the price

Documentary Collection (art. 5.5)

___ D/P Documents against payment ___ D/A Documents against acceptance

Irrevocable documentary credit (art. 5.3)

___Confirmed ___ Unconfirmed

Place of issue (if applicable): _________

Place of confirmation (if applicable): _________

Credit available:	*Partial shipments:*	*Transhipment:*
__ By payment at sight	__ Allowed	__ Allowed
__ By deferred payment at: ___ days	__ Not allowed	__ Not allowed
__ By acceptance of drafts at: ___ days		
__ By negotiation		

Date on which the documentary credit must be notified to seller (if different from art. 5.3)

__ ______ days before date of delivery __ other: _____________

Other: _______________

(e.g. cheque, bank draft, electronic funds transfer to designated bank account of seller)

A-8 DOCUMENTS

Indicate here documents to be provided by Seller. Parties are advised to check the Incoterm they have selected under A-3 of these Specific Conditions. (As concerns transport documents, see also Introduction, § 8)

__ **Transport documents:** indicate type of transport document required _________

__ **Commercial Invoice**	__ **Certificate of origin**
__ **Packing list**	__ **Certificate of inspection**
__ **Insurance document**	__ **Other:** ____________

A-9 CANCELLATION DATE

to be completed only if the parties wish to modify article 10.3

If the goods are not delivered for any reason whatsoever (including force majeure) by (date) _______ the Buyer will be entitled to CANCEL THE CONTRACT IMMEDIATELY BY NOTIFICATION TO THE SELLER

A-10 LIABILITY FOR DELAY (art. 10.1, 10.4 AND 11.3)

to be completed only if the parties wish to modify art. 10.1, 10.4 or 11.3

Liquidated damages for delay in delivery shall be:

__ ____ % (of price of delayed goods) per week, with a maximum of ____ % (of price of delayed goods)

or:

__ ________ (specify amount)

In case of termination for delay, Seller's liability for damages for delay is limited to ____ % of the price of the non-delivered goods

A-11 limitation of liability for lack of conformity (art. 11.5)

to be completed only if the parties wish to modify art. 11.5.

Seller's liability for damages arising from lack of conformity of the goods shall be:

___ limited to proven loss (including consequential loss, loss of profit, etc.) not exceeding ___ % of the contract price;

or:

___ as follows (specify):

A-12 LIMITATION OF LIABILITY WHERE NON-CONFORMING GOODS ARE RETAINED BY THE BUYER (ART. 11.6)

to be completed only if the parties wish to modify art. 11.6

The price abatement for retained non-conforming goods shall not exceed:

___ ___% of the price of such goods

or:

___ ________ (specify amount)

A-13 TIME-BAR (Art.11.8)

to be completed only if the parties wish to modify art. 11.8.

Any action for non-conformity of the goods (as defined in article 11.8) must be taken by the Buyer not later than __________ from the date of arrival of the goods at destination

A-14(a), A-14(b) APPLICABLE LAW (Art.1.2)

to be completed only if the parties wish to submit the sale contract to a national law instead of CISG. The solution hereunder is **not** recommended (see Introduction, § 3)

(a) This sales contract is governed by the domestic law of __________ (country)

To be completed if the parties wish to choose a law other than that of the seller for questions not covered by CISG

(b) Any questions not covered by CISG will be governed by the law of ___________ (country)

A-15 RESOLUTION OF DISPUTES (Art.14)

The two solutions hereunder (arbitration or litigation before ordinary courts) are alternatives: parties cannot choose both of them. If no choice is made, ICC arbitration will apply, according to art. 14

__ **ARBITRATION**	__ **LITIGATION (ordinary courts)**
__ ICC (according to art. 14.1)	In case of dispute the courts of
Place of arbitration _________	___________ (place)
__ Other ___________________ (specify)	shall have jurisdiction

A-16 OTHER

International Sale Contract

(Manufactured Goods Intended for Resale)

b. general conditions

Art. 1 GENERAL

1.1 These General Conditions are intended to be applied together with the Specific Conditions (part A) of the International Sale Contract (Manufactured Goods Intended for Resale), but they may also be incorporated on their own into any sale contract. Where these General Conditions (Part B) are used independently of the said Specific Conditions (Part A), any reference in Part B to Part A will be interpreted as a reference to any relevant specific conditions agreed by the parties. In case of contradiction between these General Conditions and any specific conditions agreed upon between the parties, the specific conditions shall prevail.

1.2 Any questions relating to this Contract which are not expressly or implicitly settled by the provisions contained in the Contract itself (i.e. these General Conditions and any specific conditions agreed upon by the parties) shall be governed:

A. by the United Nations Convention on Contracts for the International Sale of Goods (Vienna Convention of 1980, hereafter referred to as CISG), and

B. to the extent that such questions are not covered by CISG, by reference to the law of the country where the Seller has his place of business.

1.3 Any reference made to trade terms (such as EXW, FCA, etc.) is deemed to be made to the relevant term of Incoterms published by the International Chamber of Commerce

1.4 Any reference made to a publication of the International Chamber of Commerce is deemed to be made to the version current at the date of conclusion of the Contract.

1.5 No modification of the Contract is valid unless agreed or evidenced in writing. However, a party may be precluded by his conduct from asserting this provision to the extent that the other party has relied on that conduct.

Art. 2 Characteristics of the goods

2.1 It is agreed that any information relating to the goods and their use, such as weights, dimensions, capacities, prices, colours and other data contained in catalogues, prospectuses, circulars, advertisements, illustrations, price-lists of the Seller, shall not take effect as terms of the Contract unless expressly referred to in the Contract.

2.2 Unless otherwise agreed, the Buyer does not acquire any property rights in software, drawings, etc. which may have been made available to him. The Seller also remains the exclusive owner of any intellectual or industrial property rights relating to the goods.

Art. 3 Inspection of the goods before shipment

If the parties have agreed that the Buyer is entitled to inspect the goods before shipment, the Seller must notify the Buyer within a reasonable time before the shipment that the goods are ready for inspection at the agreed place.

Art. 4 Price

4.1 If no price has been agreed, the Seller's current list price at the time of the conclusion of the Contract shall apply. In the absence of such a current list price, the price generally charged for such goods at the time of the conclusion of the Contract shall apply.

4.2 Unless otherwise agreed in writing, the price does not include VAT, and is not subject to price adjustment.

4.3 The price indicated under A-2 (contract price) includes any costs which are at the Seller's charge according to this Contract. However, should the Seller bear any costs which, according to this Contract, are for the Buyer's account (e.g. for transportation or insurance under EXW or FCA), such sums shall not be considered as having been included in the price under A-2 and shall be reimbursed by the Buyer.

Art. 5 Payment conditions

5.1 Unless otherwise agreed in writing, or implied from a prior course of dealing between the parties, payment of the price and of any other sums due by the Buyer to the Seller shall be on open account and time of payment shall be 30 days from the date of invoice. The amounts due shall be transferred, unless otherwise agreed, by teletransmission to the Seller's bank in the Seller's country for the account of the Seller and the Buyer shall be deemed to have performed his payment obligations when the respective sums due have been received by the Seller's bank in immediately available funds.

5.2 If the parties have agreed on payment in advance, without further indication, it will be assumed that such advance payment, unless otherwise agreed, refers to the full price, and that the advance payment must be received by the Seller's bank in immediately available funds at least 30 days before the agreed date of delivery or the earliest date within the agreed delivery period. If advance payment has been agreed only for a part of the contract price, the payment conditions of the remaining amount will be determined according to the rules set forth in this article.

5.3 If the parties have agreed on payment by documentary credit, then, unless otherwise agreed, the Buyer must arrange for a documentary credit in favour of the Seller to be issued by a reputable bank, subject to the Uniform Customs and Practice for Documentary Credits published by the International Chamber of Commerce, and to be notified at least 30 days before the agreed date of delivery or at least 30 days before the earliest date within the agreed delivery period. Unless otherwise agreed, the documentary credit shall be payable at sight and allow partial shipments and transhipments.

5.4 If the parties have agreed on payment by documentary collection, then, unless otherwise agreed, documents will be tendered against payment (D/P) and the tender will in any case be subject to the Uniform Rules for Collections published by the International Chamber of Commerce.

5.5 To the extent that the parties have agreed that payment is to be backed by a bank guarantee, the Buyer is to provide, at least 30 days before the agreed date of delivery or at least 30 days before the earliest date within the agreed delivery period, a first demand bank guarantee subject to the Uniform Rules for Demand Guarantees published by the International Chamber of Commerce, or a standby letter of credit subject either to such Rules or to the Uniform Customs and Practice for Documentary Credits published by the International Chamber of Commerce, in either case issued by a reputable bank.

Art. 6 Interest in case of delayed payment

6.1 If a party does not pay a sum of money when it falls due the other party is entitled to interest upon that sum from the time when payment is due to the time of payment.

6.2 Unless otherwise agreed, the rate of interest shall be 2% above the average bank short-term lending rate to prime borrowers prevailing for the currency of payment at the place of payment, or where no such rate exists at that place, then the same rate in the State of the currency of payment. In the absence of such a rate at either place the rate of interest shall be the appropriate rate fixed by the law of the State of the currency of payment.

Art. 7 Retention of title

If the parties have validly agreed on retention of title, the goods shall remain the property of the Seller until the complete payment of the price, or as otherwise agreed.

Art. 8 Contractual term of delivery

Unless otherwise agreed, delivery shall be "Ex Works" (EXW).

Art. 9 Documents

Unless otherwise agreed, the Seller must provide the documents (if any) indicated in the applicable Incoterm or, if no Incoterm is applicable, according to any previous course of dealing.

Art. 10 Late-delivery, non-delivery and remedies therefor

10.1 When there is delay in delivery of any goods, the Buyer is entitled to claim liquidated damages equal to 0.5% or such other percentage as may be agreed of the price of those goods for each complete week of delay, provided the Buyer notifies the Seller of the delay. Where the Buyer so notifies the Seller within 15 days from the agreed date of delivery, damages will run from the agreed date of delivery or from the last day within the agreed period of delivery. Where the Buyer so notifies the Seller after 15 days of the agreed date of delivery, damages will run from the date of the notice. Liquidated damages for delay shall not exceed 5% of the price of the delayed goods or such other maximum amount as may be agreed.

10.2 If the parties have agreed upon a cancellation date in Box A-9, the Buyer may terminate the Contract by notification to the Seller as regards goods which have not been delivered by such cancellation date for any reason whatsoever (including a force majeure event).

10.3 When article 10.2 does not apply and the Seller has not delivered the goods by the date on which the Buyer has become entitled to the maximum amount of liquidated damages under article 10.1, the Buyer may give notice in writing to terminate the Contract as regards such goods, if they have not been delivered to the Buyer within 5 days of receipt of such notice by the Seller.

10.4 In case of termination of the Contract under article 10.2 or 10.3 then in addition to any amount paid or payable under article 10.1, the Buyer is entitled to claim damages for any additional loss not exceeding 10% of the price of the non-delivered goods.

10.5 The remedies under this article are exclusive of any other remedy for delay in delivery or non-delivery.

Art. 11 Non-conformity of the goods

11.1 The Buyer shall examine the goods as soon as possible after their arrival at destination and shall notify the Seller in writing of any lack of conformity of the goods within 15 days from the date when the Buyer discovers or ought to have discovered the lack of conformity. In any case the Buyer shall have no remedy for lack of conformity if he fails to notify the Seller thereof within 12 months from the date of arrival of the goods at the agreed destination.

11.2 Goods will be deemed to conform to the Contract despite minor discrepancies which are usual in the particular trade or through course of dealing between the parties but the Buyer will be entitled to any abatement of the price usual in the trade or through course of dealing for such discrepancies.

11.3 Where goods are non-conforming (and provided the Buyer, having given notice of the lack of conformity in compliance with article 11.1, does not elect in the notice to retain them), the Seller shall at his option:

(a) replace the goods with conforming goods, without any additional expense to the Buyer, or
(b) repair the goods, without any additional expense to the Buyer, or
(c) reimburse to the Buyer the price paid for the non-conforming goods and thereby terminate the Contract as regards those goods.

The Buyer will be entitled to liquidated damages as quantified under article 10.1 for each complete week of delay between the date of notification of the non-conformity according to article 11.1 and the supply of substitute goods under article 11.3(a) or repair under article 11.3(b) above. Such damages may be accumulated with damages (if any) payable under article 10.1, but can in no case exceed in the aggregate 5% of the price of those goods.

11.4 If the Seller has failed to perform his duties under article 11.3 by the date on which the Buyer becomes entitled to the maximum amount of liquidated damages according to that article, the Buyer may give notice in writing to terminate the Contract as regards the non-conforming goods unless the supply of replacement goods or the repair is effected within 5 days of receipt of such notice by the Seller.

11.5 Where the Contract is terminated under article 11.3(c) or article 11.4, then in addition to any amount paid or payable under article 11.3 as reimbursement of the price and damages for any delay, the Buyer is entitled to damages for any additional loss not exceeding 10% of the price of the non-conforming goods.

11.6 Where the Buyer elects to retain non-conforming goods, he shall be entitled to a sum equal to the difference between the value of the goods at the agreed place of destination if they had conformed with the Contract and their value at the same place as delivered, such sum not to exceed 15% of the price of those goods.

11.7 Unless otherwise agreed in writing, the remedies under this article 11 are exclusive of any other remedy for non-conformity.

11.8 Unless otherwise agreed in writing, no action for lack of conformity can be taken by the Buyer, whether before judicial or arbitral tribunals, after 2 years from the date of arrival of the goods. It is expressly agreed that after the expiry of such term, the Buyer will not plead non-conformity of the goods, or make a counter-claim thereon, in defence to any action taken by the Seller against the Buyer for non-performance of this Contract.

Art. 12 Cooperation between the parties

12.1 The Buyer shall promptly inform the Seller of any claim made against the Buyer by his customers or third parties concerning the goods delivered or intellectual property rights related thereto.

12.2 The Seller will promptly inform the Buyer of any claim which may involve the product liability of the Buyer.

Art. 13 Force majeure

13.1 A party is not liable for a failure to perform any of his obligations in so far as he proves:

(a) that the failure was due to an impediment beyond his control, and
(b) that he could not reasonably be expected to have taken into account the impediment and its effects upon his ability to perform at the time of the conclusion of the Contract, and
(c) that he could not reasonably have avoided or overcome it or its effects.

13.2 A party seeking relief shall, as soon as practicable after the impediment and its effects upon his ability to perform become known to him, give notice to the other party of such impediment and its effects on his ability to perform. Notice shall also be given when the ground of relief ceases.

Failure to give either notice makes the party thus failing liable in damages for loss which otherwise could have been avoided.

13.3 Without prejudice to article 10.2, a ground of relief under this clause relieves the party failing to perform from liability in damages, from penalties and other contractual sanctions, except from the duty to pay interest on money owing as long as and to the extent that the ground subsists.

13.4 If the grounds of relief subsist for more than six months, either party shall be entitled to terminate the Contract with notice.

Art. 14 Resolution of disputes

14.1 Unless otherwise agreed in writing, all disputes arising in connection with the present Contract shall be finally settled under the Rules of Arbitration of the International Chamber of Commerce by one or more arbitrators appointed in accordance with the said Rules.

14.2 An arbitration clause does not prevent any party from requesting interim or conservatory measures from the courts.

9

국제대리점계약

I. 국제대리점계약의 개요

국제대리점계약이란 어떤 상품의 판매나 구매를 위하여 일정한 기간동안 특정 지역에서 본인을 대신할 특정 사람(기업)을 대리점으로 지정하는 계약이다. 계약은 어떠한 형태이거나 거래당사자가 본인과 본인의 자격으로 체결하는 것이 가장 바람직하다. 그렇지만 다양한 이유로 본인이 직접 계약 체결의 당사자로 활동할 수 없는 경우가 존재한다. 특히 FTA 체결을 비롯하여 점점 더 복잡해지는 최근의 국제무역환경 변화는 본인의 역량만으로는 목표를 실현하기 어려운 경우가 늘어나고 있다.

국제대리점 계약에서 대리점을 지정하는 쪽을 본인(Principal)이라고 하고, 그 상대방을 대 대리점(Agent)이라고 한다. 대리점의 업무는 상품(물품)의 거래 이외에도 용역이나 서비스를 대행하는 모든 것을 포함할 수 있으며, 내용의 합의에 따라 판매점의 계약으로도 전환할 수 있다.[14)]

국제대리점 계약의 목적은 다양한 원인에서 출발한다. 본인의 역량만으로 해결하기 어려운 경우, 새로운 시장을 개척하기 위한 전문가의 도움이 필요한 경우, 선진기술이나 상품을 독점 도입하기 우한 경우, 비용을 절감하고 효율적인 경영을 위하

---

14) 대리점계약은 계약 범위 내에서 특정 활동을 대행하지만 모든 거래에서 본인의 역할을 대행한다는 점에서 판매점계약과 구별한다. (서정두, 무역상무, 탑북스, 2011, p.435.)

여 대리점을 선임하는 경우 등 그 배경이 다양하다.

국제대리점 계약에서 당장 눈앞의 작은 이익에만 몰두하면 전체적인 계약의 본질을 놓치는 경우가 발생할 수 있으므로 전반적인 계약의 목적을 실현하는데 모든 내용을 조화롭게 구성하는 것이 바람직하다. 모든 계약이 그러하듯이 국제대리점계약에서도 계약의 조건을 구성하는 것 보다 중요한 것은 선의의 당사자로서 신의성실에 따라 행동할 수 있는 관계를 설정하는 것이 무엇보다 중요하다.

II. 국제대리점계약의 주요 조항

1. 계약당자자의 권한

대리점은 다른 국가의 지역에서 본인을 대신하여 일련의 활동을 수행해야 한다. 따라서 대리점의 활동은 결국 본인이 어떠한 형태로든 책임을 지거나 그에 상응하는 보상을 해야 하는 경우도 발생할 수 있다.

그러므로 본인은 대리점의 권한을 어떠한 범위로 설정하여야 할 것인지 신중히 판단하여 작은 이익에 집착하여 계약의 틀을 무너뜨리지 않도록 주의하여야 한다.

2. 대리점 계약의 기간과 활동지역

국제대리점은 시장 성숙도와 당사자의 지명도에 따라 그 성과가 판이하게 달라질 수 있다. 이러한 특성을 고려하여 대리점 계약기간을 설정하도록 한다. 지나치게 짧거나 길게 합의한 계약기간은 시장상황이 급격히 변화하는 경우 그 대응을 할 수 없는 독소조항이 될 수도 있다.

국제대리점의 활동지역은 일정한 지역을 행정도시 단위 또는 지역, 국가단위로 범위를 설정하여 해당 지역에서 업무 역량이 가장 좋을 것으로 예상하는 대리점을 선임하도록 한다.

3. 대리점의 권한과 한계

국제대리점 계약에서 대리점은 본인을 대행하여 모든 거래를 시도하게 된다. 정상적인 업무 협력범위 안에서 행등이라면 문제가 없으나, 권한을 초월한 거래가 발생하는 경우에는 본인이 어떠한 형태로든 보상을 하거나 책임을 지는 경우가 발생할 수도 있다.

따라서 본인은 대리점에게 그 권한을 분명히 설정하고 이를 감독할 수 있는 다양한 방법을 사전에 확보해 두도록 한다.

4. 대리점 수수료의 설정과 지급 시기

국제대리점 계약에서 가장 많은 분쟁이 되는 내용 중 하나가 바로 수수료의 설정과 지급에 관한 문제이다. 수수료를 설정하는 방법은 정액보상, 비례보상, 정액보상과 비례보상의 복합조건 등 다양한 방법으로 수수료를 결정할 수 있다.

대리점의 활동으로 얻는 이익은 당장 실현할 수 있는 이익도 있지만 일정한 시간 이후에 실현할 수 있는 이익 또는 시장상황의 변화로 이익을 포기해야하는 경우도 발생할 수 있다. 이처럼 다양한 환경을 예상하여 합리적으로 수수료 지급시기를 설정하도록 한다.

III. ICC Model Commercial Agency Contract

MODEL FORM OF INTERNATIONAL AGENCY CONTRACT

(ICC commercial AGENCY CONTRACT)

Between ....

whose registered office is at ....

(hereinafter called "the Principal")

and ....

whose registered office is at ....

(hereinafter called "the Agent")

IT IS AGREED AS FOLLOWS

Article 1

Territory and Products

1.1. The Principal appoints the Agent, who accepts, as his commercial agent, to promote the sale of the products listed in Annex I, § 1 (hereinafter called "the Products") in the territory defined in Annex I, § 2 (hereinafter called "the Territory").

1.2. If the Principal decides to sell any other products in the Territory, he shall inform the Agent in order to discuss the possibility of including them within the Products defined under Article 1.1. However, the above obligation to inform the Agent does not apply if, in consideration of the characteristics of the new products and the specialization of the Agent, it is not to be expected that such products may be represented by the Agent (e.g. products of a completely different range).

Article 2

Good faith and fair dealing

2.1. In carrying out their obligations under this contract the parties will act in accordance with good faith and fair dealing.

2.2. The provisions of this contract, as well as any statements made by the parties in connection with this agency relationship, shall be interpreted in good faith.

Article 3

Agent's functions

3.1. The Agent agrees to use his best endeavours to promote the sale of the Products in the Territory in accordance with the Principal's reasonable instructions and shall protect the Principal's interests with the diligence of a responsible businessman.

3.2. The Agent shall not solicit orders from outside the Territory unless permitted to do so by the Principal. Where the Agent negotiates with customers in the Territory business which results in contracts of sale with customers established outside the Territory, Article 15.2. shall apply.

3.3. Unless otherwise specifically agreed, the Agent has no authority to make contracts on behalf of, or in any way to bind the Principal towards third parties. He only solicits orders from customers for the Principal, who is free (save as set forth in Article 4.2. hereafter) to accept or to reject them.

3.4. When negotiating with customers, the Agent shall offer Products strictly in accordance with the terms and conditions of the contract of sale which the Principal has communicated to him.

3.5. The Agent is not entitled to receive payments on the Principal's behalf without prior written authorization from the Principal to that effect. When the Agent has been so authorized, he must transmit them as soon as possible to the Principal and until then hold them separately on deposit on the Principal's behalf.

Article 4

Acceptance of orders by the Principal

4.1. The Principal shall inform the Agent without undue delay of his acceptance or rejection of the orders transmitted by the latter. The Principal may accept or reject any individual order transmitted by the Agent at his own discretion.

4.2. The Principal may not however unreasonably reject the orders transmitted by the Agent. In particular, a repeated refusal of orders contrary to good faith (e.g. if made for the only purpose of hindering the Agent's activity) shall be considered as a breach of contract by the Principal.

Article 5

Undertaking not to compete

5.1. Without the prior written authorization of the Principal, the Agent shall not represent, manufacture or distribute any products which are in competition with the Products, for the entire term of this contract.

5.2. The Agent may represent, distribute or manufacture any products which are not competing with the Products, provided he informs the Principal in advance of such activity. However, the above obligation to inform the Principal does not apply if, in consideration: (i) of the characteristics of the products which the Agent wants to represent, and (ii) of the field of activity of the principal for whom the Agent wishes to act, it is unreasonable to expect that the Principal's interests may be affected.

5.3. The Agent shall refrain from representing or distributing non-competing products of a manufacturer who is a competitor of the Principal, if requested to do so by the Principal, provided the latter's request is reasonable, taking into account all the circumstances of the case.

5.4. The Agent declares that he represents (and/or distributes or manufactures, directly or indirectly) the products listed in Annex II on the date on which this contract is signed.

Article 6

Sales organization, Advertising and Fairs, Internet

6.1. The Agent shall provide an adequate organization to promote sales and, where appropriate, after-sale service, with all necessary means and personnel, in order to ensure the fulfillment of his obliga-tions throughout the Territory under this contract.

6.2. The parties may agree on the advertising to be jointly made in the Territory. The contents of any advertising must be approved by the Principal. The cost of advertising carried out by the Agent shall be apportioned between the parties as indicated in Annex III, § 1.

6.3. The parties shall agree on their participation in fairs or exhibitions within the Territory. The cost of the Agent's participation in such fairs and exhibitions shall be apportioned between the parties as indicated in Annex III, § 2.

6.4. The Agent is not authorized to advertise the Products or his activity as Agent of the Principal on Internet without the Principal's prior written approval, which, however, shall not be unreasonably withheld.

Article 7

Sales Targets-Guaranteed Minimum Target

7.1. The parties may agree annually on the sales targets for the forthcoming year.

7.2. The parties shall make their best efforts to attain the targets agreed upon, but the non-attainment shall not be considered as a breach of the contract by a party, unless that party is clearly at fault.

7.3. In Annex IV the parties may agree on a Guaranteed Minimum Target and on the consequences of its non-attainment.

Article 8

Sub-Agents

A £	B £
The Agent may engage sub-agents, provided he informs the Principal at least one month before the engagement. The Agent shall be responsible for the activities of his sub-agents.	The Agent must carry out his activity without recourse to sub-agents.

Article 9

Principal to be kept informed

9.1. The Agent shall exercise due diligence to keep the Principal informed about his activities, market conditions and the state of competition within the Territory. He shall answer any reasonable request for information made by the Principal.

9.2. The Agent shall exercise due diligence to keep the Principal informed about: (i) the laws and regulations which are to apply in the Territory to which the Products must conform (e.g. import regulations, labelling, technical specifications, safety requirements, etc.), and (ii) the laws and regulations concerning his activity, as far as they they are relevant for the Prin-cipal.

Article 10

Financial responsibility

10.1. The Agent shall satisfy himself, with due diligence, of the solvency of customers whose orders he transmits to the Principal. He shall not transmit orders from customers of which he knows or ought to know that they are in a critical financial position, without informing the Principal in advance of such fact. He shall, furthermore, give reasonable assistance to the Principal in recovering debts due.

10.2. The Agent shall act as a del credere agent only if, and to the extent, the parties have expressly agreed thereto. In that case they should complete and sign Annex V.

Article 11

Principal's trademarks and symbols

11.1. The Agent shall use the Principal's trademarks, trade names or any other symbols, but for the only purpose of identifying and advertising the Products, within the scope of this contract and in the Principal's sole interest.

11.2. The Agent hereby agrees neither to register, nor to have registered, any trademarks, trade names or symbols of the Principal (or which are confusingly similar with the Principal's ones), in the Territory or elsewhere.

11.3. The right to use the Principal's trademarks, trade names or symbols, as provided for under the first paragraph of this Article, shall cease immediately for the Agent, on the expiration or termination, for any reason, of the present contract.

11.4. The Agent shall notify the Principal of any infringement of the Principal's trademarks, trade names or symbols that comes to his notice.

Article 12

Complaints by Customers

The Agent shall immediately inform the Principal of any observations or complaints received from customers in respect of the Products. The parties hereto shall deal promptly and properly with such complaints. The Agent has no authority to engage in any way the Principal, unless after he has received a specific written authorization to such effect.

Article 13

Exclusivity

13.1. The Principal shall not, during the life of this contract, grant any other person or undertaking within the Territory the right to represent or sell the Products.

13.2. The Principal is however entitled to deal directly, without the Agent's intervention (provided he informs the latter) with customers situated in the Territory; in respect of any sales arising therefrom, the Agent shall be entitled to the commission provided for in this contract, unless provided otherwise in Article 13.4.

13.3. The Principal shall be entitled to deal di-rectly with the special customers listed in Annex VI, § 2; in respect of the sales to such customers the Agent shall be entitled to the reduced commission provided for in Annex VI, § 2. Paragraph 13.3. shall not apply if § 2 of Annex VI (Special customers/Reduced commission) has not been filled in by the parties.

13.4.A £ The Principal is entitled to promote and sell the Products through his Internet website (if any). Unless otherwise agreed in writing, commission will be due to the Agent with respect to sales made by the Principal through Internet to customers established in the Territory .

13.4.B £ The Principal is entitled to promote and sell the Products through his Internet website (if any). Unless otherwise agreed in writing, no commission will be due to the Agent with respect to such sales. The Principal will take reasonable precautions in order to reduce interference of his promotion through Internet with the Agent's activity.

Article 14

Agent to be kept informed

14.1. The Principal shall provide the Agent with all necessary written information relating to the Products (such as price lists, brochures, etc.) as well as with the information needed by the Agent for carrying out his obligations under the contract.

14.2. He shall furthermore inform the Agent without undue delay of his acceptance, refusal and/or non-execution of any business transmitted by the Agent.

14.3. The Principal shall keep the Agent informed of any relevant communication with customers in the Territory.

14.4. If the Principal expects that his capacity of supply will be significantly lower than that which the Agent could normally expect, he will inform the Agent within a reasonable time.

Article 15

Agent's commission

15.1. The Agent is entitled to the commission provided for in Annex VI, § 1, on all sales of the Products which are made during the life of this contract to customers established in the Territory.

15.2. If the Agent, when dealing with customers established in the Territory, solicits orders resulting in contracts of sale with customers established outside the Territory, and if the Principal accepts such orders, the Agent shall be entitled to receive a reduced commission, the amount of which shall be decided on a case-by-case basis. Similarly, the Agent's commission shall be reduced when an other agent solicits orders with customers established outside the Territory resulting in contracts of sale with customers established within the Territory.

15.3. A reduced commission may be agreed in advance between the Principal and the Agent in appropriate circumstances where a customer is to be granted terms or conditions which are more favorable than the Principal's standard conditions. If the parties have filled in § 3 of Annex VI, the figures indicated therein shall apply in the respective situations.

15.4. Unless otherwise agreed in writing, the commission covers any expenses incurred by the Agent in fulfilling his obligations under this con-tract (such as telephone, telex, office, travel expenses, etc.).

Article 16

Method of calculating commission and payment

16.1. Commission shall be calculated on the net amount of the invoices, i.e. on the effective sales price (any discount other than cash discounts being deducted) clear of any additional charges (such as packing, transportation, insurance) and clear of all tariffs or taxes (including value added tax) of any kind, provided that such additional charges, tariffs and taxes are separately stated in the invoice.

16.2. The Agent shall acquire the right to commission after full payment by the customers of the invoiced price. In case of partial payment made in compliance with the sales contract, the Agent shall be entitled to a proportional payment. In case the Principal is insured against the risk of non-payment by his customers, the parties may agree that a commission be paid on the sums obtained by the Principal from the insurer, by filling in Annex VI, § 4.

16.3. The Principal shall provide the Agent with a statement of the commissions due in respect of each quarter and shall set out all the business in respect of which such commission is payable. The commission shall be paid not later than the last day of the month following the relevant quarter.

16.4. The Agent is entitled to all the information, and in particular extracts from the Principal's books, in order to check the amount of the commission due to him. The Principal shall permit an independent auditor appointed for that purpose by the Agent to inspect the Principal's books for the purpose of checking the data relevant for the calculation of the Agent's commission. The costs of such inspection shall be borne by the Agent.

16.5. Should any governmental authorization (e.g. due to exchange control regulations in the Principal's country) be necessary for the Principal to transfer abroad the commission (or of any other sum the Agent may be entitled to receive), then the payment of the amount shall be made after such authorization has been given. The Principal shall take all necessary steps for obtaining the above authorizations.

16.6. Except as otherwise agreed, the commission shall be calculated in the currency of the sales contract in respect of which the commission is due.

16.7. Any taxes imposed on the Agent's commission in the Territory are for the Agent's account.

Article 17

Unconcluded business

17.1. No commission shall be due in respect of offers or orders transmitted by the Agent and not accepted by the Principal.

17.2. If a contract made by the Principal as a result of orders transmitted by the Agent is not thereafter put into effect, the Agent shall be entitled to commission unless non-performance of the contract is due to reasons for which the Principal is not responsible.

Article 18

Term of the Contract

A. £

18.1. This contract is concluded for an indefinite period and enters into force on

18.2. This contract may be terminated by either party by notice given in writing by means of communication ensuring evidence and date of receipt (e.g. registered mail with return receipt, special courier, telex), not less than four months in advance. If the contract has lasted for more than five years, the period of notice will be of six months. The end of the period of notice must coincide with the end of a calendar month. The parties may agree in writing on longer periods of notice.

B. £

18.1. This contract enters into force on and shall remain in force until ....

18.2. This contract shall be automatically renewed for successive periods of one year, unless terminated by either party by notice given in writing by means of communication ensuring evidence and date of receipt (e.g. registered mail with return receipt, special courier, telex), not less than four months before the date of expiry. If the contract has lasted for more than five years, the period of notice will be of six months. The parties may agree in writing on longer periods of notice.

Article 19

Unfinished business

19.1. Orders transmitted by the Agent or received by the Principal from customers established in the Territory before the expiry or termination of this contract and which result in the conclusion of a contract of sale not more than six months after such expiration, shall entitle the Agent to commission.

19.2. No commission is due to the Agent for contracts of sale made on the basis of orders received after the expiry or termination of this contract, save if such transaction is mainly attributable to the Agent's efforts during the period covered by the agency contract and if the contract was entered into within a reasonable period after the expiry or termination of this contract. The Agent must however inform the Principal in writing, before the expiry or termination of this contract, of the pending negotiations which may give rise to commission under this paragraph.

Article 20

Earlier termination

20.1. Each party may terminate this contract with immediate effect, by notice given in writing by means of communication ensuring evidence and date of receipt (e.g. registered mail with return receipt, special courier, telex), in case of a substantial breach by the other party of the obligations arising out of the contract, or in case of exceptional circumstances justifying the earlier termination.

20.2. Any failure by a party to carry out all or part of his obligations under the contract resulting in such detriment to the other party as to substantially deprive him of what he is entitled to expect under the contract, shall be considered as a substantial breach for the purpose of Article 20.1. above. Circumstances in which it would be unreasonable to require the terminating party to continue to be bound by this contract, shall be considered as exceptional circumstances for the purpose of Article 20.1. above.

20.3. The parties hereby agree that the violation of the provisions under Articles ....of the present contract is to be considered in principle, unless the contrary is proved, as a substantial breach of the contract. Moreover, any violation of the contractual obligations may be considered as a substantial breach, if such violation is repeated notwithstanding are quest by the other party to fulfil the contract obligations.

20.4. Furthermore, the parties agree that the following situations shall be considered as exceptional circumstances which justify the earlier termination by the other party: bankruptcy, moratorium, receivership, liquidation or any kind of composition between the debtor and the creditors, or any circumstances which are likely to affect substantially one party's ability to carry out his obligations under this contract.

20.5. If the parties have filled in Annex VII, the contract may also be terminated by the Principal with immediate effect in case of change of con-trol, ownership and or management of the agent-company, according to the provisions set forth in Annex VII.

20.6. If a party terminates the contract according to this Article, but it is thereafter ascertained that the reasons put forward by that party did not justify the earlier termination, the termination will be effective, but the other party will be entitled to damages for the unjustified earlier termination. Such damages will be equal to the average commission for the period the contract would have lasted in case of normal termination, unless the damaged party proves that the actual damage is higher (or, respectively, the party having terminated the contract proves that the actual damage is lower). The above damages are in addition to the indemnity which may be due under Article 21.

Article 21

Indemnity in case of termination

A. £

21.1. The Agent shall be entitled to an indemnity ("goodwill indemnity") if and to the extent that:

B.£

21.1. The Agent shall not be entitled to an indemnity for goodwill or similar compensation ("goodwill indemnity") in case of termination of the contract.

a) he has brought the Principal new customers or has significantly increased the volume of business with existing customers and the Principal continues to derive substantial benefits from the business with such customers, and
b) the payment of this indemnity is equitable having regard to all the circumstances and, in particular, the commission lost by the Agent on the business transacted with such customers.

21.2. The amount of the indemnity shall not exceed a figure equivalent to an indemnity for one year calculated from the Agent's average annual remuneration over the preceding five years and, if the contract lasted for less than five years, the indemnity shall be calculated on the average for the period in question.

21.3. The Agent will lose the right to indemnity if he does not claim the indemnity in writing within one year from contract termination.

21.4. The Agent shall have no right to indemnity in the following cases:

a) where the Principal has terminated the contract according to the conditions set out in Article 20;
b) where the Agent has terminated the contract, unless the termination is justified under Article 20 or on grounds of

This provision does not limit the Agent's right to claim damages for breach of contract as far as the termination by the Principal amounts to such abreach, and is not already covered by Article 20.6.

age, infirmity or illness in consequence of which the Agent cannot reasonably be required to continue his activities;

c) where, in accordance with Article 26.2., the Agent assigns his rights and duties under the agency contract to another person.

21.5. The goodwill indemnity provided for under this Article is in lieu of any compensation for loss or damage arising out of the contract expiration or termination (except damages for breach of contract).

Article 22

Return of documents and samples

Upon expiry of this contract the Agent shall return to the Principal all advertising material and other documents and samples which have been supplied to him by the Principal and are in the Agent's possession.

Article 23

Resolution of disputes

23.1. The parties may at any time, without prejudice to Article 23.2., seek to settle any dispute arising out of or in connection with this agency contract in accordance with the ICC ADR Rules.

23.2. A £

Arbitration

All disputes arising out of or in connection with this agency contract shall be finally

23.2. B £

Litigation (ordinary courts)

In case of dispute the courts of .... (place) ....

settled under the Rules of Arbitration of the International Chamber of Commerce by one or more arbitrators appointed in accordance with the said Rules.

(country) shall have jurisdiction.

Article 24

Applicable law

24.1. A£

Any questions relating to this contract which are not expressly or implicitly settled by the provisions contained in this contract shall be governed, in the following order:

(a) by the principles of law generally recognized in international trade as applicable to international agency contracts,

(b) by the relevant trade usages, and

(c) by the UNIDROIT Principles of International Commercial Contracts, with the exclusion – subject to Article 24.2. hereunder – of national laws.

If the Agent has his place of business and/or performs his activity within the European Union, the mandatory provisions of the EC Directive of 18 December 1986 shall also apply.

24.1. B£

This contract is governed by the laws of (name of the country the law of which is to apply).

24.2. In any event consideration shall be given to mandatory provisions of the law of the country where the Agent is established which would be applicable even if the contract is governed by a foreign law. Any such provisions will be taken into account to the extent they embody principles which are universally recognized and provided their application appears reasonable in the context of international trade.

Article 25

Automatic inclusion under the present contract

25.1. If the parties have not made a choice between the alternative solutions provided in Articles 8, 18, 23.2 and 24.1 under the letters A and B, by deleting one of the alternatives, and provided they have not ex-pressly made a choice by other means, alternative A shall be considered applicable.

25.2. If the parties have not made a choice between the alternative solution provided in Article 21 (goodwill indemnity in case of termination) under the letters A and B, by deleting one of the alternatives, and provided they have not expressly made a choice by other means, alternative A shall be considered applicable if the Agent is established in a country where a goodwill indemnity in case of termination is recognized by mandatory law and alternative B shall apply in the opposite case.

25.3. The Annexes attached to this contract form an integral part of the agreement. Annexes or part of annexes which have not been filled in will be effective only to the extent and under the conditions indicated in this contract.

Article 26

Previous agreements-Modifications-Nullity

26.1. This contract replaces any other preceding agreement between the parties on the subject.

26.2. No addition or modification to this contract shall be valid unless made in writing. However a party may be precluded by his conduct from asserting the invalidity of additions or modifications not made in writing to the extent that the other party has relied on such conduct.

26.3. The nullity of a particular clause of this contract shall not involve the nullity of the whole agreement, unless such clause is to be considered as substantial, i.e. if the clause is of such importance that the parties (or the party to the benefit of which such clause is made) would not have entered into the contract if it knew that the clause would not be valid.

Article 27

Prohibition of assignment

27.1. The present contract cannot be assigned without prior written agreement between the two parties.

27.2. If Article 21A is applicable, and if there has been assignment by the Agent with the Principal's consent according to Article21.4(c), the goodwill indemnity of the new agent shall be calculated by also taking into account the activity of the old agent, according to Article21. It is expressly agreed that the amount that may have been paid by the new agent to the previous one shall not be taken into account when calculating the indemnity.

Article 28

Authentic text

The English text of this contract is the only authentic text.

Made in .... on the ....

The Principal .... The Agent ....

ANNEX I

PRODUCTS AND TERRITORY(Article 1.1.)

§1. **Products**

....

....

....

If this paragraph 1 of Annex I has not been filled in, all products manufactured and/or sold by the Principal at present and in the future shall be con-sidered as "Products" for the purpose of this contract.

§2. Territory

....

If this paragraph 2 of Annex I has not been filled in, the whole territory of the country where the Agent has his place of business will be considered as "Territory" for the purpose of this contract.

ANNEX II

PRODUCTS AND PRINCIPALS REPRESENTED BY THE AGENT (Article 5.4.)

This Annex is applicable only if filled in by the parties.

The Agent hereby declares that he represents (and/or distributes or manufactures) the following products, directly or indirectly, at the time of the conclusion of the present contract:

Principal	products
....	....
	....
	....
....	....
	....
	....
....	....
	....
	....

ANNEX III

ADVERTISING, FAIRS AND EXHIBITIONS

§1. Advertising(Article6.2.)

Except as otherwise agreed in writing, the costs of agreed advertising shall be shared between the parties as follows:

Principal: _____ %
Agent: _____ %

> **If the figures left blank in the above paragraph are not filled in by the par–ties, each party will bear the advertising expenses it has incurred.**

§2. Fairs and exhibitions (Article6.3.)

Except as otherwise agreed in writing, the costs for participation in fairs and exhibitions in the Territory shall be shared between the parties as follows:

Principal: _____ %
Agent: _____ %

> **If the figures left blank in the above paragraph are not filled in by the parties, each party will bear the expenses for participation in fairs and exhibitions it has incurred.**

ANNEX IV

GUARANTEED MINIMUM TARGET(Article 7.3.)

> **This Annex IV is applicable only if the parties have fixed the mini–mum target by filling in one of the alternative figures hereafter.**

The Agent undertakes, during each year, to transmit orders for not less than:

* .... (amount in money)
* .... (amount in Products)
* .... % of the target agreed upon in accordance with Article 7.1.

If at the end of the year the above Guaranteed Minimum Target has not been attained, for reasons other than those for which the Principal can be held responsible, subject to giving one month's notice, the Principal shall be entitled at his choice, to terminate this contract, or to cancel the Agent's exclusivity, or to reduce the extension of the Territory. This right must however be exercised in writing not later than two months after the end of the year in which the Guaranteed Minimum Target has not been attained.

Unless the parties hereafter agree on different figures, the Guaranteed Minimum Target indicated above shall also be applicable for each year of the duration (including the case of renewal) of this contract.

ANNEX V

DEL CREDERE(Article 10.2.)

This Annex V is applicable only to the extent it is filled in and provided it has been signed by the parties.

The Agent shall act as a *del credere* agent according to the conditions stated hereafter.

A delcredere obligation means that the Agent undertakes to reimburse to the Principal the total or partial amount (according to the alternative solutions under § 2 here after) of unpaid sums that the Principal is entitled to receive from customers and which have not been paid for reasons for which the Principal is not responsible. The delcredere obligation does not cover the expenses incurred by the Principal for recovering his credits.

1. The agent shall be responsible:
   1. A * for any business transmitted by him
   1. B * only for business or customers expressly agreed case by case
2. The agent's responsibility shall be:
   2. A * unlimited
   2. B * limited to .... % of the sums not recovered

2. C * limited to .... times the agreed commission

3. The agent shall be entitled to an extra commission of _____ % on all business on which he has granted delcredere.

4. No *del credere* is due if the loss is due to reasons for which the Principal is clearly responsible.

5. The Agent has no right to commission, according to Article 16.2. However, the *del credere* obligation shall in no case exceed the total amount due by the customer minus the Agent's commission.

The Principal The Agent

....

Negotiation margin	___%	full	commission
Discount amounting to	___%	___%	commission
Discount amounting to	___%	___%	commission
Discount amounting to	___%	___%	commission
Discount amounting to	___%	___%	

	%
	%
	%

ANNEX VI

COMMISSIONS

§ 1. **Amount of commission** **(Article15.1.)**

1.1. Simple commission

Amount of commission is _____ %

1.2. Different levels of commission according to the value of the sales contract

If this subparagraph 1.2. is filled in, it will apply in lieu of paragraph 1.1.

§ 2. **Special customers / Reduced commission** (Article13.3.)

On all sales to the following customers the Agent is entitled to the following reduced commission:

§ 3. **Negotiation margins and discounts** (Article15.3.)

3.1 Negotiation margins

The Agent has a negotiation margin of _____ % on the prices set out in the price-list in force. Therefore, the Agent may propose to customers any discount within such margins without reduction to his rate of com-mission.

3.2 Authorised discount

The Agent is entitled to propose to customers the following discounts, which entail a reduction in his commission, in accordance with the schedule hereunder:

3.3 Discount to be agreed upon

The Agent undertakes not to propose to the customers any discount higher that the maximum discount shown in the schedule set out in § 3.2. above, without prior written authority from the Principal.

§ 4. **Commission on insured credits** (Article 16.2.)

If the Principal is insured against the insolvency of his customers, and he is paid by the insurer (instead of receiving the price from the customer) the Agent is entitled:

* to a half commission on the sums paid by the insurer
* to the full commission on the sums paid by the insurer, after deduction of the costs or expenses borne by the Principal with reference to the non-payment.

ANNEX VII

CHANGEOFCONTROL, OWNERSHIP AND/OR MANAGEMENT IN THE AGENT-COMPANY (Article 20.5.)

The Principal may terminate the contract with immediate effect, if:

* Mr _______________ ceases to own more than _____ % of the shares of the Agent-company
* Mr _________________ceases to be the _________________of the Agent-company

At the same time, if alternative A of Article 21 is applicable, the Agent-company may terminate this contract on grounds of the age, infirmity or illness of Mr._______________ according to Article 21.4A,(b), without losing theright to the goodwill indemnity under such provision.

Parties may wish to limit the scope of the contract to certain categories of customers. In this case they should exactly define the group of customers for which the agent is appointed and make sure that there is no overlap with other agents or distributors. It should also be taken into account that limiting the scope of the contract to certain categories of customers will reflect on other clauses, like for example Article 13 (Exclusivity) and Article 15.1. (Commission) which need to be modified appropriately.

E.g. for goods to be sold to a subsidiary established in another country: the agent is acting within his territory, but the sale is made to a foreign customer, and the agent would have (in absence of Article 15.2.) no right to commission.

The other alternative, i.e. to give the agent the authority to conclude contracts on behalf of the principal, has not been considered in the model form, since it is rather uncommon in international trade. Of course, if the parties have special reasons for permitting the agent to make contracts on be-half of the principal, they can so provide in Article 3.3.

It should be noted that in certain cases the third party (customer) may rely on the apparent authority of the agent: this means that, especially in legal systems where it is com-mon that the agent is authorized to act on behalf of the principal, the exclusion of any such authority provided for in the contract between principal and agent (like Article

3.3. of this model form) does not necessarily bind a third party which had good reasons to rely on the apparent authority of the agent. It is, therefore, recommended that the principal avoids any action which may give third parties the impression that the agent has representative powers, and that he informs, if necessary and possible, third parties that the agent has no authority to bind the principal.

This is to ensure that orders by the customers conform to the Principal's terms and conditions (e.g. prices, delivery terms, etc.): if this is not the case, the principal will be in an embarassing situation (at least from a commercial point of view) if he refuses the order.

This clause only refers to the non-competition obligation during the contract. A clause whereby the agent agrees not to promote or represent competing products after contract termination is not very common in international trade and has therefore not been included in this model, which of course does not prevent parties from doing otherwise. In this case, however, they should consider possible limitations under the applicable laws. So, for instance, Article 20 of the EC Directive states that the post-contractual non-competition undertaking cannot exceed two years and must be limited to the territory, products, etc. covered by the agent; moreover, in some countries there are stricter limitations, and in certain cases the agent is entitled to a special compensation if he undertakes a non-competition obligation for the period after contract termination. For possible problems of conformity with EU antitrust rules, see Introduction, § 3.

E.g. if there are reasons to fear that the collaboration with a competitor may impair the confidence between the parties or the protection of confidential information.

If advertising is at the agent's charge, there may be a risk that the contract may be considered as a distributorship agreement with regard to antitrust rules, see Introduction, § 3.

A distinction is made between a "sales target" (Articles 7.1., 7.2.) the non-attainment of which does not, in principle, involve a contract breach, and a "guaranteed minimum target" (Article 7.3.), which implies a possible contract termination (or other consequences) in case of non-attainment. If the parties wish to agree upon such "guaranteed minimum target", they must fill in Annex IV.

In certain circumstances it may be advisable to add a clause providing that each party agrees not to engage sub-agents and/or employees of the other party.

The parties may make reference here to those articles for which a breach is of particular importance. This may be the case for Articles 5 (non competition), 7.3. (guaranteed minimum target: if agreed),11.2. (unauthorized registration of the principal's trademarks by the agent), 13.1. (grant of exclusivity by the principal) and 15.1. (payment of commission to the agent). It is recommended that the use of this article should be limited to essential situations only.

In some countries, such as EC countries which have adopted the EC Directive or other countries with similar mandatory rules, alternative B would violate mandatory requirements.

This broad definition is meant to cover any compensation to be paid in case of contract termination independent from a breach of contract by the Principal, including payments which are not defined as an "indemnity", or "goodwill indemnity"; see above, § 4 of the Introduction.

The ICC ADR Rules can be found on the web site www.iccadr.org.

In case this alternative is chosen, it is advisable to choose arbitration (Article 23.A) for there solution of disputes. In fact, it is doubtful whether ordinary courts would apply general principles instead of a national law.

This model form has been prepared on the assumption that it would not be governed by a specific national law (as stated in alternative A of Article 24.1.). If the parties prefer nevertheless to submit the agreement to a national law, they should carefully check in advance, if the clauses of the model conform to the mandatory provisions of the law they have chosen.

The purpose of this sentence is to make clear that the price paid by the new agent to the old one (which price may be influenced by facts which are out of the scope of the agency agreement), is not a basis for calculating the indemnity.

If the contract is written in another language this clause should of course be modified to indicate the language of the contract.

If the parties choose this solution (including any future products in the contract) problems may arise in case of conflict between new products from the principal and products of other manufacturers already represented by the agent. If such problems are foreseeable, the parties should define appropriate rules for solving the conflict.

If this alternative is chosen, care should be taken in order to avoid that the agreed sum is automatically reduced (from year to year) as a consequence of inflation, e.g. by providing a yearly in-crease.

In choosing the options parties should pay attention to the legal rules of the country where the agent is established. In some legal systems (e.g. Great Britain, France) there are no limitations; in others (e.g. Germany) the del credere obligation must be limited to specific business or customers and a special commission must be paid; in other countries (e.g. Belgium, The Netherlands) del credere cannot exceed the amount of commission, unless it is agreed with respect to a specific business. In Italy del credere cannot exceed the commission and must be agreed case by case for specific business.

Options 2.B and 2.C may be used together: e.g. not more than 15% of the sums not recovered and not more that three times the agreed commission.

If a contract lasts more than one year, parties should agree if they wish to consider the agreement for the following year as a separate agreement. Parties should also clearly define the criteria for considering a group of supplies (e.g. machines and equipment for the same project) as one sales contract or as separate contracts.

Specify here the position that the qualifying person has in the Agent-company, e.g. director, general manager, president of the board, as the case may be. This clause may be dangerous for the Agent-company, particularly if the qualifying person is not the owner, but only an employee.

Management of International Business Contract

10

프랜차이즈계약

I. 프랜차이즈계약의 개요

프랜차이즈(Franchise)는 1930년대에 미국의 패스트푸드 산업에서 발전하여 최근에는 호텔, 편의점, 외식사업, 주유소 등 그 대상 분야가 확대되고 있다.[15)]

프랜차이즈계약(International Franchising Contract)은 서로 상이한 국가들에 영업소를 가지고 있는 가맹점본부와 가맹점간에 체결되는 계약으로 노하우, 산업재산권 및 기술자 훈련과 같은 기술지원과 같은 기술도입계약에 영업방식 등의 경영지도가 추가된 것이 프랜차이즈계약이라고 할 수 있다.

여기서 가맹점본부는 훈련과 노하우(Know-how) 등의 영업적 부분에 있어서 가맹점에게 지속적인 이익을 제공하며, 또는 그러한 의무를 부담하여야 한다. 반면에 가맹점은 가맹본부와 소유와 통제하에서 절차, 형태 및 상호에 따라 영업하고 가맹점은 자신의 사업에 관하여 실질적 자본투자를 하여야 한다.[16)]

국제프랜차이즈 계약의 법적성격은 다음과 같다. 첫째, 가맹점과 가맹본부의 상호를 이용하기 때문에 명의대여계약이다. 둘째, 상표를 그대로 사용한다는 점에서 상표사용권의 설정계약이다. 셋째, 가맹점이 가맹본부의 경영지도내지 통제를 받는

---

15) 서정두, 무역상무, 탑북스, 2011, p. 467.

16) 윤선희, 프랜차이즈 계약, 창작과 권리 제10호, 세창출판사, 1998, p. 21.

점에서 노무계약이다. 넷째, 제품 원료나 부품을 공급받기 때문에 매매계약이 혼합된 복합계약이다.[17)]

Ⅱ. 프랜차이즈계약의 주요 내용

1. 상표관리

가맹점본부와 가맹점간에 체결되는 노하우, 훈련, 영업방식 등의 경영지도가 핵심이다. 이러한 핵심역량은 브랜드의 가치로 확인되고 평가된다. 따라서 가맹점 본부는 가맹점이 핵심가치에서 벗어난 일탈행위로 브랜드 가치가 하락되는 일이 없도록 지속적으로 관리하여야 한다.

2. 계약기간

가맹점 본부는 일정기간 동인 일정한 영업방식으로 가맹점을 지도한다. 그 계약기간은 로열티의 설정과 지급에 연계되므로 목표시장의 가치를 평가하여 그 수준에 맞는 계약기간을 설정하도록 한다.

3. 로열티의 설정과 지급

가맹점본부는 가맹점으로부터 얻는 로열티를 목적으로 가맹점을 확대한다. 반면에 가맹점은 높은 수수료를 지급하고도 얻을 수 있는 기대이익이 있으므로 프랜차이즈 계약이 성립한다. 따라서 본부와 가맹점은 적정수준의 로열티를 결정할 수 있도

---

17) 오원석, 최신국제비즈니스계약, 삼영사, 2011, p. 145.

록 합리적으로 합의하는 것이 바람직하다.

4. 프랜차이즈 계약위반과 보상

프랜차이즈 계약의 핵심은 노하우와 경영방식을 충실히 이전하고, 그에 따른 로열티를 지급하는 데 있다. 만일 본부에서 가맹점으로 핵심 노하우를 충실히 이전하지 않는다면 가맹점으로서는 이익을 기대할 수 없을 뿐만 아니라 간접적인 손실까지 계산할 경우 그 피해가 심각해질 수 있다.

반면에 본부의 입장에서는 가맹점이 본부의 경영지도 방식에서 벗어난 활동 또는 서비스를 제공하는 경우에는 프랜차이즈 상표뿐만 아니라 모든 가맹점에게도 피해가 전가되는 막대한 피해가 발생할 수 있다.

그러므로 계약당사자는 프랜차이즈 계약의 모든 내용을 충실히 이행할 수 있도록 유지 감독하는 동시에 계약위반이 발생할 경우에 이에 대한 보상을 엄격히 적용하여 사전에 모든 위반요소를 제거할 수 있어야 한다.

III. ICC Model International Franchising Contract

The ICC MODEL INTERNATIONAL FRANCHISING CONTRACT

For international, direct/unit, business format franchises

BETWEEN:

....(Company)

having its registered office at ....

hereby represented by ....

hereinafter referred to as the "Franchisor"

AND

....(Company)

having its registered office at ....

hereby represented by ....

hereinafter referred to as the "Franchisee"

PREAMBLE

WITNESSETH:

WHEREAS the Franchisor, as a result of extensive investments and practical business experience, has developed and owns a proprietary system (defined in Article 1 and hereinafter referred to as the System) relating to the operation of the business of providing ------------------[18].

---

18) Specify the type of products/services involved.

WHEREAS such business is carried on under and otherwise uses (a number of) trade names/trademarks as set forth in part A of Schedule [1].

WHEREAS the Franchisor has built up a substantial reputation and goodwill in such trade names/trade marks which are associated with a high standard of products and services.

WHEREAS the Franchisor is willing to grant the Franchisee the right to and license to use the System, together with such trade names, trade marks and the shop signs, logos, utility models, designs, copyrights, know-how and/or patent as are designated in this Agreement (and which may hereafter be designated by the Franchisor in writing) as part of the System (as more particularly defined in Article 1 below as the Proprietary Rights) upon and subject to the terms and conditions set forth herein.

WHEREAS, the Franchisee desires to operate a business using the System and the Proprietary Rights and to obtain a license from the Franchisor for that purpose, as well as to receive the assistance provided by the Franchisor in connection therewith upon and subject to the terms and conditions set forth herein.

WHEREAS accordingly, the parties have agreed to enter into the present franchise agreement(hereinafter referred to as the Agreement).

NOW, THEREFORE, the parties, in consideration of the covenants, undertakings and commitments set forth herein, hereby mutually agree as follows:

SECTION 1: GENERAL PROVISIONS

ARTICLE 1: DEFINITIONS

For the purpose of this Agreement the following expressions shall bear the respective meaning set forth below.

Business: the business of providing -----------[19], when conducted in conformity with the System.

---

19) Specify the category of products and/or services.

Confidential Information: means the information defined in Article 22.

Effective Date: as defined in Article 7.1.

Force Majeure: as defined in Article 26.

Franchisor's Authorized Supplies: means the Products produced and/or marketed by the Franchisor or by the suppliers selected by the Franchisor for the purpose of the operation of the Business.

Gross Sales: means the gross turnover derived from the supply of all Products and all Services by the Franchisee whether or not invoiced, but excluding (i) value added tax (VAT) and/or other sales taxes, (ii) any customer refunds or allowances and (iii) all discounts made or given by the Franchisee as part of any special promotion required or authorised by the Franchisor.

Initial Fee: means the fee defined in Article 20.

Initial Term: means the initial term as defined in Article 7.

Manual: the operating manual produced by the Franchisor as amended from time to time by the Franchisor describing the System and including the approved products and supplies manual; the furniture, fixtures and equipment guide[20).]

Minimum Advertising Expenditure: as defined in Article 16.1.

Minimum Royalty: as defined in Article 21.7.Patents: means the patents listed in part B of Schedule [1].

Premises: the location proposed to be used by the Franchisee for the operation of the Business and stipulated in Schedule [2].

Products: means the category of products to be supplied by the Franchisee in the course of conducting the Business and described in Schedule [3], as may be amended from time

---

20) Add any additional categories.

to time by the Franchisor by written notice.

Proprietary rights: means the package of industrial and intellectual property rights relating to the trade marks, trade names, shop signs, logos, insignia, utility models, designs, copyrights, know-how, drawings, plans and/or patent developed and held by the Franchisor for the operation of the Business and hereinafter (insofar as registered in the Territory) listed in part B of Schedule [1]including but without limitation all such rights as are comprised within the System and the Manual.

Services: means the category of services to be supplied or to be used by the Franchisee in the courseof conducting the Business and described in Schedule [4], as may be amended from time to timeby the Franchisor by written notice.

System: means the confidential information and distinctive business format and methods developed and implemented by the Franchisor in connection with the Business comprising without limitation certain operational methods and techniques, technical assistance and training in the operation, management and promotion of the Business, specialized reporting, book-keeping and accounting methods and documents, and advertising and promotional programs, all of which may be changed, improved and further developed by the Franchisor and part of which is set forth in the Manual.

Term of the Agreement: means the term as defined in Article 7 below.

Territory: means the territory set forth in Schedule [5].

Trade Marks: means the trade marks and trade marks applications listed in part A of Schedule [1].Trade Names: means the trade names listed in part A of Schedule [1].

ARTICLE 2: GRANT OF THE FRANCHISE

The Franchisor hereby grants the Franchisee and the Franchisee hereby accepts for the Term of the Agreement the right to operate the Business within the Territory and from the Premises as more particularly described in Article 3 below.

ARTICLE 3: RIGHTS GRANTED TO THE FRANCHISEE

3.1 For the sole purpose of the operation of the Business from the Premises, the

Franchisor grants the Franchisee for the Term of the Agreement, the following rights:

a) the right and licence to use the Proprietary Rights and the System;

b) the right to receive all the Franchisor's know-how, training and assistance as indicated below;

□ [21]c) the right to sell the Franchisor's Authorized Supplies.

3.2 The Franchisee shall use the rights granted under Article 3.1 in accordance with the terms and within the limits stated herein and shall perform each of its obligations provided for herein.

3.3 The Franchisee shall not use the rights hereby for any purpose other than the operating of the Business from the Premises nor use them after the termination of this Agreement, howsoever caused.

3.4 The grant of all such rights to the Franchisee shall be conditional (and continue to be conditional during the Term of the Agreement) upon the Franchisee observing in full its obligations set forth in Articles 3.2 and 3.3 above.

ARTICLE 4: LEGAL STATUS OF THE FRANCHISEE

4.1 The Franchisee shall conduct its activities as an independent business operator in its own name and on its own account.

4.2 The Franchisee is neither an employee, agent, sales representative, nor a partner of the Franchisor and nothing in the Agreement can be construed as meaning such.

4.3 The Franchisee shall not hold itself out as such or as having any power or authority to enter into contracts in the name of the Franchisor, to commit the Franchisor in any way to any third parties or to incur any obligation on behalf of the Franchisor.

4.4 The Franchisee shall operate the Business in compliance with all applicable laws and regulations and shall apply for, obtain and have renewed all permits, authorizations, and licences required for the operation of the Business at its own expense.

---

21) Tick the box if applicable.

ARTICLE 5: TERRITORIAL EXCLUSIVITY

5.1 During the Term of this Agreement, the Franchisor shall not itself operate or license any person other than the Franchisee to operate the Business within the Territory or to use any of the Proprietary Rights in relation to a business similar to the Business within the Territory.

□ [22]5.2 For the Term of this Agreement, the Franchisor shall not supply any third party within the Territory with the Franchisor's Authorized Supplies or authorize any third party to market the Franchisor's Authorized Supplies within the Territory under a method the same as or substantially similar to the System.

5.3 For the purposes of this clause, third parties shall include (but not be limited to) all persons or companies that, by law or by fact, control, are controlled, or are under common control with the Franchisor.

ARTICLE 6: RESTRAINTS ON THE FRANCHISEE

6.1 During the Term of the Agreement, the Franchisee shall not:

a) operate the Business at any location other than the Premises without the prior approval in writing of the Franchisor;
b) operate the Business otherwise than in strict accordance with the System;
c) operate any business other than the Business from the Premises without the prior approval in writing of the Franchisor;
d) use the Proprietary Rights otherwise than in relation of the operation of the Business;
e) seek, outside the Territory, customers for the Products and/or Services;
□ [23]f) engage, directly or indirectly, either independently or as an employee, on its

---

22) Tick the box if applicable.

23) Tick the box if applicable. If the agreement falls under the scope of the EC Block Exemption 2790/1999 of 22 December 1999 on the application of Article 81 (3) of the Treaty to categories of vertical agreements and concerted practices (J.O. L 336, 29/12/1999, page 21 to 25), this clause will not be valid unless it is in effect for a period of time no longer than five years. Furthermore, pursuant to Article 5 of the Regulation, any restraint on competition, which is tacitly renewable beyond a period of five years, shall be deemed to have been concluded for an indefinite period of

own behalf or in the name for any other person in a similar business in a territory where it would compete with a member of the franchised network, including the Franchisor;

□ [24]g) acquire financial interests in the capital of a competing undertaking which would give the Franchisee the power to influence the economic conduct of such undertaking;

□ [25]h) operate or be involved in any business other than the Business without the prior approval in writing of the Franchisor.

□ [26]**6.2** The obligations imposed on the Franchisee under Article 6.1 f) to 6.1 g) shall survive for a period of ---------- after termination of this Agreement, regardless of the cause of the termination, unless the agreement has been terminated earlier by reason of the Franchisee.

□ [27]**6.3** Should the Franchisee not comply with any of the provisions contained in Article 6 and should it fail to remedy any such breach within ------------- after written notice given hereof by the Franchisor, the Franchisee will be liable to pay to the Franchisor liquidated damages calculated according to the following formula --------------.

---

time. However, the time limitation of five years shall not apply where the contract goods or services are sold by the buyer from third parties or connected with the buyer, provided the duration of the non-competition obligation does not exceed the period of occupancy of the premises and land by the buyer.

24) Tick the box if applicable. The remark contained in footnote 10 also applies.

25) Tick the box if applicable. The remark contained in footnote 10 also applies.

26) Tick the box if applicable. If the agreement falls under the scope of the EC Block Exemption 2790/1999 of 22 December 1999 on the application of Article 81 (3) of the Treaty to categories of vertical agreements and concerted practices (J.O. L 336, 29/12/1999, page 21 to 25), this clause that sets forth a direct or at least indirect obligation causing the buyer, after termination, not to manufacture, purchase, sell or resell goods or services, will be valid only provided that (1) such obligation relates to goods and services which compete with the contract good and services and is limited to the premises and land from which the buyer has operated during the contract period, that (2) is indispensable to protect know-how transferred by the supplier to the buyer and furthermore (3) the duration of this non-competition operation is limited to one year.

27) Tick the box if applicable.

ARTICLE 7: TERM AND RENEWAL

7.1 A Subject to the provisions of Articles 26 and 27 below, the Agreement shall commence as of the date of --------------(hereinafter referred to as the Effective Date) and continue in force for a term of --------------years (hereinafter referred to as the Initial Term).

AA This Agreement shall be automatically renewed upon the same terms and conditions for successive terms of --------------years (all subsequent terms together with the Initial Term being herein referred to as the Term) unless either party gives to the other party notice of its intention not to renew the Agreement upon the expiry of the Initial Term or the then-current term at least --------------months before such expiry, by registered mail, return receipt requested, or any other means of written communication allowing the accurate determination of the date of receipt of the notice (such date being the date upon which the notice starts running).

□ [28]AB At least --------- months prior to the expiration of the Initial Term of this Agreement or any term thereafter, the Franchisor may inspect the Franchisee's Business and give notice of all required modifications to the nature and quality of the Products and Services offered at the Franchisee's Business, the System, the software, advertising, marketing and promotional programs, as necessary to comply with the Franchisor's then-current standards. If the Franchisee elects to carry on the operation of the Business after the expiration of the Initial Term, for a new term of ------------- years, it shall complete to the Franchisor's reasonable satisfaction all such required modifications no later than ----------- months prior to the expiration of the Initial Term.

Provided that the Franchisee has given the Franchisor written notice of such election not less than ---------------- months prior to the expiration of the Initial Term and shall not be in breach of the provisions of this Agreement or any amendment hereof, the Franchisee shall execute the Franchisor's then-current form of Franchise Agreement, which agreement shall supersede in all respects this Agreement, the terms of which may differ from the terms of this Agreement, including, without limitation, alterations to the royalties payable and/or a change in the Minimum Local Advertising Expenditure and the implementation of additional fees. Provided further however that in lieu of the then-current Initial Fee or its equivalent, the Franchisee shall be required to pay a continuation fee of --------- % (------------- percent) of the then-current initial fee paid by new franchisees of the Franchisor. (The Initial Term and the term of the successor franchise agreement (if

---

28) Tick the box if applicable. A A and A B are sub-alternatives which are only applicable if 7.1 A is applied. A B is an exception to A A.

any) is herein referred to as the Term).

□ [29]7.1B Subject to the provisions of Articles 27 and 28 below, the Agreement shall commence as of the date of ---------- (hereinafter referred to as the Effective Date) and continue for an indefinite period. This Agreement may be terminated by means of communication ensuring evidence and date of receipt (e.g., registered mail with return receipt, special courier) not less than ---------- months in advance. The end of the period of notice must coincide with the end of a calendar month. (The period commencing on the Effective Date and ending on the last day of the period of notice is herein referred to as the Term).

ARTICLE 8: GOOD FAITH

8.1 In carrying out their duties under this Agreement the parties will act in good faith and in fair dealing.

8.2 The provisions of this Agreement, as well as any statement or representation made by the parties in connection therewith, shall be interpreted in good faith.

SECTION 2: KNOW-HOW

ARTICLE 9: OBLIGATIONS OF THE FRANCHISOR

9.1 Upon the Effective Date and subject to the payment by the Franchisee of the Initial Fee, the Franchisor shall deliver to the Franchisee the start-up package, i.e., all relevant know-how, including written technical information, financial data, the Manual and any other specifications specifically relating to the System and the Proprietary Rights and their utilization thereof which is available to the Franchisor as of the Effective Date (as specified in Schedule[6]).
Insofar as such know-how shall be delivered in a material form or recorded in a material form, such materials shall be provided to the Franchisee on loan only.

9.2 Any know-how not furnished under Article 9.1, such as general knowledge and ex-

29) Tick the box if applicable.

perience, shall be conveyed by the Franchisor in the manner provided for in Articles 9.4, 9.8, and 15.1to 15.5.

9.3 The Franchisee shall not have the right to file patent, copyright, design and/or trade mark applications and/or to acquire any other intellectual property rights concerning such know-how, the Proprietary Rights and/or the System in any country of the world without the prior written consent of the Franchisor.

9.4 Upon the Effective Date and subject to the payment by the Franchisee of the Initial Fee, the Franchisor shall provide the Franchisee with:

a) advice on site selection and provide assistance on the acquisition of Premises if required;

b) plans and specifications for the internal layout, signs and fixtures and fittings of the Premises in so far as not included in the Manual;

c) such general supervision of the construction and/or conversion works relating to the Premises as the Franchisor shall consider appropriate;

d) advice on the initial stock to start the operation of the Business.

9.5 Upon the Effective Date and subject to the payment by the Franchisee of the Initial Fee, the Franchisor shall deliver a copy of the Manual to the Franchisee on loan.
The Franchisor shall be entitled to update the Manual from time to time provided that the Franchisor shall forward to the Franchisee on loan full written particulars of such updates.

9.6 Upon the Effective Date and subject to the payment by the Franchisee of the Initial Fee, the Franchisor shall provide the Franchisee on loan with ---------[30].

□ [31]**9.7A** The Franchisor shall provide the Franchisee with specific requirements regarding the stationery and invoices to be used in connection with the operation of the Business.

□ [32]**9.7B** Upon the Effective Date and subject to the payment by the Franchisee of the

30) Specify start-up materials to be provided such as signs, display materials, promotional literature, equipment, point-of-sale material, fixtures and fittings.

31) Tick the box if applicable.

32) Tick the box if applicable.

Initial Fee, the Franchisor shall provide the Franchisee on loan (but with authority to use the same solely in connection with the operation of the Business) with the stationery and invoices to be used in connection with the operation of the Business.

9.8 Upon the Effective Date and subject to the payment by the Franchisee of the Initial Fee, the Franchisor shall provide initial training to instruct the Franchisee in the System in accordance with the details set forth in Schedule [7].
This training shall be attended by not less than --------- individuals over a period of --------days, on the dates and at the locations stipulated by the Franchisor.
The costs of such training shall be borne by the Franchisor, save the travelling and accommodation expenses of the individuals, which shall be borne by the Franchisee.

ARTICLE 10: OBLIGATIONS OF THE FRANCHISEE

10.1 The Franchisee shall use its best endeavours to promote and expand its Business within the Territory and collaborate with the Franchisor and protect its interests with the diligence of a responsible business person.

10.2 The Franchisee shall pay all its suppliers in accordance with the agreed-upon terms of payment.

10.3 The Franchisee shall conduct the Business in full compliance with all operational systems, procedures, policies, methods and requirements prescribed in the System and in the Manual, the terms of which shall be deemed incorporated and shall form part of this Agreement, as well as in any supplemental bulletins, notices, revisions or amendments thereto.

10.4 The Franchisee acknowledges that the Manual and all such additional and supplemental materials shall at all times remain the sole and exclusive property of the Franchisor and the copyright therein shall at all times remain and/or vest in the Franchisor.

10.5 The Franchisee shall continuously operate the Business upon such days and between such hours as the Franchisor shall specify:

A in the Manual.

□ [33]B from time to time.

10.6 The Franchisee shall refurbish and equip the Premises, at its own expense, strictly incompliance with the Franchisor's specifications, as set forth in the Manual and/or as stipulated by the Franchisor under Article 9.4.
The Franchisee shall use only such signs, display materials, promotional literature, equipment, point-of-sale materials and other items delivered by the Franchisor for the purpose of the opening of the Business or as shall be approved in writing by the Franchisor and, if requested in writing by the Franchisor, shall immediately cease using or displaying such signs, materials or objects.

10.7 The Franchisee shall, at its own expense, keep the Premises clean and in good condition and the internal lay-out, fixtures and fittings in working order according to Franchisor's instructions as set forth in the Manual.

10.8 The Franchisee shall not alter or convert the Premises, its internal layout or the fixtures and fittings at the Premises nor install any equipment nor alter, erect or display any sign or other point-of-sale material (whether inside or outside the premises) without the prior consent in writing of the Franchisor, and each such alteration, conversion, erection or installation shall be carried out only in accordance with plans and specifications previously submitted to and approved by the Franchisor.

10.9 A For the purposes of the operation of the Business, the Franchisee shall use solely the stationery and invoices delivered by the Franchisor.

□[34] **10.9B** The Franchisee shall comply with the Franchisor's specific requirements regarding the stationery and invoices to be used in connection with the operation of the Business and in particular shall identify itself on such stationery and invoices as ------------.

10.10 The Franchisee shall hire a sufficient number of employees suitably qualified to operate the Business in compliance with the System and the Franchisor's instructions as set forth in the Manual and to meet all likely demands of its customers.

10.11 The Franchisee shall ensure that all employees are well dressed, have a neat and clean appearance and are courteous to the customers.

---

33) Select the relevant option.

34) Tick the box if applicable.

10.12 The Franchisee shall attend (and ensure that the relevant individuals attend) the initial training as stipulated under Article 3.
The Franchisee shall ensure that all the persons having managerial responsibilities with the Franchisee's Business, shall attend such further periods of training as may from time to time be required by the Franchisor on the basis that the Franchisee shall bear any travel and accommodation expenses to be incurred in relation thereto, together with the Franchisor's then-current training fees.

10.13 The Franchisee shall permit the Franchisor and its duly authorized representatives (including any consultant whom the Franchisor may appoint to conduct an audit of the Franchisee's Business) to have full access to the Franchisee's Premises not less than ------------- times per year, during normal working days and all reasonable business hours, to enable the Franchisor to check the Franchisee's compliance with the terms of the Agreement and with the Franchisor's quality control standards.

10.14 The Franchisee shall promptly comply with any reasonable request of the Franchisor (or any other authorized person) for information and shall not conceal any information relating to the Franchisee's Business.
The Franchisee shall communicate to the Franchisor a certified copy of all documents to the extent and insofar as such communication is necessary to verify the accuracy of the statements rendered under Article 10.14 of this Agreement.

SECTION 3: IMPROVEMENTS

ARTICLE 11: IMPROVEMENTS MADE BY THE FRANCHISOR

In the event the Franchisor makes any improvements to the System, it shall without delay communicate the same to the Franchisee and the Franchisee shall without delay use such improvements, free of all further royalties, charges or payment whatsoever, at the time and in the manner specified by the Franchisor in writing.

ARTICLE 12: IMPROVEMENTS MADE BY THE FRANCHISEE

The Franchisee shall notify the Franchisor any improvements which shall be made to the System tobe useful to the operation of the Business and shall grant the Franchisor a permanent, royalty-free, exclusive and worldwide license with respect to said improvements, including the right to sub-license.

SECTION 4: TRADE NAMES, TRADE MARKS AND PATENTS

ARTICLE 13: REPRESENTATIONS BY THE FRANCHISOR/OBLIGATIONS OF THE FRANCHISOR

13.1 The Franchisor represents that

a) it is the owner of the rights in the Trade Names and Trade Marks and Patents, if any, including the right to license such Trade Names, Trade Marks and Patents;

b) the Trade Names, Trade Marks and Patents, if any, have been legally registered in the Territory according to the registrations referred to in part B of Schedule [1];

c) as far as the Franchisor is aware, the use by the Franchisee of the rights granted under Article 2 of this Agreement does not infringe the rights of any third party within the Territory;

d) it is not aware, at the time of the execution of this Agreement, of any action, claim or proceedings brought or threatened in respect of any of the Trade Marks, Trade Names and Patents, if any.

13.2 The Franchisor undertakes to renew at its own costs the registration of the Trade Marks, Trade Names and Patents, if any, in the Territory falling due during the Term of the Agreement.

ARTICLE 14: REPRESENTATIONS BY THE FRANCHISEE/OBLIGATIONS OF THE FRANCHISEE

14.1 The Franchisee acknowledges that the Franchisor is the owner of all proprietary rights, title, and interest in the System (including, but without limitation, the Trade Marks, Trade Names and the Patents, if any) and the goodwill associated therewith, and that the goodwill and the rights in the Trade Marks, the Trade Names and the Patents, if any, shall inure and be at all times vested in the Franchisor exclusively.

14.2 The Franchisee shall use the Trade Names and Trade Marks and any other Proprietary Rights, only in the manner required or authorized and permitted by the Franchisor and only in connection with the operation of the Business. It will use a sign or insignia of the Trade Mark-----------[35]in ----------- size to be placed outside of the premises in accordance with the terms and conditions of the instructions mentioned in Schedule [11], and -----------[36]interior signs displaying the Trade Mark ------------[37].

14.3 The Franchisee shall not register or attempt to register any of the Trade Marks, Trade Names and any other Proprietary Rights (or any other name, mark or design used in the System) in the Franchisee's name or that of any other person, firm, entity or corporation.

14.4 The Franchisee shall not, without the Franchisor's prior written consent, register any company name or trade mark or make use of any business name incorporating any of the Trade Names or Trade Marks or other Proprietary Rights or other such names or marks or incorporating any similar sounding name which is confusingly similar to, or unfairly competing, with any of the Trade Marks or Trade Names or other such names or marks.

14.5 The Franchisee shall use no trade marks and/or trade names and/or insignia, design, logo other than the Proprietary Rights, the Trade Names and the Trade Marks or any other names or marks stipulated by the Franchisor as part of the System in operating the Business.

14.6 If the Franchisee becomes aware of any infringement or threatened infringement of any of the Trade Marks, Trade Names or Patents or any other registered Proprietary Rights or any act of unfair competition or any act likely to impair the goodwill or reputation of/or associated with any of the Trade Marks or Trade Names, or of any claim asserted by a third party in respect of the use of any of the aforesaid within the Territory the Franchisee shall promptly give the Franchisor full particulars of such circumstance.

14.7 The Franchisor shall have the conduct of all proceedings relating to the Trade Marks or Trade Names or Patents or any other registered Proprietary Rights or any other such name, mark or patent and the Franchisor shall in its sole discretion decide what action

35) Indicate the Trade Mark(s) concerned.

36) Indicate the number of signs required.

37) Indicate the Trade Mark(s) concerned.

(including an action at law, an arbitral proceeding or an out-of-court settlement) to take, if any, with respect to any infringement of the aforesaid or any claims asserted by any third party in relation thereto.

14.8 The Franchisee shall provide the Franchisor with full assistance and cooperation in any action, claim or proceedings brought or threatened in respect of any of the Trade Marks or Trade Names or Patents or any other registered Proprietary Rights or any other such name, mark or Patent and at the request of the Franchisor shall join with the Franchisor in such action or proceedings, provided it has a cause of action under the applicable law - it being understood that all costs incurred in connection with this assistance/actions will be borne by the Franchisor.

□[38]**14.9** During the Term of the Agreement, the Franchisee must expressly identify itself as a licensee(and not the owner) of the Trade Marks and Trade Names on all invoices, order forms, receipts, business stationery, and contracts, as well as display a notice in such form and content and at such conspicuous locations as the Franchisor designates in writing.

□[39]**14.10** Upon execution of the Agreement the Franchisee shall arrange for the execution of a formal Trade Mark license and the registration thereof at the Trade Marks Registry or Registries of the Territory, at its own expense and shall make any other necessary filings under national law to reflect its status as a licensee.

□[40]**14.11** The Franchisee must comply with the Franchisor's instructions in filling and maintaining any requisite Trade Names and Trade Marks registrations and must execute any documents the Franchisor or its counsel deems necessary to obtain protection for the Trade Marks or the Trade Names and to maintain their continued validity and enforceability.

□[41]**14.12** The Franchisee expressly acknowledges and agrees that:

---

38) Indicate the Trade Mark(s) concerned.

39) Indicate the Trade Mark(s) concerned.

40) Idem.

41) Idem.

a) any and all goodwill arising from the Franchisee's use of the Proprietary Rights in accordance with the System is solely and exclusively for the Franchisor's benefit, and upon expiration or termination of this Agreement, no monetary amount will be assigned as attributable to any goodwill associated with Franchisee's use of the System or the Proprietary Rights;

b) the Franchisor reserves the right to add and/or substitute different Proprietary Rights for use in identifying the System and the businesses operating under the System.

SECTION 5 : ASSISTANCE

ARTICLE 15 : OBLIGATIONS OF THE FRANCHISOR

15.1 The Franchisor shall provide up to ----- training team members for ----- working days of on-site pre-opening and opening supervision and assistance.

15.2 A field support representative of the Franchisor shall meet with the Franchisee at the latter's Premises not less than ----- times in each year during the Team of the agreement.

15.3 The visit itself shall always include a general discussion over the evolution of the Business and the improvements of the System, and[42]:

- □ follow-up on goals set during the last meeting;
- □ walk-through inspection of the Premised;
- □ additional training (usually in and area of weakness or a newly introduced service, product, method, or technique);
- □ identification of the Franchisee's successes and weaknesses;
- □ establishment of goals to be met by the next visit;
- □ identification of the Franchisee's needs and concerns;
- □ talk with employees and customers;
- □ reinforcement of quality control guidelines.

15.4 Without prejudice to the foregoing, the Franchisor shall be responsive to the

42) Specify what is required to take place during such visit.

Franchisee's reasonable requests for assistance and guidance.

□ [43]From time to time, the Franchisor shall arrange for all the persons having managerial responsibilities in the Franchisee's Business to undergo such additional training as might be necessary (unless the latter has already been provided during the yearly visit) on the basis that the Franchisee shall bear any travel and accommodations expenses to be incurred in relation thereto, together with the Franchisor's then-current training fees.

□ [44]15.5 The Franchisor shall use its reasonable endeavours to also provide the Franchisee with additional specific training, at the latter's request, to meet its specific needs at the Franchisee's sole expense and on the dates and at the locations stipulated by the Franchisor.

□ [45]15.6 The Franchisor shall support the opening by the Franchisee of the Business by an advertising campaign ----- days prior to this opening, involving the expenditure of not less that -----.

15.7 The Franchisor shall promote the Business on a international, national and regional level by adequate advertising and promotional actions and keep the Franchisee informed of such actions ----- months before their launch and provide the Franchisee will all relevant promotional material (brochure, poster, catalogues, etc.) in good time before such launch.

ARTICLE 16 : OBLIGATIONS OF THE FRANCHISEE

16.1 The Franchisee shall spend at least ----- % of its quarterly Gross Sales (referred hereinafter as Minimum Advertising Expenditure) on local marketing and promotion for the Business.

16.2 The Franchisee shall submit to the Franchisor for its prior approval all proposed marketing and promotional campaigns and materials, as specified in the Manual or otherwise.

---

43) Tick the box if applicable.

44) Tick the box if applicable.

45) Tick the box if applicable.

16.3 The Franchisee shall be required to pay to the Franchisor ----- % of the Gross Sales each quater to contribute to the Franchisor's promotional activities in relation to the Business.

SECTION 6 : SUPPLY OF PRODUCTS[46)]

ARTICLE 17 : RIGHT TO SELL FRANCHISOR'S AUTHORIZED SUPPLIES

Pursuant to the terms and conditions hereafter set forth, the Franchisor hereby grants the Franchisee the right to use, to sell and/or distribute the Franchisor's Authorized Supplies solely for the purposed of operating the Business from the Premises.

ARTICLE 18 : FRANCHISOR'S OBLIGATIONS

18.1 The Franchisor shall supply the Franchisee with the Franchisor's Authorized Supplies and/or shall procure that the Franchisor's Authorized Supplies be delivered to the Franchisee within a maximum of ----- days from the date of the receipt of the order.

18.2 Any supply of Franchisor's Authorized Supplies by the Franchisor shall be governed by the Franchisor's general conditions of sales contained in Schedule[9], as they may be amended from time to time by the Franchisor and/or any supply of Franchisor Authorized Supplies by the suppliers selected by the Franchisor shall be governed by such suppliers general conditions of sales contained in Schedule [9], as they may be amended from time to time by the said suppliers.

ARTICLE 19 : FRANCHISEE'S OBLIGATIONS

19.1 The Franchisee shall set up and maintain an adequate organisation for sales of the Products and, where appropriate, after-sales services, with all means and personnel as are reasonably necessary in order to ensure the fulfilment of its obligations under this Agreement.

19.2 A In order to ensure a high quality of service and maximum price efficiency, the

---

46) This section applies only if the parties have chosen to incorporate clause 3.1 c) in their contract.

Franchisor and/or the suppliers selected by the Franchisor shall be the preferred suppli-er(s) of the Products but the Franchisee may purchase the Products from other suppliers provided they strictly comply with the Franchisor's quality specifications as set forth in Schedule [10] and that the Franchisee can demonstrate to the Franchisor's reasonable sat-isfaction that the required uniformity and quality in the Products is maintained.

□ 47) **19.2B** The Franchisee shall purchase the Products from no other source of supply than the Franchisor or the suppliers selected by the Franchisor and accordingly sell from the Premises no other Products than the Franchisor's Authorized Supplies.

19.3 The Franchisee shall not alter, modify or adulterate the Franchisor's Authorized Supplies.

19.4 The Franchisee shall provide the Franchisor, no later than -------, with an estimate of the orders to be placed on the Franchisor for Products in each of the next following ------- months. The Franchisor shall be under no obligation to supply the Franchisee with Franchisor's Authorized Supplies in a quantity that shall exceed by more than -----% the estimate made with respect to each such month.

19.5 In order to satisfy customers' needs, the Franchisee shall maintain a stock of Products as the Franchisor may prescribe and representing a total value of ------ for the firs t year and of ------% of the annual Gross Sales for each subsequent year.

The Franchisee shall not deviate from these stock requirements without the prior consent of the Franchisor.

19.6A Although the Franchisor shall be entitled to suggest resale prices for the Products, the Franchisee shall be free to set its prices for the retailing/supply of the Products.

□ 48) **19.6B** The Franchisee shall comply with the Price-list delivered by the Franchisor for

---

47) Tick the box if applicable. In application of the EC franchise Block Exemption, this alternative clause could be chosen only when, due to the nature of the products, it is impossible for the franchisor to set forth objective quality specifications.

48) Tick the box if applicable but only if it is allowed by the applicable competition regulations. 19.6 B will be incompatible with the antitrust regulations of many countries, and in particular with

the retailing/supply of the Products.

19.7 The Franchisee may, after the effective date of termination of this Agreement, supply its customers with the Products and/or Services, for which an order has already been received by that date, provided, however, that the Franchisee renders to Franchisor statements thereon as provided for herein and pays earned royalties thereon to the Franchisor.

19.8A The Franchisee shall use its best efforts to achieve Gross Sales as indicated in Schedule [12] in the firs year following the Effective Date. For each subsequent year, the parties shall agree on sales objectives.
□[49]**19.8B** The Franchisee shall achieve the following Gross Sales as indicated in Schedule [12] in the first year following the Effective Date. For each subsequent year, the parties shall agree on sales requirements. Should the Franchisee fail to meet the above-mentioned sales requirements, the Franchisor will at its own discretion be entitled either to terminate this Agreement for breach of contract pursuant to Article 27, or to convert the grant of rights under Article 2 to a non-exclusive basis.

SECTION 7: FRANCHISE FEES/FINANCIAL REPORTING

ARTICLE 20: INITIAL FEE

20.1 In consideration of the rights to use the Franchisor's System and Trade Marks, the Franchisee shall pay the franchisor an initial franchise fee of ------ (hereinafter referred to as the Initial Fee).

20.2 The Initial Fee will be paid by the Franchisee to the Franchisor at the time of the signature of this Agreement. The Initial Fee shall be deemed earned upon receipt by the Franchisor and is non-refundable.

---

the EC Block Exemption, that allows, however, the supplier to impose a maximum sale price, provided that it does not amount to a fixed or minimum sale price as a result of pressure from, or incentives offered by, any of the parties.

49) Tick the box if applicable.

ARTICLE 21: ROYALTIES

21.1 In consideration of the rights granted herein, the Franchisee shall pay the Franchisor a -----[50] royalty equal to ------% of the previous quarter's Gross Sales.

21.2 Within -----days after the end of -----[51], the Franchisee shall deliver to the Franchisor a true and accurate statement of the quater's Gross Sales and the amount of royalties due.

21.3 The Franchisee's remittance of the amount of royalties due for such quarter shall be made in -------[52] simultaneously with the sending of said statement.

21.4 The royalties shall be paid together with such value-added tax or other taxes as may be properly chargeable thereon.

21.5 In case of non-payment, the sum due shall bear at the rate of ----- % interest (without any prior written notice necessary) from the due date for payment and the actual date of payment, compounded monthly.

□ 21.6 In the event of termination of this Agreement, the Franchisee agrees to pay to the Franchisor all royalties due and payable up to such termination date and to render a written statement in the same manner as provided for above.

□ [53]21.7 The total amount of royalties due for any quarterly period shall not be less than ------(hereinafter referred to as Minimum Royalty) as will be adjusted every year at the anniversary of the execution of this Agreement in accordance with the index specified in Schedule [8] without need for any prior notice.

In case the royalties calculated based upon Gross Sales as mentioned above in any quarter falls short of the Minimum Royalty amount stipulated in this Agreement, the Franchisee shall pay and remit such shortfalls in addition to and in the same manner as the amount calculated based upon above Gross Sales.

---

50) Tick the box if applicable.

51) Idem.

52) Specify the currency.

53) Tick the box if applicable.

□ [54]21.8 The Franchisee shall obtain from a bank:
A designated by the Franchisor, i.e., ---------
□ [55]B of the highest international reputation
an unconditional guarantee of the payment of all amounts due to the Franchisor under this Agreement limited, however, to a maximum amount of ---------.

No later than --------days after the execution of this Agreement, the Franchisee shall provide the Franchisor with such executed bank guarantee.

SECTION 8: CONFIDENTIALITY

ARTICLE 22: OBLIGATION OF CONFIDENTIALITY

22.1 The Franchisee acknowledges that all information delivered by the Franchisor under this Agreement is of a strictly confidential nature and should be treated as such (such information being referred to hereinafter as Confidential Information);

22.2 There shall not be treated as Confidential Information however:

a) any information which the Franchisee can prove to have been in its possession at the date of receipt of such information or which has been disclosed to the general public or has become part of the public domain otherwise than through a breach of an obligation of confidentiality owed to the Franchisor or one of its disclosees;

b) any information which is necessarily disclosed to customers as the inevitable result of the operation of the Business.

22.3 Accordingly, the Franchisee shall not disclose Confidential Information directly or indirectly to any third party save to its staff or any other persons performing the obligations under this Agreement provided that the Franchisee ensure that the staff or persons performing obligations set forth in this Agreement, shall, prior to receiving the Confidential Information, comply with the same obligations of confidentiality and non-utilization of the Confidential Information as those imposed by this Agreement, and shall execute a

---

54) Tick the box if applicable.

55) Tick the box if applicable.

confidentiality undertaking with the Franchisor in a form satisfactory to the latter.

22.4 The Franchisee shall ensure that neither itself nor any member of its staff or other person performing the obligations of this Agreement shall use any of the Confidential Information for any purposes other than those permitted under this Agreement.

22.5 In any event, the Franchisee shall be directly liable to the Franchisor for any disclosure or utilization of Confidential Information by its staff or other persons controlled by him or under his control even after the departure of such employees, including termination of employment by the Franchisee.

22.6 The Franchisee shall not disclose or use, for any other purpose any of the Confidential Information, not only during the Term of the Agreement but also after its termination, whatever the reason for termination, as well as after any transfer of this Agreement under Article 25.

SECTION 9: INSURANCE

ARTICLE 23: OBLIGATION TO MAINTAIN AN INSURANCE POLICY

□ **23.1A** The Franchisee shall subscribe for and maintain with a reputable insurance company to be approved by the Franchisor an all-risk insurance policy subject to such minimum sums insured and other conditions as may be set out in the Manual relating but not limited to the following:
a) liability in respect of staff and third parties;
b) damage or destruction to the Premises;
c) such other insurance as may be specified in the Manual.

□ [56]**23.1B** The Franchisee shall subscribe and maintain such standard insurance as the Franchisor shall have arranged for its franchisees as the same is specified in the Manual.

23.2 The Franchisee shall deliver to the Franchisor a photocopy of such insurance policy and all renewals.

---

56) Tick the box if applicable.

23.3 The Franchisee shall promptly pay all premiums required to be paid under the said insurance policy and shall immediately deliver to the Franchisor evidence of such payment.

23.4 Such policy shall mention the Franchisor's interest and stipulate that the Franchisor is to receive not less than -------days' notice of cancellation.

23.5 Should the Franchisee receive any indemnity by reason of a claim for loss of profits, the Franchisee shall forward to the Franchisor -------% (-------- per cent) of such indemnity by way of contribution to the loss of income that the Franchisor incurs as a result thereof.

SECTION 10: TRANSFER OF THE AGREEMENT

ARTICLE 24: TRANSFER OF THE AGREEMENT BY THE FRANCHISOR

The Franchisor is entitled to transfer any or all benefits and/or obligations set forth in this Agreement to a third party (provided that the Proprietary Rights shall also be transferred) subject, however, to the Franchisor's obligation to inform the Franchisee in writing of this transfer no later than ------ days after the date upon which the transfer becomes effective.

ARTICLE 25: TRANSFER OF THE AGREEMENT BY THE FRANCHISEE

25.1 This Agreement is entered into in consideration of the person of the Franchisee who therefore may not, without the prior written consent of the Franchisor, transfer, sub-license or sub-contract to any third party, free of charge or other wise, all or party of the rights and obligations referred to in this Agreement. A third party is considered to include any person or corporation that controls, is controlled by or is under common control with the Franchisee.

25.2 Such prohibited a transfer includes transfers due to the death, mental incapacity or disability of the Franchisee, or a shareholder, if the Franchisee is a corporation. If said transfer is not approved by the Franchisor, the executor, administrator or personal representative of such person shall transfer Franchisee's interest to the third party approved by the Franchisor within six months after such death, mental incapacity or disability.

25.3 The Franchisee shall include in a notice to the Franchisor the full address of the prospective transferee and the terms of the acquisition, as well as any further information requested by the Franchisor. The Franchisor shall inform the Franchisee of its decision by means of registered mail, return receipt requested, no later than -------- months after receipt of the Franchisee's request for transfer. Silence from the Franchisor will be considered rejection of the Franchisee's proposal.

25.4 In consideration of the nature of this Agreement, the Franchisor shall have absolute discretion for consideration of the prospective transferee and the terms of the proposed transfer. The offer for transfer must mention that the prospective transferee shall assume, for the past as well as in the future, all rights and obligations of the Franchisee. In the case of an offer of sub-contracting, the latter must contain the express agreement of the prospective transferee to respect the confidentiality clause referred to in Article 22.

25.5 In the event the Franchisor agrees to the proposed transfer, the Franchisee shall:

a) pay to the Franchisor within-------days a transfer fee of -------- (exclusive of any value added or other tax payable thereon) which shall cover the costs of administration, training and assistance to be given to the transferee;
b) comply with the covenants for non-competition under Articles 6.1 d) and 6.1 e) in the Territory; and
c) remain jointly liable with the transferee regarding all obligations previous to the notification of Franchisor's approval of the transfer.

SECTION 11: FORCE MAJEURE

ARTICLE 26: GROUNDS OF RELIEF FROM LIABILITY AND EFFECTS

26A The Force Majeure is defined in Schedule [13].

□ [57]**26B** In the event of an Act of God (including but not limited to a flood, earthquake, typhoon, epidemic or other natural calamity), war or armed conflict or the serious threat of the same (including but not limited to a hostile attack, blockade, embargo, riot or insurrection), governmental order or regulation (including but not limited to prohibition or resources), labour disputes (including but not limited to a strike, slowdown, lockout or

57) Tick the box if applicable.

sabotage), or any other causes beyond the reasonable control of the parties hereto, neither party shall be liable for any failure to perform any of its obligations hereunder, provided, however the party relying on the force majeure inform the other in writing within ------days and by facsimile or telex if necessary, of the occurrence of such an event, unless all means of communications between the Franchisee's and the Franchisor's countries are also affected and takes all necessary steps in order to mitigate all damages which may occur as a result thereof.

Any party hereto shall have the right to terminate this Agreement upon prior written notice if either perty is unable to fulfil its obligations under this Agreement due to any of the above mentioned causes an such inability continues for a period of ------ months.

SECTION 12: TERMINATION

ARTICLE 27: GROUNDS FOR EARLY TERMINATION

27.1 If either party at any time commit any material breach of any terms, covenants or representations herein contained and shall fail to remedy any such breach within --------[58] after written notice given hereof by the other party, this Agreement shall terminate automatically (i.e., without the need for the non-defaulting party to obtain a Court's decision in this respect) upon the expiration of the above mentioned period.

27.2 Without prejudice to the application of Article 27.1, the Franchisor shall be entitled to terminate this Agreement, with immediate effects (i.e., without the need to obtain a Court's decision in this respect) by written notice to such effect to the Franchisee:

a) if the Franchisee shall be liquidated, becomes insolvent or suffers any other insolvency or bankruptcy process or seeks any protection from its creditors or is unable to pay its debts as and when they all due;

b) if the Franchisee ceases to do business, or otherwise forfeits the right to do or transact business in the jurisdiction where the Premises are located.

27.3 If all or a substantial part of the capital stock or other property assets or interests of the Franchisee is acquired by any third party, or if a major change in the allocation of the

58) Specify a period of time.

voting rights held by the Franchisee occurs, or if the Franchisee merges with any third party or if (the Franchisee being a corporation) there shall be a change in the ownership of ------% or more of the shareholdings in the Franchisee from that existing at the date of this Agreement without the prior written consent of the Franchisor, the Franchisor may in its own discretion terminate this Agreement with immediate effect (without need to obtain a Court's decision in this respect).

ARTICLE 28: EFFECTS/OBLIGATIONS UPON TERMINATION

Upon termination or expiration of this Agreement, all rights granted hereunder to the Franchisee shall forthwith terminate, and Franchisee shall observe and perform the following (subject to Article 19.7):

28.1 The Franchisee shall immediately cease to operate the Business and shall not thereafter, directly or indirectly, represent to the public or hold itself out as a franchisee of the Franchisor.

28.2 The Franchisee shall immediately and permanently cease to use, in any manner whatsoever, any format, confidential methods, customer data base, programs, literature, procedures and techniques associated with the System, the Trade Names/Trade Marks and any other Proprietary Rights and distinctive trade dress, forms, slogans, uniforms, signs, symbols or devices associated with the System.

In particular, the Franchisee shall cease to use, without limitation, all advertising materials or promotional displays, uniforms, stationery, forms and any other articles which display the Trade Marks/Trade Names associated with the System.

The Franchisee shall not, in the event it continues to operate or subsequently begins to operate any other business, use any reproduction, counterfeit, copy or colourable imitation of the Trade Marks or Trade Name or trade dress or generally speaking, any Proprietary Rights, either in connectin with such other business or the promotion thereof, which is likely to cause confusion, mistake or deception, or which is likely to dilute the Franchisor's exclusive rights in and to the Trade Marks or Trade Names or trade dress, and agrees not to utilize any designation of origin or description or representation which falsely suggests or represents an association or connection with the Franchisor.

28.3 The Franchisee shall take such actin as may be necessary to transfer to the

Franchisor or to any other persons designated by the latter or to cancel any assumed name or equivalent registration which contains the Trade Marks or the Trade Names or any other trade mark, trade name or service mark of the Franchisor, and the Franchisee shall furnish the Franchisor with evidence satisfactory to the Franchisor of compliance with this obligation within ------days after termination or expiration of this Agreement.

The Franchisee's right to use any telephone number and any regular, classified or other telephone directory listings associated with any trade Marks/Trade Names shall forthwith terminate. The Franchisee shall promptly notify the appropriate telephone company and all telephone directory listing agencies of the termination or expiration of such right and authorize the transfer of same to or at the direction of the Franchisor.

28.4 The Franchisee shall promptly pay all sums owing to the Franchisor and its subsidiaries, affiliates and suppliers.

28.5 The Franchisee shall immediately return to the Franchisor all copies of all proprietary materials delivered by the Franchisor to the Franchisee under this Agreement, including the Manual, all records, files, instructions, correspondence, customer database, brochures, agreements, disclosure statements and any material bearing Confidential Information any and all other materials provided on loan and relating to the operation of the Business in the Franchisee's possession (in each case in whatsoever media or format the same shall be recorded), and all copies thereof (all of which are acknowledged to be the Franchisor's property), and shall retain no copy or record of any of the foregoing excepting only the Franchisee's copy of this Agreement, any correspondence between the parties and any other documents which the Franchisee reasonably needs for compliance with any provision of law. All costs of delivering all materials required by this Section shall be borne by the Franchisor any and all signs, software and/or other property under lease or license from the Franchisor.

28.6 Within -----days of the date of the expiration or termination of this Agreement, the Franchisee shall provide to the Franchisor a full stock list of the Products and the purchase price thereof. The Franchisor shall have the option (but not the obligation) to repurchase all or any part of the stocks of Products held by the Franchisee at their original purchase price or, if less, the then-current market price.

The Franchisor's option shall be exercised by written notice no later than -----days after the receipt of the said stock list. If the parties shall not be able to agree on the respective prices of the Products to be re-purchased within a further -----days, the matter shall be referred for final decision by an independent appraiser. If the option is not exercised by the Franchisor, the Franchisee shall be free to on-sell the Products by way of normal retail sale and without unreasonable discounting.

28.7 The Franchisor shall have the right (but not the duty) to be exercised by notice of intent to do so within ------days after termination or expiration, to, purchase any or all of the tangible assets of the Franchisee's Business, including, but not limited to, the supplies, forms, furniture or other items bearing Franchisor's Trade Marks and Trade Names (but save the stock of the Franchisee, the repurchase of which being subject to Article 28.6) at the Franchisee's cost, or fair market value, whichever is less. If the parties cannot agree on fair market value within a reasonable time, an independent appraiser shall be designated by the Franchisor and his determination shall be binding. If the Franchisor elects to exercise any option to purchase provided herein, it shall have the right to set off all amounts due from the Franchisee under this Agreement and the cost of the appraisal, if any, against any payment therefor. Such purchase shall in any event be completed within -----weeks of the service of the Franchisor's election.

28.8 The Franchisee shall execute any legal document that may be necessary to effectuate the termination hereunder and shall furnish to the Franchisor, within -----days after the effective date of termination, written evidence satisfactory to the Franchisor of the Franchisee's compliance with the foregoing obligation.

SECTION 13: MISCELLANEOUS

ARTICLE 29: SEVERABILITY

29.1 Should any clause be considered invalid or unenforceable by the judgement of a Court of competent jurisdiction or award of an Arbitral Tribunal, all other provisions shall remain in full force and effect and shall not be affected therefore for the Term of the Agreement.

29.2 The parties agree, however, to replace, when possible, any provision declared invalid by a provision which shall reflect their intial intent, as objectively and consistently as possible and in accordance with the basic relationship existing between the parties.

ARTICLE 30: ENTIRE AGREEMENT

30.1 This Agreement sets forth the entire agreement and understanding of the parties hereto relating to the subject matter contained herein and merges all prior discussions between them and neither party shall be bound by any previous agreements, negotiations, commitments and writings other than as expressly stated in this Agreement.

30.2 This Agreement may not be changed, modified or supplemented in any manner orally or otherwise except by an instrument in writing signed by a duly authorized representative of each of the parties hereto.

ARTICLE 31: NO WAIVER

31.1 The non-enforcement of any provision contained in this Agreement shall not be construed by either party as a waiver of the right to enforce the provision at another time under different circumstances and/or enforce other provisions of this Agreement.

31.2 In particular, the failure of either of the parties hereto to claim damages or to terminate this Agreement by reason of the breach of any of the provisons hereof by the other party shall not stop the party not in default from thereafter claiming damages or terminating this Agreement by reason of any subsequent breach of any of the provisons hereof.

ARTICLE 32: APPLICABLE LAW

32A This Agreement is governed by the rules and principles of law generally recognized in international trade together with the UNIDROIT principles on International Commercial Contracts.

□[59]**32B** This Agreement is governed by the law of the county of --------.

ARTICLE 33: JURISDICTION

33.1A Subject to Article 33.2, all disputes arising out of or in connection with the present contract shall be finally settled under the Rules of Arbitration of the International Chamber

59) Tick the box if applicable.

of Commerce by one or more arbitrators appointed in accordance with the said Rules. The place of arbitration shall be ------ and the proceedings shall be carried out in the -------- language.

□ [60]**33.1B** Any disputes arising directly or indirectly out of this Agreement shall be finally settled by the Courts of -------.

33.2 Notwithstanding Article 33.1, should either party seek urgent judicial relief against the other party arising out of this Agreement, such party shall be entitled to institute an action before any Court which has jurisdiction to grant and/or enforce such relief over the other party.

DONE in --------------------- on -----------------------

in two originals, each party acknowledging to have received its individual copy.

Schedule 1: Proprietary Rights

Part A: The Trade Names and Trade Marks to be used in connection with the operation of the Business

Part B: The details of the registered Proprietary Rights (Trade Names, Trade Marks(insofar as registered), Patents, Copyrights)

Schedule 2: Premises

The location proposed to be used by the Franchisee for the operation of the Business.

Schedule 3: Products

---

60) Tick if applicable.

The category of products to be supplied by the Franchisor in connection with the operation of the Business, as may be amended from time to time by the Franchisor by written notice.

Schedule 4: Services

The category of services to be supplied [or to be used] by the Franchisee in the course of conducting the Business, as may be amended from time to time by the Franchisor by written notice.

Schedule 5: Territory

Please specify hereinunder the territory with respect to which the rights set forth in Article 2 are granted.

Schedule 6: Starting-up package

Please specify the materials to be delivered as a starting-up package to the Franchisee under Article 9.1.

Schedule 7: Initial Training

Please specify hereinunder the details of the Initial training.

Schedule 8: Index

Please specify hereinunder the details of the index referred to in Article 21.7.

Schedule 9: General Conditions of Sale

Please specify hereinunder or enclose herewith the general conditions of sale of the Franchisor or the suppliers selected by the Franchisor.

Schedule 10: Quality specifications

The quality specifications set forth by the Franchisor according to Article 19.2 should be set out in this schedule.

Schedule 11: Instructions as to the use of Trade Marks (Article 14.2)

Schedule 12: Gross Sales

Schedule 13: Force Majeure

Grounds of relief from liability

1. A party is not liable for a failure to perform any of his obligations in so far as he proves:
- that the failure was due to an impediment beyond his control; and
- that he could not reasonably be expected to have taken the impediment and its effects upon his ability to perform into account at the time of the conclusion of the contract; and
- that he could not reasonably have avoided or overcome it or at least its effects.

2. An impediment within paragraph (1) above may result from events such as the following, this enumeration not being exhaustive:
(a) war, whether declared or not, civil war, riots and revolutions, acts of piracy, acts of sabotage;
(b) natural disasters such as violent storms, cyclones, earthquakes, tidal waves, floods, destruction by lightning;
(c) explosions, fires, destruction of machines, of factories, and of any kind of installations;
(d) boycotts, strikes and lock-outs of all kinds, go-slows, occupation of factories and premises, and work stoppages which occur in the enterprise of the party seeking relief;
(e) acts of authority, whether lawful or unlawful, apart from acts for which the party seeking relief has assumed the risk by virtue of other provisions of the contract; and apart from the matters mentioned in paragraph 3, below.

3. For the purposes of paragraph (1) above, and unless otherwise provided in the contract, impediment does not include lack of authorisations, of licences, of entry or residence permits, or of approvals necessary for the performance of the contract and to be issued by a public authority of any kind whatsoever in the country of the party seeking relief.

Duty to notify

4. A party seeking relief shall as soon as practicable after the impediment and its effects upon his ability to perform became known to him give notice to the other party of such impediment and its effects on his ability to perform. Notice shall also be given when the ground of relief ceases.

5. The ground of relief takes effect from the time of the impediment or, if notice is not timely given, from the time of notice. Failure to give notice makes the failing party liable in damages for loss which otherwise could have been avoided.

Effects of grounds of relief

6. A ground of relief under this clause relieves the failing party from damages, penalties and other contractual sanctions, except from duty to pay interest on money owing as long as and to the extent that the ground subsists.

7. Further it postpones the time for performance, for such period as may be reasonable, thereby excluding the other party's right, if any, to terminate or rescind the contract. In determining what is a reasonable period, regard shall be had to the failing party's ability to resume performance, and the other party's interest in receiving performance despite the delay. Pending resumption of performance by the failing party the other party may suspend his own performance.

8. If the grounds of relief subsist for more than such period as the parties provide [the applicable period to be specified here by the parties], or in the absence of such provision for longer than a reasonable period, either party shall be entitled to terminate the contract with notice.

9. Each party may retain what he has received from the performance of the contract carried out prior to the termination. Each party must account to the other for any unjust enrichment resulting from such performance. The payment of the final balance shall be made without delay.

참고 문헌

김재성 · 박세훈, 「무역실무연습」, 아카데미프레스, 2011.

무역아카데미, 「무역계약」, 한국무역협회, 2011.

__________, 「무역실무개요」, 한국무역협회, 2011.

서정두, 「국제상무론」, 삼영사, 2006.

______, 「INCOTERMS® 2010」, 청목출판사, 2011.

신두식, 국제무역 영문계약서 작성의 이론과 실무, 삼영사, 2011.

양영환 · 오원석 · 박광서, 「무역상무」, 삼영사, 2012.

오원석, 「최신국제비즈니스계약론」, 삼영사, 2011.

ICC, Incoterms® 2010.

___, ICC Model International Business Contracts.

찾아보기

[ㅂ]

[ㅅ]

[ㅇ]

[ㅈ]

[ㅊ]

[ㅋ]

[ㅌ]

[ㅍ]

[ㅎ]

저자 소개

김재성

경영학박사
한국무역협회 무역아카데미 교수
국제무역사 출제위원
무역영어 출제 및 감수위원
현, 배화여자대학교 국제무역과 교수

박세훈

경영학박사
한국무역협회 무역아카데미 교수
지식경제부 지식경제전문가
무역영어 출제 및 선정위원
현, 상지대학교 무역학과 교수

무역계약관리론
Management of International Business Contract

발 행 일 • 2012년 9월 1일 초판 1쇄 발행
• 2014년 8월 25일 초판 2쇄 발행
저 자 • 김재성·박세훈
발 행 인 • 홍진기
발 행 처 • 아카데미프리스

주 소 • 413-756 경기도 파주시 문발동 출판정보산업단지 507-9번지
전 화 • (031) 947-7389
팩 스 • (031) 947-7698
웹사이트 • www.academypress.co.kr
등 록 일 • 2003. 6. 18, 제406-2011-000131호
I S B N • 978-89-97544-18-9

값 23,000원